·马克思主义研究文库·

反贫困视域下
马克思与蒲鲁东的思想关系研究

陈 婷 | 著

光明日报出版社

图书在版编目（CIP）数据

反贫困视域下马克思与蒲鲁东的思想关系研究 / 陈婷著 . -- 北京：光明日报出版社，2025.1. -- ISBN 978-7-5194-8489-7

Ⅰ.A811.66；C913.7

中国国家版本馆 CIP 数据核字第 20256DA834 号

反贫困视域下马克思与蒲鲁东的思想关系研究
FANPINKUN SHIYU XIA MAKESI YU PULUDONG DE SIXIANG GUANXI YANJIU

著　　者：陈　婷	
责任编辑：李壬杰	责任校对：李　倩　李学敏
封面设计：中联华文	责任印制：曹　净

出版发行：光明日报出版社
地　　址：北京市西城区永安路 106 号，100050
电　　话：010-63169890（咨询），010-63131930（邮购）
传　　真：010-63131930
网　　址：http://book.gmw.cn
E － mail：gmrbcbs@gmw.cn
法律顾问：北京市兰台律师事务所龚柳方律师
印　　刷：三河市华东印刷有限公司
装　　订：三河市华东印刷有限公司
本书如有破损、缺页、装订错误，请与本社联系调换，电话：010-63131930

开　　本：170mm×240mm
字　　数：287 千字　　　　　　　　印　　张：16
版　　次：2025 年 1 月第 1 版　　　　印　　次：2025 年 1 月第 1 次印刷
书　　号：ISBN 978-7-5194-8489-7
定　　价：95.00 元

版权所有　　翻印必究

前　言

蒲鲁东的理论被称为小资产阶级社会主义，马克思创立了科学社会主义，在一定意义上说，两种理论都是在回答资本主义社会财富积聚与贫困积累并存的问题中产生的，都是摆脱资本主义社会贫困的理论。蒲鲁东本人的历史形象主要是社会主义者，他关于摆脱贫困的理论在工人运动中有着不可忽视的影响力和危害性，正因为如此，马克思对蒲鲁东及其理论的批判长达40年。在早期，蒲鲁东对劳动者贫困现实的关注、对私有财产的批判以及寻求解决现代贫困的努力，马克思给予了肯定。但是，在看待贫困的社会历史根源、立场、方法以及反贫困路径等方面，二人存在根本的分歧和对立。本书正是从贫困问题出发，探讨马克思与蒲鲁东的思想关系。

我们要真正找到解决现代贫困的现实道路，不仅需要科学的哲学方法论，还需要对贫困产生的政治经济学根源做出科学合理的说明，并实现二者的科学结合。蒲鲁东模仿黑格尔的辩证法，声称实现了"形而上学的伟大革命"，用他所建立的"系列辩证法"来阐释贫困，他将贫困看作逻辑范畴的理性演绎，以超历史的观点将贫困看作不可避免的事实。由此，蒲鲁东也推导出，资本主义是一种自然性、合理性的永恒存在，他沦为了资本主义制度的"辩护士"。与蒲鲁东不同，在对现代贫困的阐释方法上，马克思并没有采用唯心史观的神秘形式，而是采用了唯物史观的革命形式，将对贫困的理解建立在科学的基础上。马克思以历史的眼光看待现代贫困，把对贫困的理解从思辨想象拉回到现实世界中，从资本主义经济关系本身对贫困进行分析，论证了现代贫困的历史性、暂时性以及随着资本主义社会灭亡而消除的必然性。

以政治经济学这一棱镜透视现代贫困，剖析和反思贫困的政治经济学根源，蒲鲁东将批判的矛头对准资本主义所有权，阐明不平等交换以及现代贫困产生的始源，并试图证明他的构成价值理论是合理的和可实践的，以此来实现平等交换和社会公平。然而，错误的方法论和历史观成为蒲鲁东的掣肘，他的批判只是停留在概念上，不仅没有切中资本主义的要害，而且对贫困产生的政治经济学根源做出的分析也具有根本的局限性、不彻底性和非科学性。马克思指出，对贫困问题的理解，需要从资本主义的生产方式特征上去寻找其根源，正是由于私有财产、雇佣劳动和资本统治的存在，造成了劳动能力与生产资料的分离，才产生了现代贫困。透过对资本主义生产方式的分析，马克思发现了资本主义剩余价值产生的秘密，发现了现代贫困生成和积累的根源和本质。

由于世界观、历史观、方法论以及对贫困的政治经济学分析根本不同，二人形成了截然不同的消除贫困的"社会主义"方案。在现代贫困问题上，蒲鲁东看到的只是贫困现象本身，而且缺乏从构想到现实的中间环节。蒲鲁东没有看到贫困对"推翻旧社会的革命的一面"，他提出的只是一系列小资产阶级改良性的消除贫困方案，最终仍无力破解资本主义的贫困难题。马克思始终从现实的生产关系出发探究颠覆现存社会的可能性，论证作为"消灭现存状况的现实的运动"的共产主义及政治革命的必要性，从制度变革、生产实践和价值目标方面提出了消除贫困的现实方案，实现了对蒲鲁东的全面超越，为劳动人民彻底从现代贫困中摆脱出来提供了理论指引。

目 录
CONTENTS

第一章 绪 论 1
第一节 选题缘由及研究意义 1
第二节 国内外研究文献梳理 5
第三节 研究思路与研究方法 13

第二章 相同的时代课题与不同的理论构建 16
第一节 现代贫困的产生与发展 16
第二节 思想形成的不同路径 30
第三节 两种理论在19世纪的影响 46

第三章 马克思与蒲鲁东的思想交往史 52
第一节 马克思早期对蒲鲁东的肯定 52
第二节 《哲学的贫困》发表与"友谊的终结" 61
第三节 对蒲鲁东主义的持续批判 68

第四章 分析现代贫困的哲学方法论 80
第一节 对黑格尔辩证法的不同理解 80
第二节 对现代贫困的哲学阐释 91

第五章　阐释现代贫困的政治经济学根源 107
第一节　现代贫困的核心：所有权问题 107
第二节　蒲鲁东的构成价值理论 125
第三节　马克思对蒲鲁东价值论的批判与超越 133

第六章　消除贫困的"社会主义"方案 153
第一节　蒲鲁东消除现代贫困的方案 153
第二节　马克思对蒲鲁东理论实质的揭露 175
第三节　马克思消除现代贫困的方案 185

结　论 196

参考文献 206

附录一　马克思与蒲鲁东的生平简介 222

附录二　蒲鲁东言论录 227

第一章

绪　论

第一节　选题缘由及研究意义

一、选题缘由

蒲鲁东是小资产阶级社会主义的主要代表，在社会主义思想史上被视为无政府主义之父。蒲鲁东主义产生于19世纪40年代的法国，是曾在西欧广为流传的社会主义思潮，也得到过马克思的某种欣赏和肯定。蒲鲁东关注资本主义社会的贫困现象，与以往古典政治经济学家将研究建立在私有制的前提之上不一样，他将批判的矛头指向了资本主义私有制，这是马克思曾对蒲鲁东给予肯定的重要原因。马克思把蒲鲁东看作法国有名的社会主义者，在计划编写的《外国杰出的社会主义者文丛》中，他就把蒲鲁东列在其中。恩格斯也十分重视蒲鲁东，将他看作法国社会主义者中居于最重要地位的人，对蒲鲁东在19世纪工人运动史以及社会主义理论史上产生的影响，他评价道："蒲鲁东在欧洲工人运动史上曾经起过很大的作用，以致不能立即就被忘掉。虽然他在理论上已经被扫除，在实践中已经被排斥在一边，但是他仍然保持着他的历史意义。谁要去多少详细地研究现代社会主义，谁就应当去熟悉运动中的那些'已被克服的观点'。"[①] 对蒲鲁东及其思想的研究，是马克

---

① 马克思，恩格斯. 马克思恩格斯全集：第21卷 [M]. 北京：人民出版社，1965：375.

思主义发展史和社会主义运动史研究难以绕过的问题。

对第一版的《马克思恩格斯全集》进行检索，我们可以发现，全集的第1卷、第2卷、第3卷、第4卷、第5卷、第6卷、第7卷、第8卷、第12卷、第13卷、第16卷、第18卷、第19卷、第20卷、第21卷、第22卷、第23卷、第24卷、第25卷、第26卷、第27卷、第28卷、第29卷、第31卷、第36卷、第38卷、第42卷、第44卷、第45卷、第46卷、第47卷、第48卷中都有对蒲鲁东或蒲鲁东主义的相关论述，其中涉及的著作和短评约70篇，书信近50封。在马克思的诸多重要著作和书信中，蒲鲁东及蒲鲁东的理论被反复提及。例如，在《1844年经济学哲学手稿》中，蒲鲁东的名字被提到了6次，在这部著作中，马克思将蒲鲁东和圣西门、傅立叶放在一起加以批判；在《神圣家族》中，单独有一节是马克思为"保护"蒲鲁东对青年黑格尔派的批判，用2万余字的篇幅对蒲鲁东的思想，以及埃德加·鲍威尔对蒲鲁东的解释和评注进行了细致的分析；为针对性地批判蒲鲁东的《贫困的哲学》，马克思专门写作了《哲学的贫困》；在《共产党宣言》中，蒲鲁东的理论被定性为"保守的或资产阶级的社会主义"[①]；《德意志意识形态》《1848年至1850年的法兰西阶级斗争》《路易·波拿巴的雾月十八日》《法兰西内战》《政治经济学批判》《资本论》等重要著作，以及《马克思致皮埃尔·约瑟夫·蒲鲁东》《马克思致帕维尔·瓦西里耶维奇·安年科夫》《论蒲鲁东（给约·巴·施韦泽的信）》等多封书信均多次提到蒲鲁东或蒲鲁东主义。另外，从马克思和恩格斯的通信中，我们可以看到，对蒲鲁东的每一部重要著作，如《什么是所有权》《贫困的哲学》《十九世纪革命的总观念》《从十二月二日政变看社会革命》《交易所投机者手册》等，他们都进行了交流。可见，蒲鲁东作为马克思一生中的重要对手之一，在很长一段时间内成为马克思关注和批判的对象，二人之间发生的方法纠葛、复杂观点交集和理论分野长达40年。

对蒲鲁东，人们一般把他看作一位小资产阶级社会主义者和无政府主义者。这与学界的研究主要集中在马克思对蒲鲁东的定性与批判上有关，这在

[①] 马克思，恩格斯. 马克思恩格斯全集：第4卷［M］. 北京：人民出版社，1958：498.

一定程度上导致我们对蒲鲁东及其思想缺乏一个完整的认知，从而也一定程度上影响了我们对马克思与蒲鲁东思想交锋深刻性的把握。马克思一生批判的人数众多，但是值得马克思用几十年时间去批判的人却屈指可数。马克思自己也曾说过："对于蒲鲁东的机智的著作，绝不能根据肤浅的、片刻的想象去批判，只有在长期持续的、深入的研究之后才能加以批判。"① 马克思和蒲鲁东的分歧和争论早已成为历史，但是二人的思想关系依然是马克思主义思想史上难以忽略的思想坐标。

资本主义制度下的无产阶级贫困是一个重大的理论和实践问题，也是马克思和蒲鲁东一生都在关注、思考和致力解决的问题。现代贫困理论是科学社会主义和蒲鲁东主义的一个核心内容，它是现代工人苦难的"见证人"，对贫困问题的讨论一直贯穿在马克思和蒲鲁东的思想谱系中，二人在反贫困问题上也形成了不同的理论和方案，因而消除贫困成为理解马克思与蒲鲁东学术思想关系的重要关联点。从反贫困这个关联点着手，我们可以更清楚地看到和理解马克思关于反贫困理论的原貌。因此，在反贫困问题上，马克思与蒲鲁东复杂的思想关系，在今天依然值得我们研究。目前，学术界对这方面的研究相对较少，理论研究显得不足。本书试图从二人思想的关联点，即反贫困问题切入，来把握二人的思想关系，以期能回答现代贫困的本质，为消除现代贫困提供一定的启发。

二、研究意义

马克思的特点在于，他首先是一位理论家，斗争是马克思的生命要素，马克思的思想就是在与各种思潮的交锋、对话、斗争中成熟与发展的。当然，论战的过程也是马克思阐发自己观点的过程。关于现代贫困的理论，马克思也是在与各种错误贫困理论的比照和斗争中，完成了自己的建构，其中蒲鲁东的反贫困理论就是不容忽视的一种。目前，学界更多关注到了马克思与黑格尔、费尔巴哈、斯密、李嘉图以及空想社会主义者的思想关系，而对马克思与蒲鲁东的思想关系关注较少。对贫困问题的态度和阐释路径，马克思非

---

① 马克思，恩格斯. 马克思恩格斯全集：第1卷 [M]. 北京：人民出版社，1995：295.

常清楚二人之间分歧的界域和程度，故而对蒲鲁东及其理论的批判贯穿了马克思的一生。蒲鲁东之所以成为如此值得重视的对象，原因是蒲鲁东的实践活动以及他那套"旨在造福世界的理论"①并不是毫无作为的，他的著作作为"罗曼语国家的精神食粮"，对法国工人以及一般罗曼语系国家的无产阶级有着深刻的影响，并且这种影响持续了很多年。也正是在与蒲鲁东的对话中，在对蒲鲁东及蒲鲁东主义的批判中，我们可以更清楚地把握马克思现代贫困理论的形成发展及其主要观点。

在中国，马克思主义传入中国最终被中国共产党和中国人民所接受的过程也是与以无政府主义为代表的各种错误思潮斗争的过程。有学者就认为，"从无政府主义到马克思主义只有一步之遥"②，"如果没有无政府主义的铺垫，毛泽东或许不可能接受马克思主义"③。马克思主义的真理性就是在与这些错误思潮的斗争中得以彰显的。如今，马克思主义在中国特色社会主义的实践中焕发出强大的生机与活力，马克思的反贫困理论，为中国脱贫攻坚伟大实践的展开提供了科学指南和根本遵循，在建党百年的重要历史时刻，全面建成小康社会如期实现，脱贫攻坚取得了决定性的进展。巩固脱贫攻坚的成果，向共同富裕的目标前进，我们需要坚持以马克思的反贫困理论为指导，结合中国的具体情况。然而，目前国内外攻击马克思主义的声音仍然此起彼伏，仍有机会主义者和修正主义分子利用蒲鲁东主义危害社会主义的发展，否定马克思主义理论，否定无产阶级专政。因此，从根本上厘清马克思主义与蒲鲁东主义的区别，尤其是说清楚二人在现代贫困理论上的区别，对坚定社会主义信念，坚持中国共产党的领导，坚持走中国特色社会主义道路，向共同富裕目标前进，有现实意义。

在西方，直到今天，蒲鲁东的理论依然有很大影响，在一些颇有影响的社会思潮中仍然可以看到蒲鲁东主义的影子。我们借用恩格斯曾说过的，"虽然承认现代社会主义的基本观点以及变一切生产资料为公共财产的要求是正

---

① 马克思, 恩格斯. 马克思恩格斯全集：第6卷[M]. 北京：人民出版社, 1958：672.
② 顾昕. 无政府主义与中国马克思主义的起源[J]. 开放时代, 1999 (2)：28-37, 2.
③ 邬国义. 毛泽东与无政府主义：从《西行漫记》的一处误译谈起[J]. 史林, 2007 (2)：1-23, 189.

确的，但是认为实现这点只有在遥远的、实际上无限渺茫的未来才有可能。那么它为了规定自己的纲领就不得不回到自己的前辈人物那里去；那时，蒲鲁东大概是少不了的"①。现在确实仍有不少人认为共产主义是"乌托邦"，实现完全的公有制是不可能的。针对21世纪资本主义出现的各种社会现实问题，特别是没有解决的现代贫困问题，西方的一些学者依然认为蒲鲁东的思想与当前的发展有密切的联系，他们不断地回到蒲鲁东的著作中寻找思想资源。西方的部分左翼学者，如以阿兰·巴迪欧、斯拉沃热·齐泽克、迈克尔·哈特、安东尼奥·奈格里等为代表的学者，就被称为21世纪的蒲鲁东主义者②。

当下，发达资本主义国家的工人阶级生活状况得到了极大的改善，但放眼全世界，许多资本主义国家的消除贫困不但没有成效，反而越治越贫，西方贫困理论在现实问题面前显得软弱无力。③ 发达资本主义国家的贫富差距问题，以及广大发展中国家的贫困问题仍然比较突出，无产阶级仍然无法避免贫困化的趋势。因此，在资本主义国家，无产阶级贫困化仍是一个值得研究的重大问题。人们对蒲鲁东的一再关注，反映的是蒲鲁东主义对资本主义社会存在的贫困、不平等等社会问题的关注仍有它的当代意义。因此，研究在反贫困问题上蒲鲁东与马克思的思想关系，既是对贫困理论发展的深切呼唤，也是对当代消除贫困的现实回应。

第二节　国内外研究文献梳理

对马克思与蒲鲁东的关系，有学者认为，蒲鲁东并不是马克思的陌路人，

---

① 马克思，恩格斯. 马克思恩格斯全集：第21卷［M］. 北京：人民出版社，1965：376.
② DESAI R. The New Communists of the Commons: Twenty-First-Century Proudhonists［J］. International Critical Thought, 2011, 1(2): 204-223.
③ 杰弗里·萨克斯在《贫穷的终结：我们时代的经济可能》一书中，曾乐观地表示"全世界有可能到2025年结束极端贫困现象"。事实却并非如此，21世纪以来的20年，去除中国对全球减贫的贡献，实际上全世界贫困人口的绝对数量不但没有减少反而有所增加。世界银行自1945年成立到今天，如果去除中国脱贫人口总数量，世界贫困人口不但没有减少，反而是增加了。

相反在马克思的批判中,尤其是在整个政治经济学的批判中,始终可以看到马克思论战蒲鲁东的一个维度,"但不宜将其简单地定论为马克思对又一个对手的又一次超越"。① 在学界的研究中,学者通常更多地关注到了马克思对蒲鲁东的批判,而忽视了"后者对前者的先期影响"。有学者认为,即便马克思批判过蒲鲁东,他也不会放弃"早期从蒲鲁东那里学来的思想"。日本学者柄谷行人指出:"仅仅凭这些言辞就认为马克思与蒲鲁东完全对立,则是无的放矢的。马克思坚持一生而持续加以'批判'的对手,都是那些值得'批判'的人,其数量少之又少。"② 可见,马克思与蒲鲁东的复杂思想关系是马克思主义发展史上的一段"公案",还原和澄清马克思与蒲鲁东思想关系的原貌,尤其是二人在反贫困问题上的思想关系,具有历史和现实的意义,本书致力于在这方面有所贡献。

一、国外研究文献

目前,国外研究涉及马克思与蒲鲁东的中文译著,在新中国成立以前译成中译本的有两本,分别是巴金翻译的《蒲鲁东的人生哲学》和麦利荪的《蒲鲁东学说》。总的来看,国外学者在涉及马克思与蒲鲁东关系的研究中,可以归纳为以下两种态度。

一是对蒲鲁东思想总体上持肯定的态度。蒲鲁东是法国人,在法国历史上曾占据着非常重要的地位。因此,相对来说,法国学者对蒲鲁东的研究更全面些。《蒲鲁东全集》在巴黎于1868年出版问世,共21卷。全集编辑者为阿尔贝·拉克瓦,他后来又在1875年和1876年出版了14卷的《蒲鲁东通信集》和7卷的《蒲鲁东遗著集》,通信集和遗著集比较多地带有编者的个人感情色彩,如蒲鲁东称梯也尔为"侏儒"这样他不喜欢的词句,则被删掉了。1923年,第二部《蒲鲁东全集》出版,但是到今天仍然没有出完。③ 相关的研究还散见在不同的研究资料中,专门研究蒲鲁东思想的巴黎天主教大学前

---

① 张盾.黑格尔与马克思政治哲学六论[M].北京:学习出版社,2014:269,259.
② 柄谷行人.跨越性批判:康德与马克思[M].赵京华,译.北京:中央编译出版社,2010:128,136.
③ 承中.法国的蒲鲁东研究概况[J].国际共运史研究资料,1984(2):282-290.

校长皮埃尔·霍普曼认为，马克思之所以展开对蒲鲁东的批判，是马克思察觉到了蒲鲁东的这种针对性，他创作《哲学的贫困》与其说是"攻击"蒲鲁东，不如说是"反击"蒲鲁东。① 所以，在国外一些学者看来，马克思对蒲鲁东的态度之所以发生转变，是出于对蒲鲁东的"忌妒"，所以在二人关系上尚存在"感情沟壑说"和"忌妒说"等论调。法国蒲鲁东学会主席让·庞卡尔，专门截取马克思早期著作中对蒲鲁东称赞的"只言片语"，来说明蒲鲁东其实更有资格被称为科学社会主义者，在他的一篇代表作《蒲鲁东——多元体制和自治》中，他指出，公有制和私有制都存在明显的缺陷，唯有蒲鲁东的"自治社会主义"可以克服两者的弊端。

进入 21 世纪以来，蒲鲁东在法国的思想越来越受到重视。② 在《蒲鲁东：一个极端自由主义的社会主义者》③ 一书中，爱德瓦尔·茹尔丹指出了这种现象产生的原因。茹尔丹认为，尽管蒲鲁东受到来自马克思的严厉批判，被称为小资产阶级的思想家，但蒲鲁东仍是一个值得重新研究的思想家，因为他对社会机构的批判是建立在其独特的法哲学的基础之上的，其关于无政府主义的理论，其实就是他的法哲学。蒲鲁东并未简单地将正义视为一个抽象观念，相反在他看来，正义首先是一种在历史中形成的能够被现实把握的力量。他批判国家、宗教和所有权败坏了法律，是为了恢复法律的威信和力量，来使之更靠近正义。在《走向政治的唯物主义的一条新道路：论马克思的消极的人类学和蒲鲁东的积极的人类学》④ 一文中，布鲁诺·弗埃尔认为，在马克思之外的社会主义传统中，蒲鲁东对资本主义进行的批判是值得关注的，从当代的视角看，这一批判依然是富有价值的。蒲鲁东试图使我们看到，劳

---

① 承中. 法国的蒲鲁东研究概况 [J]. 国际共运史研究资料, 1984 (2): 282-290.
② 仅 2009 年这方面的著作就有 Pierre Joseph Proudhon, Le Monde Libertaire (22avril2009)、Pierre Joseph Proudhon: L'ordre dansl'anarchie, Armel Pécheul, Cujas (1décembre2009)、Proudhon: l'enfant Terrible du Socialisme, Anne-Sophie Chambost, ARMANDCOLIN (4novembre2009)、Proudhon-Un Socialisme Libertaire, Edouard Jour-dain, MICHALON (4juin 2009)、Proudhonoul'espritlibertaire, Elysée Sarin, Le Monde Libertaire (4novembre2009) 等。
③ JOURDAIN E. Proudhon-Un Socialisme Libertaire [M]. Paris: Michaton éditeur, 2009.
④ FRèRE B. Une Nouvelle Voie Pour Le Matérialisme Politique Remarques Sur L'anthropologie Négative de Marx et L'anthropologie Positive de Proudhon [J]. Revue Du Mauss, 2009 (34): 231-247.

动者不是只有疯狂的动物性，也不是在剥削压迫下失去了主体性，仅仅作为劳动资料而存在的人。蒲鲁东的理论如果是一种人类学的话，那么这种人类学是一种积极的人类学。与蒲鲁东相对的是，马克思的思想始终将异化的观念作为其思考的排他性维度，可被视为一种消极的人类学。2010 年 3 月 20 日，法国西巴黎·拉德芳斯大学教授罗伯特·达缅在法国哲学会上进行了题为《重新解读蒲鲁东》的演讲，他从蒲鲁东"野心勃勃且卷帙浩繁"的作品中归纳出三个主要哲学命题，并认为这些哲学命题有助于重新审视当今的社会秩序和政治秩序①，对蒲鲁东进行了非常高的评价。

为纪念蒲鲁东逝世 100 周年、蒲鲁东诞辰 200 周年，法国的学者们对蒲鲁东的思想进行了更为深入的挖掘，并举办了相关的学术研讨会。这些学者不仅重点关注了蒲鲁东思想的原貌，而且从不同的研究视角，包括政治学、社会学、经济学等，系统地研究蒲鲁东的理论。② 这些学者普遍对蒲鲁东的评价较高，他们大多认为，蒲鲁东在 19 世纪工人运动史上的影响是不能忽视的。比如，安妮-索菲·尚博在《蒲鲁东，社会主义的小捣蛋》（Anne-Sophie Chambost, Proudhon, L'enfant terrible du socialisme）中说道："今天，对那些正在拷问已有的政治或经济模式的人来说，蒲鲁东的著作依然是一个思想库。"③ 约翰·汉普顿·杰克逊认为，马克思并不是社会主义的唯一缔造者，蒲鲁东是站在他身边的主要先知，自 1840 年以来，蒲鲁东就被公认为法国社会主义

---

① 高宣扬. 法兰西思想评论·2011 [M]. 北京：人民出版社，2011：63.
② 主要成果：约翰·汉普顿·杰克逊的《马克思、蒲鲁东和欧洲社会主义》（Marx, Proudhon and European Socialism）；乔治·伍德科克的《皮埃尔·约瑟夫·蒲鲁东传》（Pierre-Joseph Proudhon: A Biography）；艾伦·里特的《皮埃尔·约瑟夫·蒲鲁东的政治思想》（The Political Thought of Pierre-Joseph Proudhon）；马克斯·拉斐尔的《蒲鲁东、马克思和毕加索：艺术社会学的三种研究》（Proudhon, Marx, Picasso: Three Studies in the Sociology of Art）；亨利·德·卢柏西的《非马克思主义者的社会主义者：蒲鲁东研究》（The Un-Marxian Socialist: A Study of Proudhon）；罗伯特·路易斯·霍夫曼的《革命的正义：皮·约·蒲鲁东的社会和政治理论》（Revolutionary Justice: The Social and Political Theory of P.-J. Proundhon）；克·斯蒂芬·维森特的《皮埃尔·约瑟夫·蒲鲁东与法国共和社会主义的兴起》（Pierre-Joseph Proudhon and the Rise of French Republican Socialism）；罗伯特·格雷厄姆的《无政府主义：自由主义思想的文献史》（Anarchism: A Documentary History of Libertarian Ideas）；等等。
③ 王加丰. 蒲鲁东主义的过去与现在 [J]. 世界近现代史研究，2014（0）：143-151，348.

的领军人物。① 乔治·伍德科克认为，1840年蒲鲁东针对资产阶级社会的贫困问题而写作的《什么是所有权》，提出了社会重组的愿景。② 亨利·德·卢柏西认为，蒲鲁东是工人阶级伟大的道德家。③ ……这些研究资料为把握马克思与蒲鲁东在现代贫困问题上的关系提供了一定的参考价值，但是他们对马克思与蒲鲁东的比较研究，大多数学者更倾向支持蒲鲁东，其中有不少观点甚至是反马克思主义的观点，对此在研究中应注意甄别。

二是对蒲鲁东思想总体上持否定的态度。这种态度主要在苏联和东欧学者一些比较有影响力的著作中，如弗·梅林的《马克思传》《保卫马克思主义》《马克思和恩格斯是科学共产主义的创始人》《德国社会民主党史》、阿·伊·马雷什的《马克思主义政治经济学的形成》、瓦·图赫舍雷尔的《马克思经济理论的形成和发展》、阿多拉茨基的《马克思写作〈资本论〉的劳作》，等等。列宁对蒲鲁东的思想曾经有一个概括，他将蒲鲁东的思想归纳为一种只想要清除资本主义的弊端和赘瘤，但不消灭资本主义本身的理论。总体来看，苏联和东欧等国的马克思主义学者对蒲鲁东思想的定位基本上延续了列宁的观点，对蒲鲁东的理论总体上持否定的态度。

一般来说，他们的研究成果主要在以下几点上达成了共识。（1）在关于第一国际的创始人的问题上，有学者认为法国蒲鲁东主义者是创始人，有人则表示，英国工联不仅是成立国际的发起者，而且是创建者。苏联学者则认为，马克思和恩格斯才是第一国际的创始人。④ （2）在看待马克思批判蒲鲁东的名著《哲学的贫困》的态度上，将其看作科学社会主义发展史上的经典著作。苏联著名哲学家奥依则尔曼将《哲学的贫困》看作一部包含着科学社

---

① JACKSON J H. Marx, Proudhon and European Socialism [M]. New York: Collier Books, 1962.
② WOODCOCK G. Pierre-Joseph Proudhon: A Biography [M]. London: Routledge & Kegan Paul, 1956.
③ LUBAC H D. The un-Marxian socialist: a study of Proudhon [M]. London: Sheed & Ward, 1948.
④ 中共中央马克思恩格斯列宁斯大林著作编译局. 国际共运史研究资料：第7辑 [M]. 北京：人民出版社，1982：10.

会主义经济学和哲学依据的著作。① 苏联学者将《哲学的贫困》看作历史唯物主义和政治经济学方面的经典著作。②（3）在致力于马克思主义史研究的学者作品中，也或多或少地涉及了马克思和蒲鲁东的关系问题。学者们基本上认同的一点是马克思与蒲鲁东的关系是复杂的，且有一个变化的过程。比如，科尔纽认为，马克思在1845年以前对蒲鲁东的思想是给予了充分肯定的，并把他看作法国社会主义者的优秀代表，其中如"经济是历史的基础"的观点，事实上对马克思产生了影响，当然马克思对蒲鲁东的影响也是巨大的，这一点从蒲鲁东自己的书信和著作中也可以看到。③ 梅林指出，马克思本人证实，他曾经和蒲鲁东有过密切的交往，经常进行通宵的谈话与交流，但是后来由于观点的分歧就分开了。④

总体而言，国外学者的研究大部分集中在蒲鲁东的个人传记及蒲鲁东个人的某个思想方面，深入研究二人思想关系，尤其专门研究二人反贫困理论的成果并不多。学者对蒲鲁东学说或二人思想关系的评价，由于立场的不同而呈现出比较大的差异，有很多地方值得商榷。

二、国内研究文献

在国内，蒲鲁东著作的中文译本只有《什么是所有权》及《贫困的哲学》，蒲鲁东的其他著作，如《十九世纪革命的总观念》《一个革命者的自白》《论工人阶级的政治能力》等并没有见到相应的中文译本。国内学界的相关研究著作主要有4本，分别是陈汉楚著的《蒲鲁东和蒲鲁东主义》、余源培和付畅一著的《新世界观的第一次公开问世：〈哲学的贫困〉当代解读》、杨洪源著的《政治经济学的形而上学：〈哲学的贫困〉与〈贫困的哲学〉比较

---

① 奥依则尔曼. 马克思主义哲学的形成 [M]. 潘培新，等译. 北京：生活·读书·新知三联书店，1964：510.
② 卢森贝. 十九世纪四十年代马克思恩格斯经济学说发展概论 [M]. 方钢，杨慧廉，郭从周，译. 北京：生活·读书·新知三联书店，1958：237.
③ 奥古斯特·科尔纽. 马克思恩格斯传：第2卷 [M]. 王以铸，刘丕坤，杨静远，译. 北京：生活·读书·新知三联书店，1965：79-80.
④ 弗兰茨·梅林. 马克思传 [M]. 樊集，译. 北京：生活·读书·新知三联书店，1965：102.

研究》、朱进东著的《马克思和蒲鲁东》。

国内学者对蒲鲁东的理论研究主要集中在他的平等观、无政府主义理论、所有权理论等方面。学者从不同的视角研究了马克思对蒲鲁东学说的批判，主要集中在对其历史观、政治经济学以及社会改良方案的批判上。学界的共识是蒲鲁东是从小资产阶级的立场出发来阐述其理论的，他的理论是一种改良性质的理论，不具有可实践性。由于《哲学的贫困》在马克思主义发展史上的重要地位，学者们对《哲学的贫困》研究最多，也最深入和具体。事实上，1961 年《哲学的贫困》就出版了，这部著作一开始并没有引起学界的广泛关注，从严格意义上来说，直到 1997 年"纪念马克思《哲学的贫困》发表 150 周年学术研讨会"召开之后，人们对《哲学的贫困》的研究才慢慢多了起来。研究主要聚焦在这部著作的历史地位、理论价值等方面。国内对蒲鲁东《贫困的哲学》以及蒲鲁东的其他著作进行单独研究的成果则较少，而这在一定程度上必然导致对蒲鲁东的理论原貌缺乏完整的把握，这也是学界今后应该进一步努力的方向。

目前，国内学者对马克思与蒲鲁东思想关系进行了比较系统深入的研究，成果主要是 4 篇博士论文。第一篇是 1999 年南京大学博士朱进东的《马克思和蒲鲁东》。该文将马克思与蒲鲁东的交往和理论关系分为了 6 个历史阶段，分别是哲学阐释阶段、社会主义交往阶段、首次公开论战阶段、革命及对革命分析阶段、马克思在理论上深入批判蒲鲁东阶段、马克思与蒲鲁东主义者的交锋阶段。第二篇是河南大学博士李鹏的《马克思超越蒲鲁东的思想进程》。该文以马克思历史唯物主义的形成和发展为线索，通过对马克思在不同时期的文本进行研究，从总体上对马克思在思想上超越蒲鲁东的进程进行研究和论述。第三篇是复旦大学博士付畅一的《〈哲学的贫困〉与〈贫困的哲学〉——马克思与蒲鲁东思想比较研究》。该文试图从马克思哲学发展史的视野，对照《哲学的贫困》与《贫困的哲学》，进行比较深入的文本解读，论述了《哲学的贫困》对黑格尔唯心辩证法的批判改造、唯物史观的公开问世、马克思主义政治经济学的开端、科学社会主义学说的初步形成四个方面的成果。第四篇是北京大学博士杨洪源的《政治经济学的形而上学——〈哲学的贫困〉与〈贫困的哲学〉比较研究》。该文就《哲学的贫困》与《贫困的哲学》中所涉及的相同思想议题，如政治经济学的哲学方法、所有权、社会革命及共产主义等，逐一进行了深入的比较及讨论。相对来说，国内学界对马克思与蒲鲁东思想关系的研究并没有太多，关于二人的交往和思想关系散见于不同的学习资料和研究资料中。一些著作，如王伟光的《社会主义通史》、顾海良的《马克思主义发展史》、孙伯鍨的《探索者道路的探索：青年马克思恩格斯哲学思想研究》、姜海波的《青年马克思的生产力概念》、陈先达和靳辉明的《马克思早期思想研究》等或多或少都提到了马克思与蒲鲁东的关系。比如，姜海波认为，蒲鲁东的经济学理论为马克思提供了一个难得的理论坐标，这与蒲鲁东思想的特点有关，在当时的思想界，只有蒲鲁东，试图将黑格尔与李嘉图的理论结合起来，给"社会主义"提供一个理论基础。

在现代贫困问题上，尤其是近些年消除贫困成为一个热门的主题之后，国内学者的研究开始主要聚焦于马克思的反贫困理论，特别是通过研究马克思反贫困理论的深刻内涵、逻辑理路以及马克思反贫困理论的中国化创新，为当代中国消除贫困提供理论基础。国内比较有代表性的文章有田书为的《如何理解贫困：马克思对黑格尔的超越》，任毅的《资本主义悖论性贫困：马克思的批判与扬弃》，李海星的《从〈贫困的哲学〉到〈哲学的贫困〉再到〈摆脱贫困〉——马克思主义反贫困理论的探索与实践》，谭希培、杨竞雄的《"宿命论"诘难之贫困——〈马克思为什么是对的·第三章〉的辩护逻辑》，秦小娟的《生产条件的贫困：马克思贫困理论的再思考》，刘志明的《全球性贫困：马克思和恩格斯视野中的西方全球化》，等等。国内代表性的观点。例如，有学者对马克思贫困理论的批判与建构进行了深入分析，详细论证了马克思的贫困理论是建立在对古典政治经济学贫困理论批判的基础之上的，从现代贫困的静态特征和动态演化层面进行了逻辑释析，揭示了资本主义制度下贫困积累的根源，并从历史唯物主义的视角阐释了马克思贫困理论所蕴含的辩证图景。[①] 有学者论证，马克思的贫困理论是对黑格尔贫困理论的超越，对贫困原因的分析从外部的、自然的视角转向了内在的、必然的视角，将批判矛头指向资本主义私有制，并指出了破解现代贫困的路径就在于

[①] 郑继承. 批判与建构：马克思贫困理论的逻辑理路与辩证图景 [J]. 社会主义研究，2020（6）：41-49.

无产阶级的革命实践，建立生产资料社会占有的所有制形式。① 国内现有的对马克思贫困理论的研究，主要阐明了马克思将贫困的始源归结于资本主义私有制及其生产方式特征，从而实现了对以往一切贫困理论的超越。在当今时代，马克思的贫困理论依然具有强大的生命力和解释力，为中国全面建成小康社会，向共同富裕的目标迈进提供了理论指引。

总体而言，学界的研究目前已经取得了不少有价值的研究成果，但是仍然存在不足，学界在研究二人关系时往往聚焦于《哲学的贫困》《资本论》等少数著作上，这显然是不够的，研究上也显得不够系统、深入和全面。一是在二人的思想关系研究上，尤其是在贫困问题上的研究还略显薄弱，理论分析显得不足，成果相对较少；二是目前的研究较少把二人的思想关系放在资本主义发展史、马克思主义发展史和社会主义思想史的背景中进行深入考察，在一定程度上导致对二人的思想关系缺乏一个宏观把握；三是由于马克思已经彻底驳倒了蒲鲁东及蒲鲁东主义，目前的研究主要集中在马克思对蒲鲁东的批判视角上，这在一定程度上导致我们对蒲鲁东及其理论缺乏一个完整的认知，尤其是其反贫困理论，其中不少值得研究的思想尚未被具体涉猎；四是对二人的思想关系，还没有从一个具体的角度进行切入，特别是本书作为切入点的资本主义社会的贫困问题，目前的研究基本上还只是停留在宏观层面。

第三节　研究思路与研究方法

一、研究思路

本书从现代贫困这一点切入，以现代贫困为基点展开论述，研究二人的思想关系，致力于在更深入全面系统地把握两人的思想关系上，廓清马克思与蒲鲁东在现代贫困问题上的根本分野与差异。同处于19世纪的资本主义时

---

① 夏少光．消除现代社会的苦恼与超越黑格尔：对马克思贫困理论的一种解读[J]．马克思主义研究，2018（11）：114-124，164．

代，马克思和蒲鲁东面临着同样的历史课题，都致力于解决资本主义社会的贫困问题。然而，二人却存在着重大的思想分歧，这种分歧具体体现在分析贫困的哲学方法、阐释贫困的政治经济学根源以及消除贫困的"社会主义"方案上。

在理解现代贫困的哲学方法论上，二人都"借鉴"了黑格尔的辩证法，蒲鲁东模拟黑格尔的辩证法，建立了所谓的"系列辩证法"，将对现代贫困的理解放置到了一个唯心主义的天命框架之内。马克思则不同，他对黑格尔的辩证法进行了批判性的吸收与改造，立足历史唯物主义和辩证唯物主义，将对现代贫困的理解放置到了唯物主义的现实框架之内。在阐释现代贫困的政治经济学根源时，二人都吸收了古典政治经济学的思想资源。蒲鲁东批判了资本主义私有财产，他认为想要改变社会的贫困现象，就必须消灭所有权，建立所谓的"个人占有"的相对所有权，并在价值矛盾性的基础上形成了他的构成价值理论。然而，他的理论存在根本的缺陷和矛盾，马克思对此进行了揭示和批判。马克思对古典政治经济学进行了批判性的改造，从资本主义生产方式本身出发，科学揭示了现代贫困以及剩余价值的产生根源。在消除现代贫困的路径上，二人形成了不同的"社会主义"方案。蒲鲁东从其小资产阶级的立场出发，提出建立一个既区别于资本主义，又区别于共产主义的"第三种社会形式"的调和主义学说，而马克思则从阶级对立的现实出发，立足广大劳动人民的根本利益，从制度变革、生产实践以及价值目标上提出了消除贫困的科学方案。

通过比较二人在反贫困问题上的哲学方法论、政治经济学阐释以及"社会主义"方案，我们可以清楚地看到蒲鲁东反贫困理论的局限性及其危害性，也可以更清晰地把握马克思反贫困理论的真理性及其实践性。在对蒲鲁东的揭示与批判中，马克思实现了对其的根本性超越，科学阐释了现代贫困问题的本质、根源以及消除贫困的路径和方向。总的来说，马克思对蒲鲁东是涉及立场、观点和方法的全方位批判与超越。当然，二人现代贫困理论的根本差异，我们需要放到马克思主义发展史、社会主义运动史的大背景中去研究。由此，我们也能够更全面地理解和把握马克思主义和蒲鲁东主义的本质区别。目前，学界较少有研究在这方面做出探讨，本书致力于在这方面有所进展。

二、研究方法

1. 文献研究法。马克思与恩格斯的诸多著作和书信、蒲鲁东的个人著作及相关书信、马克思和蒲鲁东的个人传记、国际共运史、社会主义通史、巴黎公社史、法国史等文献资料为本书的研究提供了坚实的理论基础和史实支撑。本书通过对文献的整理、分析和归纳，在了解前人研究成果的基础上，进一步明确该研究的意义。

2. 比较研究法。在研究二人思想关系的过程中，我们必然存在一个比较的视域，通过比较相关重要文本、重要思想，比较马克思在不同时期的思想变化，比较二人分析现代贫困的哲学方法论、政治经济学根源以及消除贫困方案上的根本差异，从而揭示蒲鲁东学说的局限性及其对工人运动所造成的危害，弄清楚马克思本人的思想发展历程，还原马克思的思想原貌，从而科学理解马克思的现代贫困理论。

3. 史论结合法。我们坚持逻辑与历史相一致，史论结合，把二人关于现代贫困的思想放到一个大的历史背景中去考察，既研究马克思与蒲鲁东的现代贫困理论本身，又研究二人思想发展在不同阶段的时代背景、国际共产主义运动的状况等，从而进一步深化对整个世界社会主义运动史的了解。

第二章

相同的时代课题与不同的理论构建

蒲鲁东比马克思大9岁,二人的成长环境迥然不同,然而马克思与蒲鲁东作为资本主义的同时代人,面对资本主义无法克服的现代贫困问题,思想起点却有相似之处。蒲鲁东主义与马克思主义于19世纪40年代几乎同时面世,蒲鲁东是小资产阶级社会主义的典型代表,马克思创立了科学社会主义理论,两种理论在工人阶级中有着各自的代表,其影响力在不同时期也大为不同。

第一节 现代贫困的产生与发展

从人类历史的长河来看,贫困问题始终与人类社会的发展相伴随,在不同的生产方式和社会制度下,贫困具有不同的形式和特征。工业革命发生之前,社会生产力水平不高,人民生活普遍艰难和穷困,"宿命论"和"神授论"的神意框架一度成为对贫困成因的解释,人们对贫困的解释和反思总体上呈现出碎片化的特征。工业革命之后,特别是进入19世纪以来,资本主义迅猛发展,社会生产力以前所未有的速度发展起来,改变了人类政治、经济、文化以及社会生活的方方面面,社会贫困议题开始得到真正系统的科学澄清。

工业革命产生了现代贫困,也就是资本主义制度下的贫困,社会发展一面结束了一部分人的贫困,一面又不可避免地加剧了另一部分人的贫困。这是一种全新的贫困,且是一种悖论性贫困,即生产过剩贫困,它的主要表现是资本的积累使工人的处境日益恶化,不论工资多少、报酬如何,劳动人民恰恰是因为辛勤劳动而被贫困所吞噬。"绝对贫困减少，相对贫困增加"①，世界进入了资产阶级"大获全胜"的时代，也进入了"贫困积累"的时代，革命危机暗流涌动，英国左翼学者霍布斯鲍姆说道："19世纪30—40年代是充满危机的年代，前景未卜。"②

一、财富积聚与贫困积累同现

工业革命的蓬勃发展以及资本主义文明制度的确立，使社会生产力有了很大的发展。然而，高速发展的背后却是劳动者贫困的积累，对底层的劳动者而言，现代工业的发展给他们带来的不过是"温和的监狱"和"贫困的温床"，他们的生活状况并没有得到与经济发展相匹配的改善。在资本主义制度下，一边是少数人财富的堆积，一边是多数人贫困的加剧，资本主义作为一种文明制度，似乎只是创造出了幸福的要素，却没有创造幸福。

（一）"文明制度"的确立

从世界历史的发展来看，封建关系解体与资本主义关系产生的最早地区是西欧。1640—1648年，英国取得了资产阶级革命的胜利，推翻了封建君主专制，建立了首个资产阶级政权，这意味着人类社会开始从封建制时代进入资本主义时代。一般来说，工业化是一个民族或国家确立资本主义的标志，工业革命是工业化的起始阶段。所谓的工业革命，即以机器为主体的工厂制度代替以手工劳动为基础的手工工场的革命，工业革命既是一场技术的革命，也是生产关系的重大变革。"从手工工场向工厂过渡，标志着技术的根本变革，这一变革推翻了几百年积累起来的工匠手艺，随着这个技术变革而来的必然是：社会生产关系的最剧烈的破坏，各个生产参加者集团之间的彻底分裂，与传统的完全决裂，资本主义一切阴暗面的加剧和扩大，以及资本主义使劳动大量社会化。"③机器的出现，既摧毁了传统封建的土地关系，也给独

---

① 弗里德里希·威廉·舒尔茨. 生产运动：从历史统计学方面论国家和社会的一种新科学的基础的建立[M]. 李乾坤，译. 南京：南京大学出版社，2019：66.
② 艾瑞克·霍布斯鲍姆. 资本的年代：1848—1875[M]. 张晓华，等译. 北京：中信出版社，2014：2.
③ 列宁. 列宁全集：第3卷[M]. 北京：人民出版社，2013：415.

立的手工劳动者以毁灭性的打击，世界进入了资本主义制度确立的时期。

人类现代化的进程自资本主义确立后开启，一方面，社会生产力得到了飞速的发展，创造了经济增长的奇迹，极大地显示了资本主义生产方式的优越性和历史进步性。自工业革命以来的两个多世纪，政治、经济、文化以及社会生活的方方面面都发生了巨大改变。霍布斯鲍姆说，这是一个"登峰造极"的时代，世界人口比此前任何时候都多，大城市以空前的速度持续增加。"工业生产达到了天文数字：19世纪40年代，大约生产了6.4亿吨的煤。只有更为反常的国际贸易超越了工业生产的天文数字。国际贸易自1780年以来已增加了3倍，其贸易额达到约8亿英镑，如果用比不上英镑那样稳定的货币单位来计算的话，数字还要大得多。"[1] 资本主义创造了现代工业和现代文明，它所释放出来的经济、技术和社会变化的力量是前所未有的。

另一方面，资本主义生产关系在推进生产力发展的同时，也发展着一种产生剥削和压迫的力量，也就是说，资本主义在创造财富的同时也制造了现代贫困。社会上存在这样两个群体：一个是占有生产资料并享有社会财富的群体，称为资产阶级；另一个是没有任何生产资料，贫苦迫使他们为了生存而不得不去"增加别人的财富"的群体，他们是社会财富的创造者，却是社会上最贫困的一群人，称为无产阶级。现代工业发展得很迅速，工人的数量也急剧增加，一组数据表明，在1800年以前，大不列颠城市人口仅占总人口的20%；到19世纪中叶，城市人口即达52%；19世纪中叶以后，人口城市化速度更为加快。从1851年到1900年，流入城市的人口即近400万，又如德国，"1800年工人不到9万，（19世纪）30年代初便增至80万，（19世纪）40年代末增至200万"[2]，其中产业工人80万。马克思曾这样形容无产阶级的状况，他们除了自己的劳动力，没有任何财产，"在任何社会的和文化的状态中，都不得不为另一些已经成了劳动的物质条件的所有者的人做奴隶。他只有得到他们的允许才能劳动，因而只有得到他们的允许才能生存"[3]。简言

---

[1] 艾瑞克·霍布斯鲍姆. 革命的年代：1789—1848 [M]. 王章辉，等译. 北京：中信出版社，2017：344.
[2] 史探径. 世界社会保障立法的起源和发展 [J]. 外国法译评，1999 (2)：43-54.
[3] 马克思，恩格斯. 马克思恩格斯全集：第19卷 [M]. 北京：人民出版社，1963：15.

之，贫苦成为现代社会劳动者的生存条件。

这种生存状况，意味着无产阶级必然日益贫困化。所谓无产阶级的贫困化，即工人阶级经济生活、政治生活和精神生活贫困的总和。[1] 一般来说，在资本主义社会，无产阶级贫困化的主要表现：（1）工人的收入受资本主义工资规律的限制，许多人生活拮据，消费债务负担很重；（2）多数工人的收入和消费低于社会平均水平；（3）工人受剥削程度加深，相对工资下降；（4）最贫困阶层依然存在；（5）现代劳动强度的折磨和精神贫困。[2] 概括来说，现代贫困不仅表现为生活资料的匮乏和工资收入的低下，还包括劳动者生活环境、身心状态等全方位的非人化状态。当然，社会上除了资产阶级和无产阶级外，还有这样一部分人，主要是小农和城市手工业者，贫困化在这个群体中也有明显的表现。在工业革命的猛烈冲击下，他们经营的小私有经济逐渐陷于破产，不得不成为工人，加入无产阶级的队伍中。虽然说，穷人是各个时代都有的，并且劳动阶级通常都是贫穷的，但"生活在上述条件下的这种穷人、这种工人，即无产者，并不是一向就有的"[3]，这是现代文明制度下独有的贫困现象，称为现代贫困。

（二）法、德资本主义的发展

社会历史环境的不同，从西欧开始的近代工业化，在各国的开始时间、进展速度以及深度上都有所差异，但结果都大致相同。英国率先于18世纪60年代开启工业革命，在近100年的时间里实现了从手工业向机器生产的转变，在资本主义最发达的英国，工人的贫困是十分常见的现象，并呈现出由工业区向农业区扩展的趋势，可以说，赤贫是"全英国的流行病"。受英国的影响，19世纪上半叶，在蒲鲁东的出生地——法国、马克思的出生地——德国，资本主义也迅速发展了起来。

法国工业革命在19世纪初也提上了日程。1789年至1793年，法国大革命给封建制度以致命打击，摧毁了封建土地所有制，建立了农民土地所有制，

---

[1] 王干一. 无产阶级贫困化的含义 [J]. 东北师大学报，1982（3）：18-23.
[2] 林振淦. 发达资本主义国家工人生活状况 [M]. 长沙：湖南人民出版社，1980：333-346.
[3] 马克思，恩格斯. 马克思恩格斯全集：第4卷 [M]. 北京：人民出版社，1958：357.

为发展资本主义开辟了广阔天地。法国工业革命的发展速度相当快,一直到19世纪50年代,法国基本已完成工业革命,成为继英国之后第一个发生工业革命的大陆国家。在法国,大蒸汽机开始被大量采用,到19世纪40年代末已经有了5000台蒸汽机,煤炭产量相较1810年增加了近5倍。与此同时,贫穷蔓延的速度也相当快。在法国,一无所有的工人阶级靠出卖自己的劳动力为生,生活状况急剧恶化,农民欠高利贷者的债务累进式地增长。占相当大比例的小手工业生产者,在工业革命的冲击下,很快和工人阶级、农民一同陷入了贫困的境遇,行乞的人越来越多。据资料记载,拿破仑曾采取强制性的措施,要求在一个月内消灭行乞,但仍然无济于事,反而使穷人的生活更加悲惨。

现代贫困被蒲鲁东所关注。蒲鲁东看到,工业进步,"社会上却出现两种等级的人:一种从中获利,一种则因之变穷;一部分劳动者的所得增加一倍、两倍甚至三倍,另一部分则不断亏损。总而言之,到处都是有的人享受,有的人受苦,而且,由于生产能力的畸形划分,有些人甚至只消费不生产"①。"现在的情况可以说是工业与财富为一方,人口与贫困为另一方,互为因果,并行不悖。"② 社会上,90%的劳动者给另外10%的人当"牛马",这既是工业进步的结果,也是现代社会创造财富不可缺少的条件。"经济学家喋喋不休地埋怨工人不会长远打算、偷懒、缺乏自尊心、无知、浪费、早婚等,究竟是什么意思呢?实际上,所有这些恶习,这些堕落现象,都不过是贫穷的表现形式;可是,使五分之四的人类命定地永处贫贱地位的首要原因是什么呢?大自然难道不是使一切人都同样粗鄙下流、厌恶劳动,同样淫秽、野蛮吗?贵族与无产者不都是用同样的泥土捏成的吗?可是,为什么在经过这么些世纪以后,尽管出现了这么多工业、科学和艺术的奇迹,生活福利和道德礼仪却仍然未能成为人们的共同财产呢?为什么在巴黎、伦敦,在社会财富的各

---

① 蒲鲁东. 贫困的哲学:上卷 [M]. 余叔通,王雪华,译. 北京:商务印书馆,2010:116.
② 蒲鲁东. 贫困的哲学:上卷 [M]. 余叔通,王雪华,译. 北京:商务印书馆,2010:193.

个中心,贫穷仍然同凯撒①和阿格里哥拉②时代一样严重呢?为什么贵族阶级那样文质彬彬,而周围的广大群众却那样缺乏教养呢?人们责骂平民的种种恶习,可是上等阶级的恶习不见得就少于贫民,也许还有过之而无不及呢!原始的污点人皆有之;我们再说一遍:问题是为什么文明的洗礼在不同人的身上成效就不相同呢?这岂不是连进步也成了一种特权吗?岂不是凡无驷马高车者都必得永世辗转沟洫吗?这还有什么好说的呢?一个两手空空的人,连获救的愿望都没有,因为他灰心丧气,什么雄心壮志都泯灭净尽了。"③ 简言之,蒲鲁东看到了,在财富集中的各个中心,人民穷困正在大规模蔓延,简直"吞噬了一切"。

与英法不同,德国的工业化相对来说开启得较晚,当时的德国分裂成了30多个各自为政的独立邦国,还处于封建割据的分散状态,它基本上是一个落后的农业国。19世纪初,德国的普鲁士邦引发了施泰因、哈登贝格的改革,很快破除了传统的封建农业体制,资本主义在德国还是为自己开辟了道路。德国的工业革命于19世纪20年代开启,兴办了一些工厂企业,工业城市逐渐多了起来,工业和金融资产阶级逐渐成为社会上的支配和统治力量。尤其是马克思的故乡——普鲁士莱茵省,该省毗邻法国,受法国影响较大,发展得特别迅速,是德国经济和政治最为发达的地区。1836年,整个德国的棉织品生产量相较于1848年提高了大约50%。与其他资本主义国家一样,德国资本主义的发展是与工人的赤贫化和农民的破产相携而行的,大部分农民遭受严重折磨,破产的农民大多掉入了无产阶级的队伍中,与工人一起遭受资本家的残酷剥削。有人曾统计过,在马克思的故乡特里尔,1830年有超过四分之一的人口处于失业状态,街道上满是乞丐和妓女,当年冬天,慈善组织共向穷人施粥57315份,收容所平均每日收留无业贫民达500人。下层人民的生活状况不断恶化,犯罪事件也频频发生。④ 19世纪30年代的德国,至少有

---

① 凯撒(约公元前100—前44年),罗马著名的统帅、国务活动家和著作家。
② 阿格里哥拉(公元40—93年),罗马帝国将领,曾征服大不列颠。
③ 蒲鲁东. 贫困的哲学:上卷[M]. 余叔通,王雪华,译. 北京:商务印书馆,2010:137-138.
④ SAOL K. Padover, Karl Marx: An Intimate Biography [M]. New York: McGraw-Hill, 1978: 15.

14种不同的出版物，是以人民的日渐贫困作为讨论主题的。"日益贫困和食物短缺的抱怨"是否得到证实的问题，也被提出来作为学术奖励的论文题目。16位竞争者中，有10位认为已经得到证实，只有2位认为这些抱怨没有得到证实。① 从这类意见占有的压倒性人数，我们便可看出贫民普遍陷于令人绝望的苦难之中。

马克思对工人的赤贫境地进行了详细的刻画："多么好的新鲜的空气，那是英国地下室住所充满瘟疫菌的空气！多么壮丽的大自然的美景，那是英国贫民穿的破烂不堪的衣衫；是妇女们饱受劳动和贫困折磨的憔悴面容和干瘪肌肤；是在垃圾堆里打滚的孩子们；是工厂里单调的机器的过度劳动造成的畸形人！多么令人欣喜的实践中最细小的环节，那是卖淫、谋杀和绞架。"② 在生产资料大量集中的地方，工人也被聚集到一起，财富的积累速度是与劳动者的贫困程度成正比的。按照马克思的话来说，这句话的意思就是"新发现的财富的源泉，由于某种奇怪的、不可思议的魔力而变成贫困的根源。技术的胜利，似乎是以道德的败坏为代价换来的。随着人类愈益控制自然，个人却似乎愈益成为别人的奴隶或自身的卑劣行为的奴隶。甚至科学的纯洁光辉仿佛也只能在愚昧无知的黑暗背景上闪耀。我们的一切发明和进步，似乎结果是使物质力量具有理智生命，而人的生命则化为愚钝的物质力量。现代工业、科学与现代贫困、衰颓之间的这种对抗，我们时代的生产力与社会关系之间的这种对抗，是显而易见的、不可避免的和毋庸争辩的事实"③。

（三）时代问题的提出

不可否认，"文明制度"确实空前地提高了社会生产力，但是现代贫困也是不容否认的事实，"大众贫困"成为资本主义国家最突出的社会问题。工业越是集中的地方，资本积累数量越大的地方，贫困越是普遍，"在一极是财富的积累，同时在另一极，即在把自己的产品作为资本来生产的阶级方面，是贫困、劳动折磨、受奴役、无知、粗野和道德堕落的积累"④。资本和贫困像

---

① KUCZYNSKI J. Geschichte der Lage der Arbeiter [J]. Berlin，1960（9）.
② 马克思，恩格斯. 马克思恩格斯全集：第3卷 [M]. 北京：人民出版社，2002：380.
③ 马克思，恩格斯. 马克思恩格斯全集：第12卷 [M]. 北京：人民出版社，1962：4.
④ 马克思，恩格斯. 马克思恩格斯全集：第19卷 [M]. 北京：人民出版社，1963：236.

是一对"孪生兄弟",贫困像财富一样大量产生。资本家手中集聚着大量财富,而工人则一贫如洗。机器大工业的发展,不仅使人转变成"工人",还把他们推向"持续贫困"的深渊。

从资本主义的生产方式来看,最大限度地攫取财富是资本的本性,通常来说,资本家尽可能延长工时,高达14~16小时,甚至超过了人的身体所能承受的劳动极限,而且大量雇佣女工、童工代替成年男子以降低工资,他们如吸血鬼一般,疯狂地吮吸工人创造财富的力量。大量的失业人口、超长的劳动时间、恶劣的工作环境、肮脏的居住条件,严重损害了工人的身心健康,缩短了他们的寿命,工人住在破旧的贫民窟里,过着食不果腹、衣不蔽体的悲惨生活。不仅如此,资本主义周期性的过剩危机加剧着劳动者"贫困的积累"。1825年,在英国发生了资本主义历史上第一次周期性的生产过剩危机,危机期间,商品大量积压,找不到销路,资金周转困难,生产急剧下降甚至中断,很多工厂倒闭,大批工人被解雇,成千上万的工人陷入了失业状态中,贫困现象更加严重。一段时间之后,工厂又重新运作起来,又呈现一片繁荣的景象,然而这样的状况不会维持太久,因为新的过剩产品又会导致新的危机的到来,每一次危机带给工人的都是极度的贫困。繁荣和萧条周期性地轮替,从上一次危机开始到下一次危机开始,通常包括危机、萧条、复苏、高涨四个阶段。危机来临就萧条,危机过后又繁荣,回升到一定程度又重新陷入崩溃的深渊,资本主义就是沿着这样的趋势走下去的。

"人们朦朦胧胧地意识到,经济危机是有规律的、周期性发生的现象,至少在贸易和金融领域是如此。"[1] 经济危机给劳动人民带来了失业、饿死等灾难性后果,这是各个资本主义国家在工业化的过程中无一例外的共同现象。资本主义的发展虽然积累了大量的财富,然而财富积累得越多,工人失业和贫困的现象就越普遍,需要施济的穷人也就越多。然而,救济穷人和增加福

---

[1] By the Radical John Wade, History of the Middle and Working Classes, the Banker Lord Over-Stone, Reflections Suggested by the Perusal of Mr J. Horsley Palmer's Pamphlet on the Causes and Consequences of the Pressure on the Money Market (1837), the Anti-Corn Law Campaigner J. Wilson, Fluctuations of Currency, Commerce and Manufacture; Referable to the Corn Laws (1840); and in France by A. Blangui (brother of the famouse revolutionary) in 1837 and M. Briaune in 1840. Doubtless also by others.

利并不能使贫困问题得到解决,"我们可以利用英国的例子来对这些现象进行大规模的研究,并更详尽地调查济贫税、无数财团、同样无数的私人善举等的结果,尤其是同业公会解散后所产生的结果。在英国,尤其在苏格兰,这些对付贫困,特别是对付丧失廉耻和自尊心(社会的主观基础)以及对付懒惰和浪费(贱民由此而生)等最直接的手段,结果只是使穷人们听天由命,并依靠行乞为生"①。财富的增长给无产阶级带来的不是福音而是贫困积累的厄运,这就是资本主义生产方式的"绝对的、一般的规律"。围绕在"酒足饭饱""穷奢极欲"的资产阶级周围的,是背井离乡、食不果腹、满腹怨言的"人数最多而生活最苦的阶级"②。显然,资本主义制度呈现出来的是一幅令人极度失望和悲观的"讽刺画",资本主义工业化是在危机和不确定的氛围中进行的,资本主义财富的积累是以大众贫困为前提的,那么值得思考的是,富裕与贫困现象为何相伴而生?如何消除贫困?这成为一个时代的问题。

二、社会"反贫困"运动

与每一次危机相伴随的还有工人普遍高涨的革命热情,这种革命热情成为现存制度潜在的危险因素。"人数最多而生活最苦的阶级",日益增长的不满随处可见。群众的不满不限于劳动贫民,不能适应"新经济变革"的小商人、小资产阶级,某些特定经济部门也是工业革命及其发展所造成的牺牲品。对这些人来说,他们面临着三种选择,或者是争取成为资产阶级,成为享有财富的那一方,或者是安于现状,继续忍受贫穷的折磨,或者是起来反抗,改变自己的生存条件。历史的规律总是如此,哪里有压迫,哪里就有反抗,工人运动对穷人的呼声进行了回应,自发兴起的"反贫困"运动爆发了。

"反贫困"运动的历史虽然可以追溯到工业革命之前,但19世纪的"反贫困"运动呈现出新的现象,它一方面反映了现代贫困的特征,另一方面反映了人民群众特别是工人阶级的阶级觉悟和阶级抱负。19世纪初,在资本主义各工业区,反对使用机器的工人斗争风起云涌、此起彼伏,如在英国工业

---

① 黑格尔. 法哲学原理[M]. 范扬,张企泰,译. 北京:商务印书馆,1961:245.
② 圣西门的用语。

区蔓延着的"卢德运动"①。19世纪20年代后,单纯捣毁机器的运动发展成为提高工资和争取民主权利的斗争,在最发达的资本主义国家——英国,工会组织迅速发展起来,并出色地领导了1825年经济危机中的罢工斗争。一般来说,现代工人"反贫困"运动最早开始于19世纪三四十年代。19世纪30年代起,欧洲爆发了著名的三大工人运动,即1836—1848年英国工人阶级掀起人民宪章运动、1831年和1834年法国里昂工人举行两次起义、1844年德国西里西亚举行纺织工人起义。

法国里昂工人起义,是历史上最早的以武装斗争的形式来"反贫困"的运动。里昂是法国丝织业中心,工人受到极为残酷的剥削,工人必须每天工作至少15个小时才能维持最低的生活水平。工人提出过提高工资的要求,但资本家对这种要求非但置之不理,反而以停止向手工作坊订货等说辞,使工人面临失业的威胁。在不堪重负的情况下,6000多工人高举"不能靠劳动而生,毋宁战斗而死"的口号,举行了罢工示威。然而,这一行动却遭到了资产阶级政府残酷无情的武力镇压,起义最终还是失败了。1834年4月,在工业萧条的情况下,里昂爆发了第二次工人起义,起义工人打出了争取民主共和的斗争旗号,并得到了巴黎、圣亚田、格累诺布尔及国内其他城市的响应。虽然经过了6天的顽强斗争,然而力量悬殊,起义在1834年4月15日惨遭失败。起义虽然失败了,但这次起义影响巨大,到19世纪30年代末,革命团体如雨后春笋般纷纷建立起来。

英国宪章运动,是世界上第一次全国性的工人"反贫困"运动,逾百万工人和劳动群众参加了此次运动,持续了近12年。1836年,伦敦工人协会成立,1838年伦敦工人协会公布了包括普选权、规定议员薪俸等内容在内的"人民宪章",将矛头直接指向资本主义政治制度。1842年夏秋,英国经济状况恶化,但资产阶级依旧一如既往地实行反动政策,最终导致了曼彻斯特的工人罢工运动。这次罢工浪潮迅速席卷了英格兰各主要工业区以及苏格兰和南威尔士,甚至直接导致了其他地方的工人武装起义。然而,"因为其领导人在政治上过于无能,地区和部门之间也分歧不一,加上它们除了准备稀奇古

---

① 传说卢德在1779年,因与厂方发生争执,警察动武,他就夺取铁锤捣毁机器,实行报复。"卢德运动"形成高潮,则在19世纪初。

怪的请愿书外，根本无法组织全国性的一致行动"①，起义惨遭失败。

在德国，封建专制主义长期统治着德意志各邦，资本主义的发展相对缓慢。一方面，资本主义与封建势力的矛盾、资产阶级与无产阶级的矛盾同时并存；另一方面，资产阶级联合封建势力共同剥削无产阶级，无产阶级面临着封建阶级和资产阶级的双重压迫。因此，工人罢工和起义活动更加频繁。事实上，德国自发的反抗斗争在19世纪20年代就开始了，如1820年的图灵根工人起义，1826年佐林根五金工人和1828年克雷菲尔德纺织工人都曾开展过斗争，1830年的莱茵区和萨克森工人起义，19世纪40年代初的柏林、伦兹堡罢工事件等。1844年6月，不堪忍受极度贫困生活的西里西亚麻布手织工，为了与自己的命运抗争，发动了一场失败的起义。② 在这场起义中，工人发动了反对工厂主的起义，波希米亚和萨克森的印花工人和铁路建筑工人、柏林的印花工人以及整个德国的产业工人纷纷举行罢工和局部的起义来响应。工人们捣毁工厂主的住宅和机器，焚烧票据、账簿和仓库，明确反对私有制，反对资本主义剥削，与反动政府展开了英勇的搏斗。然而，他们最终也难逃被镇压的命运。

在欧洲的其他地方，"反贫困"运动也此起彼伏地进行着。由于各种因素的影响，如缺乏组织、欠成熟、缺乏领导、缺乏科学理论的指导、缺少正确的历史时机等，大多数反抗运动无疾而终。大部分"反贫困"运动都以失败告终，但"反贫困"运动的蓬勃高涨反映的是劳动者对改善自己贫困处境的渴望，同时也反映出科学消除贫困的方案需求被迫切地提出来。

三、欧洲思想家对消除贫困的思考

贫困究竟是神定的还是人为的？解决资本主义制度下凸显的贫困问题成为时代提出的伟大任务。欧洲"先进"的思想家们纷纷著书立说，抨击资本主义社会的种种矛盾和弊端，思考造成劳动者贫困的原因，并设计种种完美

---

① HANSEN M L. The Atlantic Migration [M]. New York, NY: Harper Torch Books, 1945: 147.
② The Weaver Hauffe, Born 1807, Quoted in Alexander Schneer, Ueber die Moth der Leinen-Arbeiter in Schle-lesien [J]. Berlin, 1844 (16).

的社会模型及其行为规范。"某些改革家,甚至大多数不属于任何学派的政论家,都忙着要改善那个人数最多并且最穷困的阶级的命运"①。

大概来说,他们主要有这样三种观点。

一种是默认现实贫困具有合理性的"宿命论派"。持这种观点的主要代表是资产阶级的思想家,他们对劳动者的贫苦通常采取"卖弄风情"的漠不关心态度,他们更多关心和研究的是如何获取财富,证明资产阶级的生产方式比封建制度更有利于生产财富,在他们看来,贫困只不过是一种"暂时的病痛"。这些资产阶级思想家将贫困看作不可避免的自然现象,是穷人自己的罪过。例如,马尔萨斯认为,贫困之所以会产生,是由于人口增长的速度快于生活资料的增长速度,解决贫困问题就是要控制人口的增长,"他们的使命只是表明在资产阶级生产关系下如何获得财富,只是将这些关系表述为范畴、规律并证明这些规律、范畴比封建社会的规律和范畴更有利于财富的生产。在他们看来,贫困只不过是每一次分娩时的阵痛,无论是自然界还是工业都要经历这种情况"②。亚当·斯密指出,"富国裕民"是政治经济学的主要目标,"劳动报酬优厚,是国民财富增进的必然结果,同时又是国民财富增进的自然征候。反之,贫穷劳动者生活维持费不足,是社会停滞不前的征候,而劳动者处于饥饿状态,乃是社会急速退步的征候"③。他认为,社会中大多数成员陷入贫困的悲惨状况中,是由于经济发展得还不够好,导致很多人无法找到工作,而找不到工作就意味着没有收入,没有收入就意味着无法解决生存问题。"职业的竞争变得非常激烈,以致把劳动工资减低到极悲惨极贫困的生活水准。而且,即使忍受这些苛刻条件,还有许多人找不到工作。"④ 由此,斯密消除贫困的思路就是,保证劳动力在市场上的买卖自由,保持经济和国民财富的持续增长,提供更多的就业机会,这样贫苦的劳动人民才能通过工作来维持自己的生存,从而改善生产生活状况,进而摆脱贫困。再比如,西斯蒙第,他认为贫富是可以共存的,对贫困的消除只需实现"穷人的享受

---

① 蒲鲁东. 什么是所有权 [M]. 孙署冰,译. 北京:商务印书馆,1963:231.
② 马克思,恩格斯. 马克思恩格斯选集:第1卷 [M]. 北京:人民出版社,2012:234.
③ 亚当·斯密. 国民财富的性质和原因的研究:上卷 [M]. 北京:商务印书馆,1983:67.
④ 亚当·斯密. 国民财富的性质和原因的研究:下卷 [M]. 北京:商务印书馆,1972:1.

包括丰富、多样化和卫生的食品；与气候相适应、数量足够的干净衣服；同时考虑气候和取暖需要的卫生的、舒适的住房。最后，通过同样的劳动，穷人至少将得到同样的享受，确信未来的生活不低于现在"①。也就是说，资产阶级只要在社会资源的调配和国家财富的分配上加以改进，就可以解决贫困问题。

  一种是批判和揭露资本主义私有制的弊端，痛骂资产阶级穷奢极欲的社会主义者，他们对劳动者的苦难表示真诚的痛心，"这些理论家不过是一些空想主义者，他们为了满足被压迫阶级的需要，想出各种各样的体系并且力求探寻一种革新的科学"②。他们关注的只是眼前的现象，并且认为只需把这种现象描述出来就可以了，他们认为"贫困就是贫困"，看不出能够破坏现存社会的革命的一面。例如，空想社会主义者欧文说，私有制"是各国的一切阶级之间的纷争的永久根源"③，它使穷人失业、贫困、饥饿和无知，使富人成为没有理性的"衣冠禽兽"和贪婪的"两脚兽"。因此，他主张用斧头砍掉资本主义这棵"罪恶之树"，建立以公有制为基础的共产主义合作公社。傅立叶说，贫困是随着生产发展的增长而积累起来的，"文明制度的机构在一切方面都只是巧妙地掠夺穷人而发财致富的艺术"④。工人要彻底从一切苦难中解脱出来，必须满足两个条件："第一，要创造大规模的生产、高度的科学和优美的艺术，因为这些动力是建立与贫苦和愚昧无知不相容的协作制度所必需的；第二，要发明这种与分散经营相反的协作结构，即经济的新世界。"⑤ 再比如，德国的魏特林⑥指出，劳动者为什么会陷入贫困呢？原因就在于"劳动和由劳动所创造的财富的分配不平等"，他主张实行"共有共享的社会制度"，在这种社会中，必须"把所有受到社会供养和维持的人的生活地位做一

---

① 西斯蒙第. 政治经济学研究：第1卷 [M]. 胡尧步，等译. 北京：商务印书馆，1989：13.
② 马克思，恩格斯. 马克思恩格斯全集：第4卷 [M]. 北京：人民出版社，1958：157.
③ 欧文. 欧文选集：第2卷 [M]. 柯象峰，何光来，秦果显，译. 北京：商务印书馆，1981：146.
④ 傅立叶. 傅立叶选集：第3卷 [M]. 冀甫，译. 北京：商务印书馆，1964：114.
⑤ 傅立叶. 傅立叶选集：第3卷 [M]. 冀甫，译. 北京：商务印书馆，1964：27-28.
⑥ 威廉·魏特林（1808—1871），德国马格德堡人，工人理论家。

律平等的安排，一切人都没有第一和最末的安排"①。要言之，他提出的消除贫困方案是实行平均共产主义。

一种是对资本主义的弊端痛心疾首，又想在资本主义基础上进行改良，缓和现有阶级矛盾的改良主义者。他们从根本上否认社会对抗的必然性。在他们看来，工人的物质福利虽然增长得比较慢，但毕竟结果是在增长的，有产者和无产者的差距不是在扩大，而是在缩小，他们真诚地希望一切人都变成有产者。所以，"他们劝工人安分守己，好好工作，少生孩子；他们建议资产者节制一下生产热情"②。他们的处方归纳起来不外是两类，这就是："增加工人的福利和提高他们的地位以重新振奋他们的精神，或者是通过教育，及早为他们的解放和幸福做好准备。"③ 第一类代表是布朗基，布朗基在他的1845年新年献词中，宣布劳资联合和工人分享利润是救国之途，"布朗基先生的想法归根结底不外就是通过给工人一个合伙者的身份，或者最少是给他一个共同利害人的身份，把他们的工资提高一点"④。第二类代表是舍伐利埃⑤，他为工人阶级要求教育权，要求增办学校，普及教育，这样一来，每个公民都能找到一份自由的职业，有一笔宽裕的工资，贫困问题就会得到解决。

总之，消除贫困的方案五花八门，所有这些方案，都说自己有一种特定的灵丹妙药。不可否认，这些方案都集中关注了资本主义的贫困问题，也看到了资本主义发展的矛盾性，并试图寻找解决方案。然而，从本质上来说，它们都是非政治的，又都真正地站在了工人阶级之外，并且缺乏对私有财产的经济分析，而是仅仅以"各种乌托邦的方式越过了"。因此，即使在理论上，它们也无法为消除贫困提供有效的手段，所提出的各种改造社会的方案也不可避免地流于空想，最终破产。

---

① 威廉·魏特林. 和谐与自由的保证 [M]. 孙则明，译. 北京：商务印书馆，1960：268.
② 马克思，恩格斯. 马克思恩格斯选集：第1卷 [M]. 北京：人民出版社，2012：235.
③ 蒲鲁东. 贫困的哲学：上卷 [M]. 余叔通，王雪华，译. 北京：商务印书馆，2010：139.
④ 蒲鲁东. 贫困的哲学：上卷 [M]. 余叔通，王雪华，译. 北京：商务印书馆，2010：140.
⑤ 舍伐利埃（1806—1879），法国经济学家和政论家，原为圣西门主义者，后为资产阶级自由贸易论者。

第二节　思想形成的不同路径

马克思和蒲鲁东立足资本主义的框架来看待现代社会的贫困。他们二人都看到了当时思想家们的"一纸空谈",也都致力于从实践中解决现代贫困问题。从一定意义上讲,马克思与蒲鲁东的思想基点都是现代社会的贫困,然而二人却存在严重的思想分歧,他们不仅存在"性格上的巨大差异"①,还在阶级立场、现实诉求以及"重建社会体系"的研究方式、方向、内容、目标上存在根本的区别和矛盾。

一、蒲鲁东反贫困理论的形成路径

蒲鲁东曾说道:"人们通常痛恨贫穷,似乎贫穷使造物主的体系沾上了污点,那是不应该的;至于那些家庭贫苦的人却想把贫穷逐出门外,更是大错特错了。以上是现制度下安居乐业的人们内心深处的想法,贫困的呼声使他们深感不安和愤慨万分。法郎什-孔代的妇女有一句至理名言:穷人不是恶人,但比恶人更糟!老爷,你听见没有,穷人比恶人更糟?多么革命的思想!这是我有生以来听到的第一堂实践哲学课;而且,我承认,从我记事起,再没有别的话比它更能引起我的深思了。""我刚进中学就在课文里几乎一字不差地找到了同一句至理名言,为此我感到吃惊:贫穷之苦莫过于遭人耻笑。我已记不得这句话出自何人之口。贫穷和遭人耻笑!这就像一记耳光打在我的脸上。德米古尔②先生用嘲笑的口吻叫我皮埃尔·约瑟夫,使我回想起了这一切。"③ 为什么劳动对一部分人来说是特权,而对另一部分人来说则是惩罚,"贫困的根源是什么?实际上,19世纪的世界,只有一种思想,就是平

---

① JACKSON J H. Marx, Proudhon, and European Socialism [M]. London: The English Universities Press, 1957: 62.
② 德米古尔,原名欧仁·雅各(1812—1880),法国作家、传记家,1853—1858年曾主持出版百卷本的《当代人物志》。
③ 中共中央马克思恩格斯列宁斯大林著作编译局. 马列著作编译资料:第9辑 [M]. 北京:人民出版社,1980:39-40.

等与改革；而思想是不可阻挡地到处传播的，所以，许多人就开始苦心思虑这个问题，可是始终没有人拿得出答案来"①。

社会祸害的根源是什么？这种祸害的解药又是什么？"我曾经问我自己：'为什么社会上有这么多的痛苦和苦难呢？难道人类应该永远是不幸的吗？'由于我不满意改革者的圆滑的解释——他们把一般灾难的责任，有的诿之于政府的软弱无能，有的诿之于阴谋和叛乱，有的则诿之于无知和普遍的腐化——同时由于我对论坛上和报纸上的一些无止无休的争论感到厌倦，我就想亲自去探索这个问题。"②蒲鲁东说，他将致力于发现"某种能够改善人数最多而且最穷困的阶级的身体上、道德上和文化上的状况的方法"③。

（一）生平与著作

在社会主义的主要宣传家中，皮埃尔·约瑟夫·蒲鲁东（1809—1865）几乎是唯一从"人数最多而生活最苦的阶级"（圣西门用语）出身的人。④他出生于法国东部贝桑松附近的一个农民家庭，家境贫寒。他的父亲是箍桶匠，母亲出身农民家庭，家中有五个孩子，蒲鲁东是家里的老大。他很重视自己的农民出身，他曾在国民议会的一次发言中宣称："我的十四代先人都是庄稼汉，请你给我哪怕只举出一个有这样高尚先人的家族来。"蒲鲁东说过，天下穷人和他是一家人。"我的一生将和我的父母相同：我已劳动了将近五十年，到现在还像一只可怜的小鸟，在狂风暴雨袭击之下，找不到一丛绿枝掩庇我的巢窝。假如不是别人因我不守穷人的本分，胆敢就财富原则和财富分配法则发表议论而归罪于我，我决不会对我的贫苦生涯有半句烦言。哪怕世上唯独我一人贫穷，而所有其他人的问题都得到解决，也该多么好呀！我将甘愿一无所有，决不以粗暴无礼的抗议声而使我的国家和我的时代蒙受羞辱。"⑤在当时的法国，小资产阶级占人口的大多数，蒲鲁东关于现代贫困的社会改

---

① 蒲鲁东.贫困的哲学：上卷［M］.余叔通，王雪华，译.北京：商务印书馆，2010：32.
② 蒲鲁东.什么是所有权［M］.孙署冰，译.北京：商务印书馆，1963：41-42.
③ 这是蒲鲁东在申请胥阿尔奖金的信中的一句话，他曾许愿为了"那些我乐于把他们叫作我的弟兄和伙伴的人在道德上和文化上的改善"而工作。
④ 卡贝的双亲也是穷苦人，但是他受过高等教育，先受师范教育，后来又学法律。
⑤ 中共中央马克思恩格斯列宁斯大林著作编译局.马列著作编译资料：第9辑［M］.北京：人民出版社，1980：41.

31

革学说就是在这样的历史条件下产生并蔓延开来的。

蒲鲁东在自传中自豪地称他有一个优势，那就是，自他出生之日起，他就作为人民的一员与人民联系在一起，他已经理解是什么东西把人们创造成现在这样的。蒲鲁东坚持和信奉自然法则的思想，重视对人性和人的价值的思考，在他看来，"农民是最少浪漫气息和最少理想主义的人。农民沉浸在现实之中，他和所谓趣味是格格不入的，因而他决不会花三十苏去买一张美丽无比的风景画。他爱自然就像孩子爱自己的乳母一样，尽管他对自然的美并非无动于衷，但他注意的不是自然的迷人景色，而是它的肥沃富饶。面对罗马的乡村，农民决不会为那威严的轮廓和壮丽的远景而出神凝视；像平凡的蒙台涅一样，农民所看到的将只是荒芜的土地、发臭的水坑和瘴疠的蔓延。当他们触景生情，为饥饿、疾病和死亡担忧的时候，他们不能想象还有诗和美的存在：他们在这方面同古代的田园歌手是一致的，当田园歌手歌颂富饶大地的时候，他们一定不会像现代的干瘪诗人那样认为这里面有什么反诗意的成分。农民热爱自然，因为自然有丰满的乳房，有洋溢的生气。农民不像艺术家轻轻地触摸自然，他们像雅歌中的情人那样热情拥抱自然，啊，大自然的乳房多么迷人，他在大自然的怀抱中痛饮乳汁"[1]。

蒲鲁东成长的时代，正是工业革命在法国迅速兴起，资本主义显著发展的时代。法国的重工业逐渐发展起来了，大工业生产也有了很大的发展。不过尽管如此，在当时的法国工业中，小手工业生产仍然占相当大的比重，在农业中，小农经济处在破产的过程中，但仍占有优势。蒲鲁东的家庭曾经计划开设一个木桶作坊，但在资本主义激烈的竞争下，这个计划不但没能实现，反而连最后一块土地也丧失了，而他的家庭也就此成了高利贷的牺牲品。他改换过许多种职业，研究过各种各样的科学。在十二岁之前的一段时间，蒲鲁东在贝桑松的一所互助学校就读。"在这所学校里，学生没有功课的压力；他们谁也不想将来当民主制度下的总统或成为创作《伊利亚特》的诗人。他们长的样子就像是安分守己的公民。"（《论革命中和教会中的公平》）蒲鲁

---

[1] 中共中央马克思恩格斯列宁斯大林著作编译局. 马列著作编译资料：第9辑 [M]. 北京：人民出版社，1980：42-43.

东后来就是这样兴致勃勃地谈互助学校。①

后来,蒲鲁东获得了贝桑松中学的奖学金,进入了正规学校读书。蒲鲁东勤于自学,在这期间,他如饥似渴地阅读了贝桑松市立图书馆的藏书,阅读了大量的有关神学伦理等方面的作品,如博胥埃②、贝吉埃③等人的作品。通过阅读大量神学、语言类等书籍,蒲鲁东获得了广博的知识,但同时他的思想也深深地染上了大量形形色色资产阶级和小资产阶级思想的色彩。为了挣钱糊口,蒲鲁东还没有中学毕业就被迫中途辍学。1827年,在一家专门承印神学类书籍的印刷厂,蒲鲁东找到了工作,成为一名排字工和校对员。在这工作期间,蒲鲁东表现出对现代工业的劳动方式的不满,"记得在一个伟大的日子里,排字版突然成了我获得自由的象征和工具。我对自己说,'我有了职业,我可以走遍天下;我不需要任何人的帮助',这个二十岁青年心中的无限快乐,你们是无论如何也体会不到的。……我在法国和外国的一些城市过了两年这种无比美好的生活。由于热爱这种生活,我曾不止一次拒绝了朋友们的推荐,不去搞写作,而宁愿当工人"④。然而,一场经济危机使蒲鲁东不得不离开贝桑松,流转于马赛、德拉吉尼安等地工作。在阿尔布瓦,茹斯特·米依隆⑤聘请蒲鲁东担任具有部分法伦斯泰尔⑥性质的《公正报》编辑。蒲鲁东由于不愿接受警方的新闻检查,拒绝了这一邀请。

1829年,他回到了贝桑松,在出版传教士著作的戈蒂埃出版社当排字监工,这一期间,他学会了希伯来文,熟读了《圣经》。蒲鲁东后来回忆道:"在我十二岁到二十岁那段时间里,我可能显得有点桀骜不驯。这不能怪我脾气不好,而要怪一味颠倒是非和压抑本能的基督教,它的一套做法就是要人

---

① 中共中央马克思恩格斯列宁斯大林著作编译局. 马列著作编译资料: 第11辑 [M]. 北京: 人民出版社, 1980: 172.
② 雅克·伯尼涅·博胥埃 (1627—1704), 法国天主教神学作家、思想家。
③ 尼古拉·贝吉埃 (1718—1790), 法国18世纪著名神学家。
④ 中共中央马克思恩格斯列宁斯大林著作编译局. 马列著作编译资料: 第9辑 [M]. 北京: 人民出版社, 1980: 46.
⑤ 克洛德·茹斯特·米依隆 (1787—1881), 具有保守倾向的傅立叶主义者, 曾与维克多·孔西得朗合办《法伦斯泰尔》, 后与孔西得朗意见不合, 自办《公正报》。
⑥ 按照法国空想社会主义者沙尔·傅立叶的学说而建立的生产和消费协作社组织。

以伪装面目出现，并用虚假的感情去代替天然的感情。"①在出版工作中，蒲鲁东为傅立叶的著作《工业的和协会的新世界》进行了校对。1836年，蒲鲁东与他人合作开了一家印刷厂，但不久工厂就倒闭了。1838年，蒲鲁东向贝桑松大学申请"苏阿尔奖学金"②（每年一千五百法郎），他给大学写了一封信，信中自称是工人阶级的儿子和保卫者，尽管话语有些偏激，但他仍然得到了"苏阿尔奖学金"。蒲鲁东向大学教授们阐释了他的作品，即《论通用文法》，称这部作品"为心理学开辟新的领域；为哲学寻找新的方法；通过人的最明显、最可琢磨的官能，即说话来研究人的精神的本质和结构；根据语言的起源和方式确定人类信仰的源泉和支脉"③。马克思对这部作品评价道："蒲鲁东最初的试笔作品，我已经记不起来了。他那部'世界语言'幼稚著作，表明他是多么狂妄地敢于解决那些由于缺少最基本的知识而不能解决的问题。"④

蒲鲁东认为，在19世纪这个时代，"追求文字上的荣誉是一件不合时宜的事情"，他反对别人将他称为文人。1839年8月18日，蒲鲁东写信给他的合伙人莫里斯说："您坚持要用文人的称号来侮辱我；我警告您，如果说这是为了开玩笑，那么这个玩笑开得时间未免有些太长了。文人等于工业的骑士，请您好好记住吧……如果您认为必须给我一个头衔的话，您可以随意写上：印刷工人或校对工人。我永远只是这样的人，我现在还是这样的人，并且这永远是我的真正职业，至少是名誉上的职业。"他坚定地认为自己是工人阶级的一员。在做工人期间，蒲鲁东仍然坚持自学，博览群书，学到了非常庞杂的知识，特别是神学知识，并开始著书立说，他表示自己读过上百本哲学、法律学、政治经济学和历史方面的书籍。

此后，蒲鲁东便专注于从事理论活动。他先后流亡于巴黎、里昂、马赛

---

① 中共中央马克思恩格斯列宁斯大林著作编译局. 马列著作编译资料：第9辑 [M]. 北京：人民出版社，1980：41-42.
② 让·巴蒂斯特·苏阿尔（1733—1817），法国著名记者和批评家。苏阿尔在成名前经历过一段艰苦的生活。为此，他把大部分遗产留给贝桑松大学，作为颁发奖学金之用。
③ 中共中央马克思恩格斯列宁斯大林著作编译局. 马列著作编译资料：第9辑 [M]. 北京：人民出版社，1980：65.
④ 马克思，恩格斯. 马克思恩格斯全集：第16卷 [M]. 北京：人民出版社，1964：28.

等地，亲眼看见了贫富悬殊的现象，以及小资产者纷纷破产的情景，这令他十分担忧，他对贫穷感到愤怒。1847年，蒲鲁东定居巴黎；1848年6月，他当选为国民议会议员；1849年7月，他因发表反政府言论，被判刑三年，在狱中继续进行写作。1853年后，他与拿破仑三世交往，1858年因发表《论革命中和教会中的公平》，再次被判三年监禁与四千法郎罚款，得悉后逃亡比利时。1862年年末，蒲鲁东回到巴黎，但是此时他已疾病缠身。1865年1月19日，蒲鲁东辞世。① 艾米尔·德·日拉丹在《新闻报》上说，蒲鲁东空有论战家的才干，但却始终不能加以发挥，他就这样无所作为地去世了。

虽然经历坎坷，但蒲鲁东仍然是一位多产的作家，他一生著作颇丰，有几十部，差不多每年都有一卷书问世。② 这里不能一一列举，只是列举其中的一小部分。1837年，蒲鲁东写作了一部既是神学也是社会经济学的著作《论通用文法》，这部著作是他的第一部著作。1839年，蒲鲁东发表了一篇关于礼拜日观察的论文，即《论星期日举行宗教仪式对于卫生、道德以及家庭和社会关系的好处》。1840年，蒲鲁东以社会主义者的面貌出现，发表了《什么是所有权》，由此声名大噪，在小生产者占优势的法国工人运动中很受欢迎。1842年，蒲鲁东又发表了《对产业主的警告》，1843年，出版了《论人类秩序的建立》一书。1846年年初，他发表《贫困的哲学》③ 一书，探讨了社会的贫困现象及其诊断方法。在1848年及以后，他编辑了一系列刊物，并且出版了《社会问题的解决》。《十九世纪革命的总观念》发表于1851年，这本书往往被看作他最重要的著作。在他晚期的著作中，生前发表的还有《罗马教会与法国大革命的正义问题》（1858）和《战争与和平》（1861）。还有一些在他死后发表的著作，如《论工人阶级的政治能力》（1865），他在去世前不久还在撰写这本书。

蒲鲁东的学说是难以总结的，他的影响也是不容易评价的，尤其是在法国，他的影响是深刻而持久的。在某些工人看来，蒲鲁东是一位勇敢的无产

---

① 关于蒲鲁东的生平可参考：DOLLÉANS E. Proudhon [M] //NOËL B. Dictionnairedela Commune. Paris, 1978: 180-184.
② 承中. 法国的蒲鲁东研究概况 [J]. 国际共运史研究资料, 1984（2）: 282-290.
③ 《贫困的哲学》的法文书名翻译成中文是《经济矛盾的体系，或贫困的哲学》。

阶级思想家，而且与米希勒①一样，蒲鲁东也是工人们喜爱的为数不多的作家之一。在这些工人眼中，蒲鲁东是一个爱自由的社会主义者，他崇尚平等和正义，"一生清贫，始终站在无产者的行列之中"，他没有那种"愚蠢地膜拜天才"的浪漫情调，他甘愿一生清贫，过着艰苦的生活。工人们称赞他是一位"学识渊博，在科学、艺术、社会经济诸领域中能与当代的学者名流分庭抗礼的无产者"（勒弗朗塞语②）。

（二）理论来源

蒲鲁东以贫苦劳动者的代言人身份出场，对资本主义社会中的贫困大众，他是同情的，也是深有体会的，他憧憬着理想中的"社会主义"，期待建立不同于现存制度的新社会。研究社会主义思想史的柯尔说道："蒲鲁东肯定是一个有创见的思想家，他的见解绝大部分直接来自他本人的体验和对社会的看法，而不是来自其他理论家。"③ 从总体上来看，蒲鲁东的反贫困理论不是凭空产生的，而是在汲取已有思想资源的基础上基于他的阶级立场而形成的。

从某种程度上来说，蒲鲁东设想的消除贫困后的未来人类社会的生存图景继承了法国空想社会主义者圣西门和傅立叶的观点。借鉴和吸收早期基督教和资产阶级启蒙学者的平等观念，圣西门认为，私有制下的社会是一个"是非颠倒的世界"，必须消灭私有制，建立一种平等的实业制度，形成一个包括实业制度的目的、组织形式、基本原则、社会经济管理、实现途径等内容在内的全面而完整的体系，来实现一切人最大限度的自由和社会最大程度的安宁。傅立叶也将资本主义私有制看作造成贫困的根源，他同样主张消灭私有制，在消灭私有制之后建立一种理想社会——和谐制度，即"把整个社会变成各个自愿的组合"④。无论是圣西门所主张的实业制度，还是傅立叶所

---

① 茹尔·米希勒（1789—1874），法国著名的自由派历史学家，著有《法国史》和《法国大革命史》。
② 古斯塔夫·勒弗朗塞（1826—1901）：法国革命家，左派蒲鲁东主义者，职业是教员，1848年革命的参加者，19世纪60年代末起为国际会员，巴黎公社委员，公社被镇压后流亡瑞士，在那里加入无政府主义派。
③ G. D. H. 柯尔. 社会主义思想史：第1卷 [M]. 何瑞丰，译. 北京：商务印书馆，1977：215.
④ 马克思，恩格斯. 马克思恩格斯全集：第3卷 [M]. 北京：人民出版社，1960：487.

主张的和谐制度，都将平等作为新社会制度的核心原则，同样也都批判和否定资产阶级自然法财产权论。借鉴和吸收空想社会主义者的思想资源，通过对资本主义制度的考察，蒲鲁东同样将贫困的根源归结为资本主义私有财产，并将批判的矛头对准资本主义私有制，追求社会平等的实现。从这个意义上讲，对资本主义所有权的批判以及对平等的追求是他们的共同出发点。

从本质上来说，蒲鲁东所要构建的新社会就是一个"自由"的新社会，它包括契约、权力、管理、联盟与互助等。"自由"在蒲鲁东的贫困理论体系中具有非同寻常的意义，从中可以看到19世纪法国自由主义思想的痕迹。比如，法国自由主义发展历程上的重要人物，毕生在价值上为自由殚精竭虑的托克维尔曾说过："我把自由看作首要的善，我一直都这样认为，自由是孕育刚毅的美德和伟大的行动的最肥沃的源泉之一。无论是安逸还是富足，都不能使我远离它。……在这一点上，一种不可驯服的本能迫使我跟过去始终如一。"[①]"我无比崇尚的是自由，这便是真相"[②]。在托克维尔看来，权威是剥夺人们自由的"一个坏而危险的东西"[③]，人人都应享有独立的平等，对一切权威加以反对和批判，来保护个人自由不受侵犯。蒲鲁东也将自由看成不可侵犯的权利，甚至将自由推崇到了极致，他认为理想的社会形式应该是完全自由的状态，个人与公民的绝对自由，这是政治与社会信念的说明。"自由——是唯一可能的、唯一合乎正义的和唯一真实的社会形式"[④]，在蒲鲁东看来，权威的存在，使自由沦为了牺牲品，因而要使社会能正常有序地运转下去，要使所有自由能够得以实现，唯一的方式就是将权威作用限制到最小。

法国思想家卢梭对蒲鲁东的思想也发生过重大影响，与卢梭一样，蒲鲁东对知识分子是不信任的，他们颂扬"情感"，并指出了人类文明有走向堕落的倾向。他也和卢梭一样，崇拜"自然"，认为天然存在的东西才是值得尊敬

[①] 夏尔·阿列克西·德·托克维尔. 政治与友谊：托克维尔书信集 [M]. 黄艳红, 译. 上海：上海三联书店, 2010：243.
[②] 夏尔·阿列克西·德·托克维尔. 旧制度与大革命 [M]. 冯棠, 译. 北京：商务印书馆, 1997：4.
[③] 夏尔·阿列克西·德·托克维尔. 论美国的民主：上 [M]. 董果良, 译. 北京：商务印书馆, 1988：289.
[④] 蒲鲁东. 什么是所有权 [M]. 孙署冰, 译. 北京：商务印书馆, 1963：323.

的,他们强烈地反对一切形式的新事物。蒲鲁东受卢梭影响最深的还是对家庭的看法,蒲鲁东热爱家庭,他将家庭看作社会生活的基本单位,他对父权统治极为推崇,并对父权统治下以户为单位进行集体劳动的独立家庭生活大加赞美。除此之外,蒲鲁东的思想来源还有葛德文和施蒂纳的无政府主义、西斯蒙第的小资产阶级政治经济学观点、勃朗的内在调和主义、黑格尔和费希特的唯心主义、叔本华哲学的唯意志论等。在吸收这些思想资源的基础上,蒲鲁东形成了他关于现代贫困的思想,构建了他的小资产阶级社会主义思想体系。

(三) 思想特点

与以往的"社会主义家"相比,蒲鲁东的确是一个自学成才、无师自通的法国社会主义者,他的理论有独创之处,其风格更是独树一帜。他虽然是一个农民的儿子,经济上窘迫拮据,也没有办法获得正规良好的教育,但是蒲鲁东是一个性格坚毅的人,他深知自己的知识缺陷,当他当上印刷工人之后,就在这方面弥补自己的不足。他努力学习外国语言、历史、经济学方面的知识,不断从所读的书本中积累新知识,即使这种知识只是片段式的。可以说,蒲鲁东所获得的知识完全是靠自学,这就形成了这样一个特点,那就是他在很大程度上和所有的自学者一样,习惯固守自己初次获得的概念。"他本人领悟力非常强,任何事情只要他想了解,就能够轻而易举地掌握这方面的大量知识。毫无疑问,他也是一个十分能干的生意人。他通过自修学会了簿记,并一生十分重视这门知识;他还曾从事各种商业活动,包括经营一家运输公司。"[①] 总体来看,蒲鲁东的思想有以下几个特点。

第一,写作风格独树一帜。蒲鲁东著述浩瀚,文章体裁新颖,格调自然。他自己曾说,"我的著作的文体将是粗犷的、激烈的;这种文体将使人感到过多的讽刺和愤怒;这是无可救药的毛病。当狮子饿的时候,它是会吼叫的。此外,我要尽可能避免掉到雄辩和文雅的文体中去;我推论、我总结、我区别、我驳斥:我不再求助修辞学,主题本身必然会引起一切人的兴趣,即使是万事不关心的人也会如此,不管他们愿意与否。在哲学上,毫不存在像我

[①] G.D.H. 柯尔. 社会主义思想史:第1卷 [M]. 何瑞丰,译. 北京:商务印书馆,1977: 207.

这样的著作"①。马克思也曾指出,他的"文笔往往如法国人所说的那样,是ampoulé(夸张)的。凡是他失去了高卢人的敏锐智慧的地方,冒充德国哲学风格的那种傲慢的思辨的胡言乱语就表现出来了。自矜自夸的、自吹自擂的、大言不惭的语调,特别是极其无聊地胡扯'科学'和错误地以'科学'自夸,这类东西真是刺耳极了"②。

第二,善于批判和争论,蒲鲁东的著作是没有教条性的,他是以批判者的姿态出现在社会中的。他自己也说道:"我的研究工作纯粹是争辩,这就是说,我只去研究那些观念就它们本身来说曾经是些什么,曾经有过什么样的价值,它们曾经具有什么样的意义和范围,它们曾经向哪方面发展,它们没有向哪些方面发展;总之,我曾设想使我对那些原理、制度和体系得到正确和全面的看法。"③他的工作主要是批评,在建设以前,他要进行破坏。蒲鲁东一般从最容易的地方着手,对他来说,重要的是建立一种学说而不是去解释一些事实。他自己就指出,在推翻了别人的理论之后,他要去寻找重新建设的方法。蒲鲁东比较擅长批判,而不善于创新。从他所出版的书籍、论文以及记载他个人观察所得的笔记中,我们可以看出他对当代事物具有非常敏锐的观察力。对与他同时代的"社会主义者"和"激进派",他大都采取相当轻视的批判态度,尤其是脱离人民群众的知识分子,在他看来,这些人对人性一无所知。"这位固执的、高傲的无师自通的学者,对他以前的一切权威——法学家、院士、经济学家和社会主义者都持同样的轻蔑态度,他把过去的全部历史一概贬为荒诞无稽的东西,而把自己则誉为新的救世主。"④他也同样瞧不起所有那些建议把人类生活纳入严密组织或颂扬权威的人。总而言之,他看不起一切人,唯独他自己了不起。他批判一切,唯独他自己最正确,他狂妄地宣称,他的著作只要"被人阅读,旧社会就从此完蛋"了。

第三,浅尝辄止式地研读。蒲鲁东广泛涉猎各种著作,尤其是一些政治经济学著作,他也关注到了社会贫困与所有权的关系。蒲鲁东的研读通常容

---

① 蒲鲁东. 什么是所有权 [M]. 孙署冰, 译. 北京: 商务印书馆, 1963: 4.
② 马克思, 恩格斯. 马克思恩格斯全集: 第16卷 [M]. 北京: 人民出版社, 1964: 33.
③ 蒲鲁东. 什么是所有权 [M]. 孙署冰, 译. 北京: 商务印书馆, 1963: 17.
④ 马克思, 恩格斯. 马克思恩格斯全集: 第6卷 [M]. 北京: 人民出版社, 1961: 670.

易流于表面,在浅尝辄止式地阅读后,他对已有的社会主义理论或政治经济学理论有了一个大概的了解,这种了解并不深入,他就开始发表自己的看法和见解。蒲鲁东就是以这种研究方式开始批判和理论建构的,一开始,这种研究方式的弊端并没有鲜明地显现出来,他从表面上也揭示了资本主义所有制与社会现实之间存在的巨大断裂和矛盾。由于他没能深入研究以往政治经济学和法哲学的根本局限,他仍然受制于政治经济学和法哲学的各种前提,无法超越。故而,在错误的研究方式下,蒲鲁东构建的社会体系并没有挖掘出资本主义社会的根本矛盾,并不能有效解决现代社会的贫困问题,他的设想不可避免地成为一种空想。在后面的许多著作中,这种研究方式的缺点也有鲜明的体现,其中甚至不乏一些常识性的错误。

第四,零散地排列组合。蒲鲁东的作品往往写得非常散,条理并不明晰。他和许多无师自通而缺乏训练的思想家存在一样的缺点,他们擅长从周围流行的思潮中信手拈来一切适合自己需要的东西,而毫不顾忌自己的整个理论被弄得杂乱无章或不成体系。蒲鲁东自己表示,他有意要避免教条主义或自搞一套体系。他赞成的就是杂乱无章的世界,然而(说不定正因为这一点)他的批判往往非常深刻,文体也清新不凡,思想盎然有生气。[①] 总的来说,蒲鲁东在缺乏对传统哲学、古典政治经济学等人类文明成果的深入理解的基础上,根据自己浅显的理解将各种概念、范畴零散地进行排列组合,然后就宣称自己实现了对社会体系的批判与重建,并宣称他的社会体系能彻底应对现代社会的贫困问题。然而,他的社会体系是僵化的,因为不论社会的实际情况怎样变化,他的理论与社会体系都是适用的。这不过是一种妄想罢了,因为社会现实的变化必然要求理论的与时俱进,所以蒲鲁东零散组合起来的理论根本无助于人们把握纷繁复杂的社会情况,更谈不上能够指导人们进行有效的社会变革。

第五,前后矛盾、比较混乱。蒲鲁东的很多说法往往自相矛盾,"在初读他的著作时,他似乎总是自相矛盾,不但是这本书同那本书有矛盾,而且是这一页同那一页也有矛盾"。所以,他常被当成一个"反复无常"的作家。

[①] G.D.H. 柯尔. 社会主义思想史:第1卷[M]. 何瑞丰,译. 北京:商务印书馆,1977:208.

"蒲鲁东的每本著作，尤其是开始的部分，对还没有习惯的读者来说，总是极为复杂的，因为他不但没有简化他的提纲和为了明晰起见而牺牲多余的部分，他反而采纳了类推、演绎和那些对立面所能使他插进去的一切东西。具有异常禀赋的蒲鲁东标榜他是十分轻视文学这个职业的，他不允许对文艺工作者来说是应有的那些删节。他要把他所想到的一切都放到他的著作中去，不怕重复，甚至不怕矛盾。"① 米盖尔·德·乌纳穆诺在谈到帕斯卡时注意到有这种情况，同时也影射到蒲鲁东："……他的逻辑（这里是指帕斯卡的）不是一种辩证法，而是一种争论；他在正题和反题之间不去找出一个合题来；他是像蒲鲁东那样处于矛盾之中；后者是一个具有他自己风格的帕斯卡派。""阅读蒲鲁东的著作，那就是和他一起处身于矛盾的忧虑不安中。"② 为了从矛盾中解脱出来，蒲鲁东主张进行斗争，为了一切真理而战斗。他的这种态度使人们在阅读他的著作时感到"兴趣盎然"，并且可以"有所收获"，但它们却不能使这种阅读变得容易理解。

二、马克思反贫困理论的形成路径

在资本主义时代，任何事物似乎都是好与坏并存，都包含着正与反两面，机器大工业的发展就是一个典型的论证，虽然说机器极大地减轻了人类的劳动强度，便利了人们的生活，但与此同时，它却造成了极度的"饥饿与疲劳"。"现代工业和科学为一方与现代贫困和衰颓为另一方的这种对抗，我们时代的生产力与社会关系之间的这种对抗，是显而易见的、不可避免的和毋庸争辩的事实。"③ 马克思的思想基点同样是现代贫困，他一出场便将立场锁定在广大贫苦劳动者身上。马克思立足19世纪资本主义的贫困现实，形成了他关于现代贫困的思想，构建了科学社会主义理论体系。自此，社会主义不再是一种乌托邦，而成为科学。与蒲鲁东相比，马克思既有更深的理论素养，又有更丰富的实践经验，既继承了人类的优秀文化遗产，又抓住了时代的脉搏，透彻地了解并解决了时代的迫切任务。

---

① 蒲鲁东. 什么是所有权 [M]. 孙署冰，译. 北京：商务印书馆，1963：6.
② 蒲鲁东. 什么是所有权 [M]. 孙署冰，译. 北京：商务印书馆，1963：22.
③ 马克思，恩格斯. 马克思恩格斯全集：第12卷 [M]. 北京：人民出版社，1962：4.

(一) 生平和著作

卡尔·马克思的出生证书上这样写着:"1818年5月7日下午四时,三十七岁的特里尔高等上诉法院律师亨利希·马克思先生,向本人(特里尔市政管理局负责特里尔区民政事务的官员)出示一名男性婴儿并申报,该婴儿于5月5日凌晨二时在特里尔出世。生于特里尔律师亨利希·马克思先生及其妻子罕丽达·普勒斯堡家。他们拟给这婴儿取名为卡尔。"① 马克思于1818年5月5日出生于德国莱茵省摩塞尔河畔的特里尔,他的父亲是一名学识渊博且颇有名望的律师,根据马克思的女儿爱琳娜回忆,马克思的父亲十分博学,对伏尔泰、卢梭、莱布尼茨、洛克等人的作品非常熟悉,在思想上是一个理性主义者,在政治上是一个自由主义者。马克思思想和品格的形成深受其父亲的影响。

特里尔是摩塞尔区的行政中心,法国资产阶级大革命在特里尔留下了自己的足迹,从法国承袭下来的市民阶级的社会条件导致了工商业的繁荣,在莱茵地区出现了德国的第一批工厂,同时诞生了两个新的阶级,即现代工业资产阶级和现代工业无产阶级。受法国启蒙思想的影响,马克思早就树立了为人类谋幸福的理想。马克思先后在波恩大学和柏林大学法律系就读,除了研究法学外,马克思还广泛涉猎历史、哲学、艺术等方面的知识。1841年年初,马克思结束大学生活,写下了博士论文《德谟克利特的自然哲学和伊壁鸠鲁的自然哲学的差别》。1842年10月,马克思担任《莱茵报》的主编,后于1843年秋移居到巴黎,在巴黎创办《德法年鉴》杂志。在《德法年鉴》杂志上,马克思发表了两篇重要文章:《论犹太人问题》和《〈黑格尔法哲学批判〉导言》。1844年8月,恩格斯来到巴黎,与马克思开始了前无古人的伟大合作,合写了《神圣家族》。1845年1月,马克思到达布鲁塞尔,之后写下了《关于费尔巴哈的提纲》《德意志意识形态》《雇佣劳动与资本》《共产党宣言》等著作,也积极地参与工人运动,从理论和实践上传播科学社会主义理论。

1848年,欧洲大陆爆发资产阶级革命,马克思被驱逐出境到达巴黎,积

---

① 马克思,恩格斯. 马克思恩格斯全集:第40卷 [M]. 北京:人民出版社,1982:817.

极为无产阶级撰稿,并参与和指导工人运动,1848年4月初又返回德国,创办《新莱茵报》,揭露资产阶级的虚伪行为,支持各国工人的革命斗争。1848年革命失败后,马克思流亡到了伦敦,此后便一直居住在这里,写下了《1848年至1850年的法兰西阶级斗争》《路易·波拿巴的雾月十八日》《中央委员会告共产主义者同盟书》等重要著作。1863年,马克思着手撰写三卷《资本论》的新手稿。1864年9月28日,第一国际成立,马克思作为第一国际领导机构总委员会的重要成员,为国际制定斗争的纲领、策略和组织原则,起草了《成立宣言》《临时章程》等许多重要文件。

第一国际停止活动后,马克思仍然关心各国工人运动和无产阶级政党的发展。1875年年初,马克思在病榻上写下了《哥达纲领批判》,对拉萨尔的机会主义观点进行了深刻且严厉的批判,捍卫了科学社会主义。1882年,马克思因健康状况恶化去阿尔及利亚、法国和瑞士疗养,同年11月从事《资本论》第1卷德文第3版的准备工作。1883年3月14日,马克思逝世,一颗伟大的心脏停止了跳动,马克思和他的夫人燕妮一起被安葬在伦敦海格特公墓。马克思一生著作等身,在自然界、人类社会和思维领域做出了不可磨灭的贡献。

(二)理论来源

马克思的贫困理论不是自发产生和形成的,而是基于工人运动的历史经验,在人类社会积累起来的丰富科学知识的基础上创造出来的,它吸收了人类文化史上一切进步的思想资源,为广大贫穷劳动人民提供了思想武器。列宁曾指出:"马克思学说是人类在19世纪所创造的优秀成果——德国的哲学、英国的政治经济学和法国的社会主义的当然继承者。"① 同样,马克思的贫困理论也继承和发展了德国古典哲学、英国的政治经济学和法国空想社会主义。

马克思贫困理论形成的哲学方法论,很重要的来源之一就是德国古典哲学。一般来说,德国古典哲学包括两个方面的意思:一方面是从康德到黑格尔唯心主义辩证法的发展,唯心主义辩证法萌芽于康德,在黑格尔这里达到高峰;另一方面是费尔巴哈恢复了唯物主义的权威,使唯物主义重新登上王座。马克思充分肯定了德国古典哲学的历史功绩,吸收了黑格尔辩证法的合

---

① 列宁. 列宁全集:第23卷[M]. 北京:人民出版社,2017:41.

理内核和费尔巴哈唯物主义哲学的基本内核,同时也批判了黑格尔的客观唯心主义和费尔巴哈的形而上学观点,把辩证法和唯物主义有机地结合起来,赋予辩证法以全新的内容,创立了辩证唯物主义和历史唯物主义,完成了哲学上的伟大变革。立足历史唯物主义,马克思揭示了资产阶级社会既创造社会财富又创造现代贫困的两面性,对贫困的产生及发展进行了内在的溯源。

　　事实上,古典政治经济学家就已经对贫困问题进行过深入且系统的研究,马克思的贫困理论也受到了古典政治经济学家贫困观的影响。古典政治经济学代表反对封建专制制度的新兴资产阶级的利益,是资本主义上升时期的资产阶级经济学说,在历史上具有一定的进步意义。在英国,古典政治经济学从威廉·配第开始,到李嘉图结束,它既包含科学的内容,也包含着庸俗的成分。其进步意义在于,它奠定了劳动价值论的基础,在某种程度上反映了资本主义生产方式的某些客观规律,不自觉地揭示了剩余价值的存在以及各阶级经济利益的对立,取得了一定的积极的研究成果,为马克思正确揭示资本主义的贫困"奥秘"奠定了基础。古典政治经济学归根结底是一种资产阶级的意识形态,其不可能超出阶级利益的限制,因此即便古典政治经济学家揭示了现代贫困的现象,但却不可能揭示贫困产生的政治经济学根源,更不可能发现消灭贫困的正确路径。马克思对古典政治经济学进行了彻底的批判与改造,吸收和发展了古典政治经济学中的一切合理因素,经过长期坚持不懈地进行研究,完成了这个任务。

　　19世纪初的空想社会主义学说早就痛斥了资本主义社会富人"穷奢极欲"、穷人"衣不蔽体"的现象,反映了无产阶级和广大劳动人民的政治愿望和经济要求,是历史上曾经进步的思想体系。以圣西门、傅立叶、欧文为代表的空想社会主义者显然已经察觉到了,资产阶级与无产阶级之间不可调和的矛盾,已经开始从社会发展的观点来揭露和批判资本主义,并试图证明解决不了现代贫困的资本主义必然走向灭亡。对消灭贫困后的未来生活图景,空想社会主义者也进行了比较细致的描述,"处处突破幻想的外壳而显露出来的天才的思想萌芽和天才的思想"[①],为马克思的现代贫困观提供了宝贵的材

---

① 马克思,恩格斯. 马克思恩格斯选集:第3卷[M]. 北京:人民出版社,2012:781.

料。他们的唯心史观和阶级调和论,使他们对贫困的看法注定只能是一种虚幻的空想理论。马克思深刻地批判了他们思想中的根本错误,同时,又将他们思想中一切有价值的理论加以吸收和改造,从而对资本主义的贫困问题进行了科学说明。

(三) 思想特点

古典政治经济学、德国古典哲学、空想社会主义,以及法国、英国和德国经验,在19世纪40年代马克思的批判性综合中,实现了社会主义的马克思主义转换。总的来看,马克思的思想主要有以下几个特点。

第一,深厚的学院式训练。马克思是共产主义的先驱,接受过学院式训练。1830年,12岁的马克思进入特里尔中学学习,在这所中学,授课教师都是校长维滕巴赫专门聘请的具有进步思想的学者,在这所学校的学习中,马克思受到了民主思想的熏陶。5年后,在中学毕业考试中,马克思写成了《青年在选择职业时的考虑》,立下了为人类谋幸福的宏大志向。德国古典哲学大师费希特、黑格尔都曾担任过柏林大学的校长,正是在柏林大学学习期间,马克思对哲学产生了浓厚的兴趣。自此之后,他开始专心研究古希腊哲学,写了10万多字的读书笔记,并完成了4万多字的博士论文。1841年4月,不到23岁的马克思获得了哲学博士学位。马克思的研究领域非常广,他的专业虽然是法律,但他深入地研究了哲学、政治经济学、社会主义学说、历史、文学以及自然科学等,在他研究的每一个领域,马克思都不是浅尝辄止,都有自己独到的见解。恩格斯说过:"马克思在他所研究的每一个领域,甚至在数学领域,都有独到的发现,这样的领域是很多的,而且其中任何一个领域他都不是浅尝辄止。"① 马克思精通法文和英文,在对科学的探求中,他一直孜孜不倦,付出了大量的时间和劳动。

第二,反复研读、深度探究。一般来说,马克思读书、思考和写作有一个大概的逻辑,那就是"遭逢现实问题—阅读并研究别人的著述—对别人的理论和思路进行分析与批判—产生自己独立的思想并且力求更准确地表述自己的看法—遭逢新的现实问题……如此周而复始"②。在研究政治经济学时,

---

① 马克思,恩格斯.马克思恩格斯选集:第3卷 [M].北京:人民出版社,2012:776.
② 刘秀萍.马克思"巴黎手稿"再研究 [M].北京:中国人民大学出版社,2013:15.

他也是如此。首先，马克思根据所关注的现实问题及论证需要，划定所需阅读的著作的范围；然后，在阅读过程中做一些详细摘录或简短评述，从而理清自己的研究思路，对研究中涉及的一些重要概念和关键理论问题，特别是既有理论与他所观察到的现实不相吻合和互相冲突的地方，进行重点关注，通过对比、辨析不同的理论著作，进行逻辑推论与论证。在借助他人理论的过程中，马克思不仅善于从他人理论中提取一切进步有益的因素，还能够超越现有的理论，形成自己看待问题的独到见解。这就是马克思的研究方式，在反复研读、摘录著作、深度探究的过程中，马克思准确地把握到了资产阶级社会中各种错综复杂的经济现象，所以马克思的理论既有理论深度，也具有现实性。

第三，人类文明的"卫道士"。马克思是作为人类文明的"卫道士"出场的。马克思的理论绝不是离开人类文明大道而产生的故步自封、僵化不变的学说，它不仅适应时代需要，而且是在对人类文化遗产的批判继承基础上产生的。它不但是德国的产物，还是国际的产物。一方面，马克思主义有德国古典哲学的文化积淀；另一方面，也吸收和发展了英法国家的经济与政治关系。对人类全部文化成果，特别是19世纪中叶在哲学、政治经济学和社会主义达到的重要成就的批判继承，是科学社会主义诞生的重要条件。列宁曾说过："马克思主义这一革命无产阶级的意识形态赢得了世界历史性的意义，是因为它并没有抛弃资产阶级时代最宝贵的成就，相反却吸收和改造了两千多年来人类思想和文化发展中一切有价值的东西。"[①]

第三节 两种理论在19世纪的影响

从某种意义而言，现代贫困是科学社会主义与蒲鲁东主义的核心议题，实现劳动者的自由解放是科学社会主义与蒲鲁东主义共同追求的目标。然而，两种理论的历史影响却是不可等同的，对蒲鲁东主义与科学社会主义的历史影响的评价，需要将它们放置于理论产生的那个时代，以历史主义的视角加以考察。

---

① 列宁. 列宁全集：第39卷［M］. 北京：人民出版社，2017：374.

不可否认，一种理论的历史影响关乎多种因素，一种理论的深刻程度与其所产生的实际影响不可同日而语，二者对工人运动的实际影响也不可等量齐观。

一、蒲鲁东主义的影响

蒲鲁东的小资产阶级社会主义产生于19世纪三四十年代。对19世纪的工人阶级而言，极端贫困的生活条件使他们苦不堪言，他们普遍迫切地要求改善生活条件，故而在反对资本主义的斗争中，他们很容易产生和接受"独立劳动"的幻想。蒲鲁东提出"财产就是盗窃""消灭所有权"等简单直观的口号，一定程度上迎合了劳动者的"燃眉之急"，赢得了广大工人群众的好感和拥护。所以，蒲鲁东的社会主义方案曾一度在小资产阶级以及工人运动中广受赞誉。米尔伯格甚至说到，在罗曼语地区的工人那里"蒲鲁东所规定的原则几乎成为运动的活的灵魂"。

蒲鲁东是法国人，对小生产经济色彩浓厚的法国来说，蒲鲁东占有非常显赫的地位。"巴黎的先生们满脑袋都是蒲鲁东的空洞词句。他们高谈科学，但什么也不懂。他们轻视一切革命的，即产生于阶级斗争本身的行动中，轻视一切集中的、社会的，因而也是可以通过政治手段（例如，从法律上缩短工作日）来实现的运动；在自由和反政府主义或反权威的个人主义的幌子下，这些先生们——他们十六年来一直泰然自若地忍受并且现在还忍受着最可耻的专制制度！——实际上在宣扬庸俗的资产阶级的生意经，只不过按蒲鲁东的精神把它理想化了！蒲鲁东造成了很大的祸害。受到他对空想主义者的假批判和假对立的迷惑和毒害的（他自己只是一个小资产阶级空想主义者，而在傅立叶、欧文等人的乌托邦里却有对新世界的预测和幻想的描述），首先是'优秀的青年'、大学生，其次是工人，尤其是从事奢侈品生产的巴黎工人，他们不自觉地强烈地倾向这堆陈腐的垃圾。愚昧、虚荣、傲慢、饶舌、唱高调，他们几乎把一切都败坏了。"① 对资本主义私有制的批判，确立了蒲鲁东在法国社会主义革命中的导师地位，法国工人运动的领导人有不少是蒲鲁东主义者。拉法格在给恩格斯的信中写道："在这里，蒲鲁东的危害是很大的。

---

① 马克思，恩格斯. 马克思恩格斯全集：第31卷 [M]. 北京：人民出版社，1972：532.

他的书被当成最地道不过的社会主义作品。"①

不只对法国，蒲鲁东的理论对其他国家的工人运动也发挥了很大的作用。在意大利、西班牙等国家，蒲鲁东的理论也传播广泛，他拥有众多的追随者，尤其是在小生产者和部分工人中间，影响非常大。"在比利时，蒲鲁东主义曾在瓦龙工人中间独占统治，而在西班牙和意大利两国工人运动中，所有的人，除了极少数例外，只要不是无政府主义者，就都是坚决的蒲鲁东主义者。"② 在这些国家，蒲鲁东的学说被看作真正社会主义原则的体现。第一国际建立时，法国支部的活动家几乎都是蒲鲁东主义者。罗莎·卢森堡曾评价道："虽说蒲鲁东的理论完全站不住脚，加上1858年经济危机的爆发，但直至19世纪六七十年代，蒲鲁东对法国以至整个拉丁国家劳工运动一直影响深远。在第一国际，马克思不得不首先对抗以托伦（后来成为叛徒、议员）为首的蒲鲁东主义。……蒲鲁东的理论显然比他本人影响更大，直至19世纪80年代，随着公社的坍毁，法国劳工运动的新基石——马克思主义登堂入室，才将蒲鲁东理论推向后台。"③

对第一个无产阶级政权——巴黎公社，蒲鲁东的学说也发挥了较大的作用。在这次伟大起义中，把蒲鲁东奉为精神导师的蒲鲁东主义者同巴黎人民一起，推翻了反动政府，建立了伟大的巴黎公社。公社中的社会主义分子几乎都是蒲鲁东分子联邦主义者。蒲鲁东主义者尽管在公社委员中属于"少数派"，但是只有他们才具有明确规定的纲领，特别是在经济方面，如禁止当铺拍卖典当品、免交三个季度房租、分期偿还商业债务、将价值不满二十法郎的典当品无偿交还原主等，故而只有蒲鲁东主义者才能够在巴黎公社时期担任经济方面的领导。所以，公社无论采取积极的或消极的措施，首先应该负责的就是蒲鲁东主义者。蒲鲁东主义者代表的是小资产阶级的立场，但与他们学派的观点相反的是，公社却做了许多对劳动人民来说的好事。蒲鲁东主义者与布朗基主义者的斗争，从一定程度上说，扼杀了部分人的冒险主义企图，即通过少部分人的专政直接跨越到共产主义。

---

① 巴赫，戈尔曼，库尼娜. 第一国际：第二卷（1870—1876年）[M]. 北京：生活·读书·新知三联书店，1981：380.
② 马克思，恩格斯. 马克思恩格斯全集：第21卷[M]. 北京：人民出版社，1965：374.
③ 罗莎·卢森堡. 狱中书简[M]. 傅惟慈，等译. 广州：花城出版社，2007：249-250.

<<< 第二章 相同的时代课题与不同的理论构建

显然,蒲鲁东的学说曾一度受到工人的拥护,虽然说这一理论对19世纪的工人运动产生了一定的积极影响,但其危害性却远远大于其所带来的积极影响,其消极影响仍为主要方面。我们如果说"法国人和比利时人由于原有形式的蒲鲁东主义的传播而发生混乱和动摇,西班牙人和意大利人则由于被巴枯宁滑稽化了的蒲鲁东主义的传播而发生混乱和动摇"①。蒲鲁东的学说在工人运动中造成了极大的思想混乱,严重阻碍了革命运动向前发展。不仅如此,蒲鲁东主义与巴黎公社的失败也具有内在联系,特别是拒绝接受法兰西银行的处理方式,给了凡尔赛政府可乘之机。公社当时如果能够拥有法兰西银行的金银、货币和政权,就可以阻断凡尔赛反动分子的资金来源,正是在蒲鲁东主义者的阻拦下,公社没能顺利接管法兰西银行。"最令人难解的自然是公社对法兰西银行所表示的那种不敢触犯的敬畏心。这也是一个严重的政治错误。银行掌握在公社手中,这会比扣留一万个人质还有更大的意义。这会迫使整个法国资产阶级对凡尔赛政府施加压力,要它同公社议和。"② 所以,公社根据蒲鲁东的方案来"清算旧社会或组织经济力量的尝试却一点也不曾做过"。列宁说过,"没有去'剥夺剥夺者'"以及"没有接管像银行这样一些机构"的行为是葬送巴黎公社的重要原因。所以,巴黎公社的失败,蒲鲁东主义者难辞其咎。

"现在呢?在法国,工人已经完全抛弃了蒲鲁东,只是在激进资产者和小资产阶级中间还有一些信徒,这些人作为蒲鲁东主义者,也自称为'社会主义者',可是社会主义的工人却对他们进行最激烈的斗争。在比利时,佛来米人已经把瓦龙人从运动的领导地位上排除出去了,已经废黜了蒲鲁东主义而大大提高了运动的水平。在西班牙,像在意大利一样,19世纪70年代的无政府主义汹涌来潮已经退落下去,并把蒲鲁东主义的残余也带走了。"③ 19世纪70年代之后,蒲鲁东主义就从地平线上消失了,几乎在法国工人中间绝迹了,只有在"激进的"资产阶级中间还可能存在蒲鲁东主义的追随者。蒲鲁东的理论虽然已经被彻底击垮了,但是"它仍然是西欧的资产阶级激进派和冒牌社会主义者从

---

① 马克思,恩格斯. 马克思恩格斯全集:第18卷[M]. 北京:人民出版社,1964:566.
② 马克思,恩格斯. 马克思恩格斯全集:第22卷[M]. 北京:人民出版社,1965:225.
③ 马克思,恩格斯. 马克思恩格斯全集:第21卷[M]. 北京:人民出版社,1965:374.

中取得麻痹工人的空洞词句的一个巨大武库"①。蒲鲁东主义是一个复杂的思想体系，时至今日，蒲鲁东及蒲鲁东主义在今天，特别是在西方国家的社会思潮中仍有所体现。因此，这种理论不能不引起我们的重视，我们需要以马克思主义为武器，透过现象看本质，抓住蒲鲁东理论的阶级实质及其现实危害。

二、科学社会主义的影响

从历史来看，科学社会主义诞生之时，并没有迅速吸引广大工人群众，没有引起广泛的共鸣。当然，这与很多因素有关，如由于工人阶级当时的普遍受教育程度不高，他们不能迅速理解马克思科学社会主义理论的科学性，又或者是由于马克思没能提出迅速解决工人阶级"燃眉之急"的方案等。然而，这丝毫不妨碍马克思思想的科学性、深刻性以及彻底性，因为一种理论只有在时间和实践的沉淀中才能真正显现其真理性。

马克思并不是蛰居书斋的学者，而是投身革命洪流的革命家和战斗家。他非常关注现实问题。从19世纪40年代开始，在几乎半个世纪中，马克思直接与工人运动相结合并领导工人运动。马克思曾一再指出，科学社会主义理论不是教条，而是行动的指南，它必须接受实践的检验，并随着实践的发展而发展。1848年年初《共产党宣言》刚刚问世，欧洲大陆就爆发了一场轰轰烈烈的革命运动。革命运动虽然失败了，但这次伟大的群众革命斗争的实践，却使各个阶级及其理论都经受了一次严峻的考验，也给五花八门的社会主义派别一个致命的打击，在这个革命实践中，科学社会主义胜利地经受了第一次检验，并得到了重大发展。

19世纪50年代末至60年代初期，资本主义取得了飞速发展，这同时也意味着劳动者受剥削的程度在不断加深，阶级矛盾也更加激化。1857年，世界性经济危机爆发，工人运动打破了1848年革命失败后的沉寂局面，重新走向高潮，欧美和亚洲一系列国家和地区的民族解放运动也蓬勃兴起。这个时期的欧洲工人运动，从思想上说，仍处于较低的水平，各种非无产阶级社会主义流派还在各国工人运动中占据着统治地位，科学社会主义不断遭到形形

---

① 马克思，恩格斯. 马克思恩格斯全集：第22卷[M]. 北京：人民出版社，1965：230.

色色思潮的反对。科学社会主义遇到了当时看来多数人的反对,积极主张这一理论的只有马克思和恩格斯等少数人,科学社会主义并没有广泛流行开来。为了清除各种"假"社会主义对工人运动的毒害,马克思和恩格斯为捍卫科学社会主义进行了不懈的斗争。巴黎公社的建立,意味着科学社会主义理论第一次变成实践,虽然由于种种原因,公社被镇压了,但是巴黎公社的原则和精神却是永存的,今天仍然指引着无产阶级革命的方向。

《资本论》问世之后,马克思的理论开始广泛传播开来,成燎原之势,被工人阶级所接受,真正成为工人阶级的"圣经"。科学社会主义的原则在世界各国工人中已经传播得很广了,"只要把1866年以来两国的运动加以比较,就可以看出,德国工人阶级在理论上和组织上都超过法国工人阶级。它在世界舞台上对法国工人阶级的优势,同时也就会是我们的理论对蒲鲁东等人的理论的优势"①。管中窥豹,《资本论》第一卷俄文版出版后,在一年内就被抢购一空。相反,以蒲鲁东为典型代表的法国革命社会主义的"平等要求"却被埋葬了。蒲鲁东的著作逐渐被遗忘。"在罗曼语地区的工人中间,蒲鲁东的著作已经被遗忘而由《资本论》《共产主义宣言》以及马克思学派的其他许多著作代替了;马克思的主要要求——由上升到政治独占统治地位的无产阶级以社会的名义夺取全部生产资料——现在也成了罗曼语各国一切革命工人阶级的要求。"②

科学社会主义自19世纪70年代以来才逐渐被广大工人所接受,但它对后世的影响却是非常巨大的。英国研究马克思主义的著名学者戴维·麦克莱伦曾说过:"不仅仅是在马克思主义国家,马克思的思想产生了影响。在世界其他地方,他已经改变了人们的思维方式。不论我们是否赞同马克思,他都已经塑造了我们对社会的观念。他建立起了一个源于哲学、历史、经济学和政治学的体系。"③ 中国是以马克思主义为指导的社会主义国家,中国特色社会主义理论的本质就是马克思主义与中国实际的结合,穿透历史的望远镜,我们更能够感受到马克思主义的科学性和真理性。

---

① 马克思,恩格斯. 马克思恩格斯全集:第33卷 [M]. 北京:人民出版社,1973:5.
② 马克思,恩格斯. 马克思恩格斯全集:第21卷 [M]. 北京:人民出版社,1965:374.
③ 戴维·麦克莱伦. 卡尔·马克思传 [M]. 王珍,译. 北京:中国人民大学出版社,2005:432.

第三章

马克思与蒲鲁东的思想交往史

马克思一生中批判的人很多,但值得马克思用几十年时间去批判的人却少之又少,蒲鲁东就是其中之一。由于阶级立场和根本观点的不同,马克思最终与蒲鲁东行走在不同的"社会主义"大道上。从二人的交往关系来看,有一个复杂的演变过程,随着马克思思想的成熟与发展,马克思对蒲鲁东及其理论的态度,经历了从早期的肯定到后来彻底批判的转变。弄清楚这一发展过程,有助于我们更清楚地把握二人在反贫困问题上的思想关系。

第一节 马克思早期对蒲鲁东的肯定

19世纪40年代早期,马克思对蒲鲁东及其理论是欣赏和肯定的,其原因在于,马克思与蒲鲁东一样,都非常关心"物质利益"问题,这里的"物质利益"问题,实际上就是资本主义社会下劳动者普遍贫困化的问题。蒲鲁东是社会底层的劳动者,一直以"人民"的代表自居,他直接向资产阶级的财产权发起了挑战,并宣称找到了反贫困的路径。蒲鲁东的反贫困思想恰逢其时地进入了正处于"物质利益"困扰中的马克思的视野,这博得了马克思的好感。从一定意义上来说,这对激活马克思的灵感和促进马克思的思想转变起到了重要的提示作用。

一、对《什么是所有权》的肯定性评价

马克思最早知道蒲鲁东,是在《莱茵报》工作时期,在当时,蒲鲁东主

第三章 马克思与蒲鲁东的思想交往史

义已经成为最重要的和最流行的社会主义学说之一，名噪一时。从1842年4月开始，马克思开始为《莱茵报》撰稿，继而接任该报刊的编辑。《莱茵报》作为一种自由报刊，是适应摩泽尔河沿岸地区的"贫困状况的特殊性质"①而必然产生的。马克思之所以选择在《莱茵报》工作，是因为此时的马克思已十分"重视对经验事实的分析……把贫困等迫切的时代问题作为研究的对象"②，他通过亲身接触各种社会经济问题，毅然决然地选择站在"穷人"这一边，从他写作的一系列政论文章中可以看到，马克思深刻揭露了资产阶级社会普遍存在的贫困现象，为"最底层"的贫困群众发声。

维护被压迫者和被剥削者的利益，是马克思在《莱茵报》上发表的文章的主题。例如，在《关于林木盗窃法的辩论》中，马克思站在贫苦群众的立场上，第一次通过对经济关系的研究，抨击了普鲁士的国家和法律制度，呼吁贫苦群众为改变旧社会和政治状况而斗争。在马克思担任主编当天所写的《共产主义和奥格斯堡〈总汇报〉》一文中，他说道："现在一无所有的等级要求占有中等阶级的一部分财产，这是事实，……是曼彻斯特、巴黎和里昂大街上引人注目的事实。"③财产的差别以及贫富对立把社会划分成了不同的等级，马克思在这里表达了以无产阶级和最贫穷的阶级的真正利益为基础的思想。

然而，此时的马克思正处于"善良的前进愿望大大超过实际知识"的状态中，现实的贫困普遍化现象使马克思头脑中产生了"苦恼的疑问"，在为"物质利益"即"无产者贫困化"发表意见的问题上，他遇到了难题。马克思开始认识到，黑格尔所指称的国家是"道德观念的现实"，并不能解答他心中的困惑，资产阶级的自由主义其实是戴着"虚伪面具"的自由主义，官方的"色彩"才是唯一的"色彩"。"每一滴露水在太阳的照耀下都闪现着无穷无尽的色彩。但是精神的太阳，无论它照耀着多少个体，无论它照耀着什么事物，却只准产生一种色彩，就是官方的色彩！精神的最主要的表现形式是欢乐、光明，但你们却要使阴暗成为精神的唯一合法的表现形式；精神只准

---

① 马克思，恩格斯. 马克思恩格斯全集：第1卷 [M]. 北京：人民出版社，1956：215.
② 李淑梅. 马克思《莱茵报》时期的政治哲学思想 [J]. 哲学研究，2009（6）：24-31.
③ 马克思，恩格斯. 马克思恩格斯全集：第1卷 [M]. 北京：人民出版社，1956：131.

穿着黑色的衣服,可是花丛中却没有一枝黑色的花朵。"① 实际情况却是"物质利益总是占上风的",精神的存在形式不能只有一种,本应体现"理性"和"自由"的国家和法律,在现实中却成了私人利益的工具。于是,马克思意识到,黑格尔关于国家和法的理性主义解释是有问题的,必须对国家和法的本质进行重新解释,进而马克思发现了"副本批判"的限度,从而转向了"原本批判"。

马克思对一直以来信奉的黑格尔历史唯心主义哲学进行了反思,1843—1844年,他写作了《黑格尔法哲学批判》。从这时起,马克思对市民社会及其内部结构表现出极大的兴趣,并打算在对黑格尔国家学说的批判之后,继续"批判黑格尔对市民社会的看法"②。表面上看,似乎政治国家是规定者,但实际上,政治国家只是被规定者罢了。因而,人们"要获得理解人类历史发展的锁钥,不应当到被黑格尔描绘成'大厦之顶'的国家中去寻找,而应当到黑格尔所蔑视的'市民社会'中去寻找"③。因为不管在哪种社会,财产的所有制都才是社会历史结构的真正基础,人们总是围绕财产关系而发生联系,从法学和伦理的角度并不能解决经济社会问题。因此,马克思转变了之前自由理性主义者的立场,反对柏林"自由人"的政治空谈,希望真正离开书斋进入现实,多关注"一些具体的现实",多提供"一些实际的知识"④。

从社会贫困的事实出发,蒲鲁东发起了对"贫困的根源"的追问,将贫困产生的始源归罪于私有财产,否定私有财产,鼓吹"特权的消灭、奴隶制的废止、权利的平等和法律主宰一切"⑤。他认为,所谓的法律面前人人平等的原则,不过是一种抽象的法权设定,这种说法正是以"财产和等级上的不平等为前提的",因而这不过是资产阶级启蒙思想家为资本主义所进行的一种辩护罢了。蒲鲁东较早地就对法和政治经济学进行了批判,在《什么是所有权》中提出了他的广被人们所熟知的观点,即"所有权就是盗窃",向经济学

---

① 马克思,恩格斯. 马克思恩格斯全集:第1卷 [M]. 北京:人民出版社,1956:111.
② 中共中央马克思恩格斯列宁斯大林著作编译局. 马列主义编译资料:第12辑 [M]. 北京:人民出版社,1980:346.
③ 马克思,恩格斯. 马克思恩格斯全集:第16卷 [M]. 北京:人民出版社,1964:409.
④ 马克思,恩格斯. 马克思恩格斯全集:第27卷 [M]. 北京:人民出版社,1972:436.
⑤ 蒲鲁东. 什么是所有权 [M]. 孙署冰,译. 北京:商务印书馆,1963:41.

<<< 第三章 马克思与蒲鲁东的思想交往史

中最神圣的教条发起了挑战,并给予致命的批判和刻薄的嘲讽。蒲鲁东引以为豪地说:"所有权就是盗窃!……这是人类思想上多么大的转变啊!所有人和盗贼一向是两个相反的用语,正像它们所指的那两种人是极不相容的那样;各种语言文字都规定这两个词的含义是正相反的。"① 他确定地证明了所有权与盗窃具有统一性,并指出人的主权、地位的不平等、所有权,不过是三位一体的东西,它们彼此可以被等同看待,并且可以相互转化。

虽然说,这一观点早在法国大革命时期就由资产阶级活动家雅克·布里索说过,但不可否认的是,蒲鲁东真正在理论上对这一观点进行了相对系统的论证。关于蒲鲁东的《什么是所有权》这本书,布朗基曾在给蒲鲁东的一封信中写道:"您用来形容当今的狂热分子的措辞十分强烈,足以使疑惑多端的富于想象力的人们对您的意图感到安心;可是您最后的结论却是主张废除所有权!您要取消那个推动人类智慧的最有力量的原动力;您打击到慈父情感中最甜蜜的幻想;您用一句话来阻止资本的形成,从此以后我们将在沙地上而不是在岩石上进行建设。那是我不能表示同意的;为了这个缘故,我才批评您的那本充满着美丽篇幅的、放射着热情和学问光辉的著作!"②

蒲鲁东的这种观点,在当时的资本主义社会中是非常难能可贵的,这对十分关注"物质利益"的马克思而言,必然具有一定的吸引力。马克思本人后来也坦白地承认,蒲鲁东的初次登场的确是一个强大的推动力,而他本人无疑就亲自感受到这种推动力。1842年年底,马克思读到《什么是所有权》这本著作时,立即称赞蒲鲁东是"思想一致和敏锐的社会主义作家"③,把蒲鲁东作为法国优秀的社会主义者之一来看待。《什么是所有权》给马克思留下了深刻的印象,马克思将这部著作看作一部"智慧之作",并指出,对这样的智慧作品,我们不能简单肤浅地看待,必须在长期深入地研究之后,才能进行批判。1843年夏天,马克思在克罗茨拉赫时期写信给卢格,把蒲鲁东同傅立叶作为法国社会主义的代表人物相提并论。1844年7月,在写作《1844年经济学哲学手稿》期间,马克思高度评价了蒲鲁东,把蒲鲁东同他高度赞扬

---

① 蒲鲁东. 什么是所有权 [M]. 孙署冰, 译. 北京: 商务印书馆, 1963: 40.
② 蒲鲁东. 什么是所有权 [M]. 孙署冰, 译. 北京: 商务印书馆, 1963: 34.
③ MARX K. Communism and the Augsburger Allgemeine Zeitung [M]. Early Texts, 1842: 417.

55

的魏特林进行了比较。

在对蒲鲁东的这部著作进行评价时,马克思提到了西耶斯的《论特权:第三等级是什么?》在政治学上的地位,并将《什么是所有权》在经济学上的地位与之相提并论,西耶斯的"政治理论和制宪学说对当时以及后世的资产阶级政治制度的确立产生了相当大的影响。他自称'完成了政治这门科学',并说《论特权:第三等级是什么?》是一部'理论教材,我们革命的重大发展都是根据这部教材行动的'"[①]。不仅如此,马克思甚至将这本书看作"法国无产阶级的科学宣言"。《奥格斯堡报》第 284 号称"《莱茵报》是普鲁士的共产主义者","是一位向共产主义虚幻地卖弄风情和频送秋波的妇人"。马克思在反驳"奥格斯堡长舌妇"时指出,现有形式的共产主义思想具有空想的性质,但在批判这些空想家的著作,尤其是蒲鲁东的著作时,要有理有据,甚至要到柏拉图那里去寻找共产主义思想的"现实性"。马克思在此首次表示要研究和批判蒲鲁东,并且在该文中首次对法国社会主义做出反应。

《什么是所有权》也得到了恩格斯的高度评价,当谈到法国大部分优秀思想家比英国人更加对共产主义的成长表示欢迎时,恩格斯特别提到了蒲鲁东。1843 年,恩格斯在为《新道德世界》(*The New Moral World*)所撰的《大陆上社会改革运动的进展》一文中,表示希望将《什么是所有权》翻译成英文,他将《什么是所有权》这部作品看作"共产主义者用法文写的所有著作中最有哲学意义的作品",指出这本书在揭露私有制方面,在解剖资本主义政治经济方面,以及揭露私有制导致的贫困与道德沦丧方面,进行了较有分量的批判,提出了有价值的见解,显示出了极大的智慧以及真正的科学研究精神,是把智慧与科学结合在一起的"范例"。有学者指出,这可能也是"这本书中受到马克思赞扬的主要内容"[②]。

关于马克思是否有受蒲鲁东的影响这个问题,学界有不同的观点。有学者认为,马克思称赞蒲鲁东,并不是因为可以从他那里学到什么,而是看到了他在政治经济学批判中的先锋作用,而这正是他本身所要从事的主要任务。

---

① 西耶斯. 论特权:第三等级是什么? [M]. 冯棠,译. 北京:商务印书馆,1990:7.
② 张一兵. 回到马克思:经济学语境中的哲学话语 [M]. 南京:江苏人民出版社,2009:110.

<<< 第三章 马克思与蒲鲁东的思想交往史

蒲鲁东既是一个工人，又是一个无可怀疑的原创思想家。事实上，相较于蒲鲁东的优点，其缺点对马克思的影响更大，在马克思发现蒲鲁东理论的缺陷前，他在经济学研究中并没有走多远。这些缺陷在《哲学的贫困》中受到了严厉批评。①

马克思对蒲鲁东是否有影响？有学者指出，显然是有影响的，并且这种影响是有迹可循的，这点从蒲鲁东的书信中可以得到证明。1844 年 10 月 24 日，蒲鲁东在致贝尔克曼的信中写道："……联合、道德、经济关系——这一切必须从它们的具体表现加以研究，如果人们想避免做出任意的结论的话。必须放弃出发点的主观性（这种主观性是迄今哲学家和立法者所固有的），必须到正义与善这些模糊概念的范围之外去寻求那些可以帮助我们确定这些概念的规律，这些规律对我们来说在客观上应当是对经济因素所产生的社会关系进行研究的结果。"② 科尔纽曾经指出，无论在蒲鲁东先前的著作或后来的著作中，我们都看不到这样的历史唯物主义的观点，这显然是受到了马克思的直接影响。

龙格曾说过："蒲鲁东力求证明，建立在私有制（资产阶级社会的基础）之上的社会制度是工人贫困的原因。此外，他还认为，宗教是科学进步道路上的重要障碍。马克思和蒲鲁东在这两点上是一致的。"③ 不可否认，此时的马克思对蒲鲁东是欣赏的，这与这一时期马克思的认知结构无疑是匹配的。一直以来，政治经济学家在不做深入考察的基础上，就把私有财产视为理论前提和确定不移的事实，而蒲鲁东对私有财产做了"第一次具有决定意义的、无所顾忌的和科学的考察"④，这种考察能够"引起政治经济学的革命"并使其有可能成为"一门科学的巨大进步"。当然，马克思在这里所指的"科学"更多的是革命性意义上的"科学"。从一定程度上来说，这启发了马克思走上

---

① 复旦大学国外马克思主义与国外思潮研究，国家创新基地，复旦大学当代国外马克思主义研究中心，等．国外马克思主义研究报告 2012 [M]．北京：人民出版社，2012：304．
② 奥古斯特·科尔纽．马克思恩格斯传：第 2 卷 [M]．王以铸，刘丕坤，杨静远，译．北京：生活·读书·新知三联书店，1965：80．
③ 龙格．我的外曾祖父：卡尔·马克思 [M]．李渚青，译．北京：新华出版社，1982：72．
④ 马克思，恩格斯．马克思恩格斯文集：第 1 卷 [M]．北京：人民出版社，2009：256．

深入研究政治经济学的道路。此时的马克思，还只是通过揭示国民经济学将私有财产关系当作合乎人性的和合理的关系而与自己的基本前提"私有财产"所存在的对立，来指称国民经济学的自相矛盾性，还不能对私有财产做出科学的政治经济学批判。马克思已经开始尝试对政治经济学自身的理论矛盾进行剖析，这为后面他从根本上超越古典政治经济学奠定了基础。

二、批判青年黑格尔派"保护"蒲鲁东

1844 年 4 月，埃德加·鲍威尔在《文学总汇报》①第 5 期上发表《蒲鲁东》一文，将批判的矛头指向法国社会主义的代表人物蒲鲁东。以埃德加·鲍威尔为代表的青年黑格尔派，用抽象思辨的逻辑来解释蒲鲁东的理论，并将此解释成某种宗教信仰的东西，对蒲鲁东的理论大加歪曲，从而进行神学的批判。为了展开对青年黑格尔派的清算，马克思和恩格斯合写了《神圣家族》，对"批判的批判"进行了批判。在《神圣家族》中，马克思"保护蒲鲁东而反对《文学总汇报》的批判家，并提出自己的明显的社会主义思想来反对思辨"②。在这里，马克思以一种保留的口气表达了对蒲鲁东的欣赏，这种欣赏主要体现在蒲鲁东对劳动群众利益的关注超越了德国古典哲学的理想主义传统。

虽然，从某种程度上来说，青年黑格尔派似乎已经琢磨到了蒲鲁东理论的真正社会意义，但是由于他们忽视法国社会主义的现实内容，单纯地将其本质归结为各种教条式的抽象，所以他们"千方百计"地阉割蒲鲁东的思想。埃德加·鲍威尔写道："蒲鲁东发现了历史上的一个绝对者，一个永恒的基础，一个引导人类的神。这个神就是公平。"③他们谴责蒲鲁东，说蒲鲁东不懂得自我意识哲学，把公平的概念绝对化了，从一定意义上讲，这种批判是有一定道理的，然而整个来说这种批判却没有真正触及蒲鲁东理论的最重要内容，即私有制问题。在没有正确理解蒲鲁东理论的基础上，青年黑格尔派

---

① 《文学总汇报》是青年黑格尔派布·鲍威尔主编的德文月刊，于 1843 年 12 月至 1844 年 10 月在沙格顿堡发行。
② 列宁. 列宁全集：第 55 卷 [M]. 北京：人民出版社，2017：6.
③ 马克思，恩格斯. 马克思恩格斯全集：第 2 卷 [M]. 北京：人民出版社，1957：41.

就对其理论进行阐释和批判，其目的并不是回答蒲鲁东提出的问题，而是证明这些问题本身实质上是虚假的，这些问题之所以产生是蒲鲁东不懂得自我意识哲学。

以埃德加·鲍威尔为代表的青年黑格尔派，用抽象的思维，以"自我意识"哲学的逻辑对法国的平等进行了阐释。"如果埃德加先生把法国的平等和德国的'自我意识'稍微比较一下，就会发现，后一个原则按德国的方式即用抽象思维的形式所表达的东西，就是前一个原则按法国的方式即用政治和思维直观的语言所表达的东西。自我意识是人在纯思维中和自身的平等。平等是人在实践领域中对自身的意识，也就是人意识到别人是和自己平等的人，人把别人当作和自己平等的人来对待。"① 在《神圣家族》中，马克思辩护说，蒲鲁东的理论并不能简单地归结为思辨的内容，青年黑格尔派不仅对其进行了错误的阐释，而且暴露了其"自我意识"哲学只是一种民主主义的平等原则的思辨式的表达，并没有实际社会的内容。

"在德国，对真正的人道主义来说，没有比唯灵论即思辨唯心主义更危险的敌人了。它用'自我意识'即'精神'代替现实的个体的人，并且同福音传播者一道教诲说：'精神创造众生，肉体则软弱无能。'显而易见，这种超脱肉体的精神只是在自己的想象中才具有精神力量。鲍威尔的批判中为我们所驳斥的东西，正是以漫画的形式再现出来的思辨"②。青年黑格尔派将一切现实的东西都用"自我意识"来代替，他们看不到"现实的个人"，也不能理解现实的存在，在他们看来，超脱肉体的精神才是本源的东西，它创造了一切。所以，马克思说，思辨唯心主义在德国是一种危险的存在。鲍威尔兄弟通过赋予特征的翻译创造出一个"批判的蒲鲁东""被赋予特征的蒲鲁东"或"蒲鲁东第一"，马克思对此进行了批判。因为和青年黑格尔派不一样，蒲鲁东的学说并非停留在纯粹的思辨方面，而是表现出完全确定的阶级的地位和利益。马克思辩护到，蒲鲁东本人就是无产者的一员，他写作的动因不是青年黑格尔派说的为满足自我的简单的批判的利益，而是"群众的、现实的、历史的利益"。因此，与青年黑格尔派拙劣的作品相比较，蒲鲁东的作品显示

---

① 马克思，恩格斯.马克思恩格斯全集：第 2 卷 [M].北京：人民出版社，1957：48.
② 马克思，恩格斯.马克思恩格斯全集：第 2 卷 [M].北京：人民出版社，1957：7.

出完全不同的历史意义。从当时的"理论生态"来看,马克思的这一评价是恰当的。蒲鲁东被看作法国无产阶级的思想家以及一个独立制定社会主义理论的法国工人,马克思把他和当时英法国家的其他社会主义和共产主义代表人物当作自己的同盟者。

马克思说,蒲鲁东的进步表现在什么地方呢?与脱离实际、崇尚抽象理性的德国古典哲学相比,与孤芳自赏的思辨"自由人"团体相比,蒲鲁东是关注社会现实问题的。青年黑格尔派喜好"宁静孤寂",它"像一个巫师",胡乱地念着咒语,不能被常人所理解,普通人并不能理解这种回避社会现实的"高深"学问。马克思极其反感青年黑格尔派逃避现实,只愿躲在书斋里鼓吹"纯粹批判"。蒲鲁东所关注的恰恰是社会的"物质利益"问题,他对资本主义的矛盾和弊端展开了批判,而不是如青年黑格尔派一般,天真地以为通过"纯粹理性的批判"就能够改造社会,这在当时是非常难得的,这不得不引起马克思的极大注意。故而,与青年黑格尔派相比较,马克思在这一阶段表达了对蒲鲁东学说有所保留的"保护",因为蒲鲁东的"现实批判"相较于"纯粹批判"来说,确实高明得多。也正是在对"物质利益问题"的探寻中,马克思自身也完成了从唯心主义向唯物主义、从革命民主主义向社会主义的转变。

在给出客观肯定的同时,马克思也已经明确指出了蒲鲁东的缺陷和不足。事实上,他反对的只是青年黑格尔派抹杀蒲鲁东"真正功绩"的那些空论,正如他承认青年黑格尔派在神学批判领域有着同样的历史功绩一样,马克思也承认,蒲鲁东在政治经济学领域也是有所贡献的。与此同时,正如马克思攻击青年黑格尔派对待神学问题的狭隘性一样,他也攻击蒲鲁东对待政治经济学问题的狭隘性。马克思说,虽然蒲鲁东对私有制展开了十分尖锐的批判,并在批判中"得出了有利于劳动而不利于私有财产的结论",但是在马克思看来,包括蒲鲁东在内的社会主义学说,归根结底,也不过是一种片面的"社会主义"罢了。因为蒲鲁东的学说并没有摆脱私有制的影响,他的批判还受政治经济学前提的支配。所以,马克思说,"不管表面上如何轰轰烈烈,在《什么是财产?》中已经可以看到一个矛盾:蒲鲁东一方面以法国小农的〔后来是 petit bour-geois(小资产者)的〕立场和眼光来批判社会,另一方面他又用他从社会主义者那里借来的尺度来衡量社会。"①

可见，马克思已经察觉到了蒲鲁东学说的局限性，他批判青年黑格尔派而"保护"蒲鲁东，这种"保护"是有所保留的保护。诚然，在西欧的社会主义者中，蒲鲁东相较于其他社会主义者前进一步，他在揭露财产私有制社会所造成的恶劣后果的同时也试图弄清楚其中的内在联系，并且提出了否定私有财产的实践要求。可以说，他从政治经济学观点出发，对政治经济学进行批判时所能做的一切他都已经做了。这一点是值得肯定的，但他并未摆脱国民经济学理论前提和基础的局限性，仍停留在政治经济学异化的范围内谈论异化，最终也"并未因他否定私有制而有了任何新的发现"。由此，马克思也已经认识到，要解决现实社会的贫穷困境，就要彻底批判资本主义私有制，其中首要做的就是揭开资本主义经济社会的秘密。

第二节 《哲学的贫困》发表与"友谊的终结"

马克思在某种程度上认可了蒲鲁东的思想，但马克思很快就发现了蒲鲁东理论与自己的理论存在根本的不同。日本学者城冢登说："马克思高度地评价了蒲鲁东的功绩。然而，正因为如此，我们不能像世人常常误解的那样，把马克思的立场说成与蒲鲁东的立场完全相同。……虽然马克思从法国社会主义和共产主义那里接受了种种宝贵的启发，但是，从根本的立场上说，他同他们始终存在分歧。"② 从《莱茵报》时期到《哲学的贫困》的发表，马克思的每一部重要著作都涉及了蒲鲁东的思想，可见他对蒲鲁东思想的重视。在对资本主义现实问题的研究中，此时的马克思已经成长为一个无神论者、有学问的唯物主义者和有思想的社会主义者，于是二人的分歧很快就显露出来，并以论著的形式进行公开论战，二人也就此"分道扬镳"了。

在法国期间，《1844年经济学哲学手稿》问世，马克思开始进行政治经

---

① 马克思，恩格斯. 马克思恩格斯全集：第16卷[M]. 北京：人民出版社，1964：30.
② 城冢登. 青年马克思的思想[M]. 尚晶晶，李成鼎，译. 北京：求实出版社，1988：104.

济学的研究，他的历史视野开始聚焦实践。从异化劳动理论出发，马克思对资本主义进行了严厉的批判。随后，马克思相继写作了《关于费尔巴哈的提纲》《德意志意识形态》。在《关于费尔马哈的提纲》中，马克思强调实践的作用，着重阐述了从实践出发去理解问题的思维方式，借助实践的力量解决唯心主义与唯物主义的对立，提纲性地构建了一种与旧唯物主义对立的崭新的世界观。在《德意志意识形态》中，马克思基本完成了对黑格尔思辨哲学和费尔巴哈人本主义唯物论的批判，对以往的旧哲学进行了清算，在哲学世界观上与以往的所有旧哲学彻底决裂。恩格斯曾指出："马克思和我，可以说是从德国唯心主义哲学中拯救了自觉的辩证法并且把它转为唯物主义的自然观和历史观的唯一的人。"[①]

由此，马克思的唯物主义历史观正式形成，围绕物质资料的生产活动对社会存在发展的前提作用，以及生产力和生产关系、经济基础和上层建筑的矛盾运动在社会发展中的决定作用等一系列唯物史观的重要原理进行了第一次全面系统的阐发，马克思对资本主义生产方式的剖析也站在了历史的、科学的高度。蒲鲁东仍然停留在原来的唯心主义和教条主义上，从马克思与蒲鲁东在1846年5月间的通信内容中可以看到，由于历史观和革命志向的分野，至此已经创立唯物史观的马克思与蒲鲁东之间的分歧显露，他们也越走越远了。

一、在建立共产主义者同盟问题上的分歧

经历了历史观转变的马克思看到了，要使劳动者从贫困处境中解放出来，只能由无产阶级自己来完成，他已经得出结论：要改变工人的贫困处境，实现工人阶级的解放，必须建立无产阶级的政党。本着这个目的，马克思和恩格斯着手组织建党。其实，马克思、恩格斯早在1845年就开始为建党做准备，在比利时首都布鲁塞尔时，马克思、恩格斯领导建立了第一个共产主义小组，其为后面成立的共产主义通讯委员会打下了基础。小组成员有威廉·沃尔弗、约瑟夫·魏德迈、斐迪南·沃尔弗、塞巴斯蒂安、戴勒尔、日果等

---

① 马克思，恩格斯．马克思恩格斯全集：第20卷［M］．北京：人民出版社，1971：13.

<<< 第三章　马克思与蒲鲁东的思想交往史

人。1846年1月，比利时布鲁塞尔共产主义通讯委员会正式成立，这个委员会是马克思亲自着手建立的第一个宣传组织，是建党的第一个步骤，也是当时还作为社会主义流派之一的马克思主义派的一个团体。马克思、恩格斯和比利时社会主义者日果当选为通讯委员会委员。他们建立委员会的目的，是在许多国家的社会主义者、工人团体之间建立联系，以便互通信息，交换资料和意见，沟通思想，逐步在思想上取得一致，为建立无产阶级政党做好准备。自成立后，布鲁塞尔共产主义通讯委员会同科伦、基尔、爱北斐尔特、西里西亚、巴黎、伦敦的德国社会主义者，同比利时和法国的一些社会主义者，同英国的宪章派特别是宪章运动左翼领袖哈尼，建立了密切联系，并形成了以它为中心的分布在英、法、德、瑞士、荷兰、比利时等国的通信联络网。

鉴于蒲鲁东在法国社会主义者中的重要地位，马克思和恩格斯一致认为，蒲鲁东是法国最合适的"通信人"。1846年5月5日，马克思写信给蒲鲁东，邀请蒲鲁东担任布鲁塞尔共产主义通讯委员会法国通信人，并邀请他参加工人运动的理论问题和策略问题的讨论。在信中，马克思明确告诉蒲鲁东，建立共产主义通讯委员会的目的，就在于"建立一种经常性的通信活动，保证能够了解各国的社会运动，以便取得丰硕的、多方面的成果"[1]。从通信中，马克思表示了他对蒲鲁东的尊敬，以及和蒲鲁东的"非常真诚的友谊"，从中可以看到马克思对蒲鲁东的友好态度。在这封信的附笔中，恩格斯写道："至于我，我只能表示希望，您，蒲鲁东先生，一定会接受我们向您提出的建议，并且乐于同意参加我们的活动。"[2]

与马克思、恩格斯不同，蒲鲁东是反对建立政党的，在他看来，任何政党不过是统治者实施暴政的工具，他将马克思看作教条主义体系的制造者和权力主义者，指责马克思对待卡尔·格律恩这样的同时代社会主义者胸襟狭窄，因为马克思曾经要求蒲鲁东帮助他削弱格律恩的影响。1846年5月17日，蒲鲁东回信拒绝了马克思，他在回信中写道："我有心同意加入你们的通

---

[1] 马克思，恩格斯. 马克思恩格斯全集：第27卷 [M]. 北京：人民出版社，1972：465.
[2] 马克思，恩格斯. 马克思恩格斯全集：第27卷 [M]. 北京：人民出版社，1972：464-466.

信，我认为这种通信的目的和组织是十分有用处的，但是我不能答应你们多写或常写：各种各样的事情和天生的懒惰使我不能做一个勤勉的通信者。……我衷心地赞成您的意见——把现有的一切意见都弄清楚；我们要从事光荣而正直的论战；我们要给全世界做出科学的和预见性的容忍态度的榜样；但是我们在领导运动的时候不要领导新的固执，也不要扮演新宗教的圣徒，尽管这是逻辑的宗教、理性的宗教。我们要接受并鼓励任何抗议，我们要开始痛斥任何特殊性、任何神秘主义；我们要永远不认为问题已经最后解决了，我们要从头做起，在说明理由时要利用一切论据，如果必要就连神秘主义也利用，并且要运用雄辩和讽刺。照这样的条件我就参加你们的团体，否则我就不参加。……我认为，为了争取胜利根本用不着这样，因此我们也就用不着提出革命的行动作为社会改革的手段，因为这种轰动一时的手段不是别的，而是诉诸强力，诉诸强暴。我对问题的提法是这样的：经过经济的组合把原先由于另一种经济的组合而逸出社会的那些财富归还给社会。换句话说，在政治经济中使财产的理论转过来反对财产，以便产生你们——德国社会主义者称之为共产主义而我在目下称之为自由、平等的那种东西。据我看来，用文火把私有制烧掉总比对它施加新的力量实行大屠杀要好些……"①

在信中，蒲鲁东表示了他反对革命斗争方法和共产主义，与马克思观点存在根本对立，他认为，建立工人组织的本质，其实就是强迫他们信奉共产主义，这和马丁·路德的宗教改革式并无二样。他说，社会主义者的真正义务是"把批注性的形式或者说疑问的形式再保留一个时期"，"共同寻找社会的规律"，"不要在一切教条主义消灭后使人信奉某种主义"②。收到回信后，马克思由此也确信了他同蒲鲁东之间存在的根本分歧，因而放弃了通过蒲鲁东同法国工人运动建立联系的打算。

二、《贫困的哲学》与《哲学的贫困》

在当时的思想界，蒲鲁东的学说在法国各大支部都有较大的影响，在巴黎支部的几个领导人都是蒲鲁东的信徒，蒲鲁东的学说不仅在工人反贫困运

---

① 卢森贝．政治经济史：第3卷[M]．北京：生活·读书·新知三联书店，1959：218.
② 卢森贝．政治经济史：第3卷[M]．北京：生活·读书·新知三联书店，1959：218.

>>> 第三章 马克思与蒲鲁东的思想交往史

动中发挥着比较大的作用,而且成为巴黎几个支部讨论的中心内容。不仅仅在法国,蒲鲁东在德国思想界也颇有影响力,德国社会主义者格律恩对蒲鲁东的学说就极为推崇。因此,批判蒲鲁东的观点,肃清其负面影响是争取工人群众刻不容缓的事情。

在1846年8月,受布鲁塞尔共产主义通讯委员会和马克思的委托,恩格斯亲自到巴黎向"正义者同盟"各支部的工人宣传和讲解共产主义,组织通讯委员会并同蒲鲁东主义、魏特林主义、"真正的社会主义"展开了斗争。在几次大会上,恩格斯深刻地揭示和批判了蒲鲁东学说的缺陷,后来又签署了布鲁塞尔共产主义者反克利盖的通告,批判了蒲鲁东的根本思想,给蒲鲁东以沉重的打击。恩格斯的英语非常好,熟悉英国书刊,这使他能够轻易地指出标榜一时的蒲鲁东理论在英国遭到破产的例证,他说,"蒲鲁东玷污了社会主义"①。

蒲鲁东写过非常多的小文章,但大都没有引起人们的注意,他的包括两大卷的《经济矛盾的体系,或贫困的哲学》(简称《贫困的哲学》)一书终于在1846年10月15日正式出版,这本书请"真正的社会主义者"格律恩译成德文在工人中散播。在法国,《贫困的哲学》销量非常好;在德国,《贫困的哲学》出版了三个不同的版本。蒲鲁东的理论有为数不少的追随者,包括受马克思影响较深的俄国文学家帕维尔·瓦里西耶维奇·安年科夫,安年科夫是一名俄国地主和自由主义批评家,马克思是1846年在布鲁塞尔与他相识。1846年11月1日,安年科夫给马克思写了一封信,信中谈到了蒲鲁东的《贫困的哲学》,说道:"老实说,我认为著作的结构本身只不过是观察了德国哲学的一个角落的人的幻想的结果,而并不是研究某一个题目及其逻辑发展的必然的结论。"② 安年科夫认为,这本书中有关经济学的部分写得还是很有分量的,它第一次清楚地讲明白:"文明不能拒绝它依靠分工、机器、竞争等而获得的一切东西——这一切都是人类永远要争取的东西。"③ 其实,安年科

---

① 列宁. 列宁全集:第24卷[M]. 北京:人民出版社,2017:282.
② 马克思,恩格斯. 马克思恩格斯全集:第27卷[M]. 北京:人民出版社,1972:709.
③ 中共中央马克思恩格斯列宁斯大林著作编译局. 马列主义研究资料:第55辑[M]. 北京:人民出版社,1989:78.

夫来信主要是想知道马克思对《贫困的哲学》的看法。

1846年12月，马克思从书商那里拿到《贫困的哲学》之后，便开始进行批判。1846年12月28日，在给安年科夫的回信中，马克思概述了他对《贫困的哲学》的看法，并提出了原则性的批评意见。马克思指出，蒲鲁东的历史知识贫乏，他的这本书是一本"杂乱无章而妄自尊大"的"很坏的书"，是"一部圣经"，"这本书不值书价所要的十五法郎"。其中"应有尽有"，如"神秘""来自神的怀抱的秘密""启示"等，是对黑格尔辩证法的断章取义，是阻碍社会主义运动的"垃圾"，必须加以批判。恩格斯将蒲鲁东的理论归结为一种完全不正确的"新社会主义体系"，他对《贫困的哲学》在理论上进行了精辟的概括，深刻地揭露了蒲鲁东理论的实质和根本错误，将蒲鲁东对现存社会关系的批评看作"零"。

由于蒲鲁东是法国人，不懂德文，马克思就用法文于1847年写成了《哲学的贫困：答蒲鲁东先生的〈贫困的哲学〉》（简称《哲学的贫困》），这本书不仅在标题上与蒲鲁东的著作直接对立，在理论和方法上也与蒲鲁东的著作有根本区别。在《哲学的贫困》中，马克思对蒲鲁东的批判不仅是直接的，还是严厉的，他深刻揭示了蒲鲁东学说的荒谬性，说道："这部著作按其思想方式和语言来说，要比蒲鲁东那部矫揉造作的荒唐东西千百倍地更带法国味。"[①]《哲学的贫困》分为两章，分别是《科学的发现》《政治经济学的形而上学》，它的出版标志着马克思与蒲鲁东的论战第一次公开化，为共产主义者同盟第一次代表大会做了根本的准备工作。[②] 我们有必要指出的是，《哲学的贫困》出版后在当时却没有引起广泛关注，无人问津，这本书在布鲁塞尔和巴黎只印刷了800本，在工人运动以及思想界反响平平。客观来说，《哲学的贫困》本身在理论上也存在一些不足之处，在1859年，马克思自己承认了这一点，说他在这本书中采用了李嘉图的理论去批驳蒲鲁东的著作，直到1859年《政治经济学批判》第一分册的发表，才彻底驳倒了蒲鲁东主义。也就是说，在1847年到1859年之间，马克思本人的思想也经历了一个发展和成熟的过程。

---

① 马克思，恩格斯. 马克思恩格斯全集：第6卷［M］. 北京：人民出版社，1961：670.
② 马丁·洪特.《共产党宣言》是怎样产生的?［M］. 北京：商务印书馆，1979：75.

<<< 第三章 马克思与蒲鲁东的思想交往史

其实，在《贫困的哲学》面世之前，蒲鲁东就已经知道马克思在写作一部批判自己的著作，并对马克思发出"警告"，他在1847年5月致马克思的信中说，对马克思的"责打"，他是会报复的。实际上，当《哲学的贫困》于1847年7月出版时，蒲鲁东却保持了沉默，他并没有对马克思的批判展开系统有效的回击。有的学者认为，蒲鲁东未反驳的原因是蒲鲁东对马克思的蔑视，他对这种批判不屑一顾。然而，这种说法并不能让人接受，因为这并不符合蒲鲁东的个性。还有学者认为，蒲鲁东此时正忙于更为重要的事情，即1848年革命。① 所以，他没有时间来反驳马克思的批评。不管怎样，可以知道的是，马克思的批判显然击中了蒲鲁东的要害，所以蒲鲁东并没有对马克思的批评进行有效系统的实质性反驳。

麦克莱伦在《卡尔·马克思传》一书中指出，事实上，马克思直到1846年的圣诞才得到蒲鲁东的《贫困的哲学》一书，当时他马上给安年科夫写了一封长信叙述了他对该书的印象。在信中，马克思清晰简明地把自己的历史唯物主义概念实际地应用于蒲鲁东的思想中。② J. B. 福斯特这样说道："就马克思而言，蒲鲁东后期的思想代表了一种对蒸蒸日上的社会主义运动的理论挑战，从而需要加以全面的清算。在《哲学的贫困》中，马克思驳斥了蒲鲁东的《贫困的哲学》，并且正是在这样一种背景下更加充分地发展了迄今为止他自己所发展的对政治经济学的批判和唯物主义历史观。"③ 奥托·吕尔在《马克思》一书中指出：马克思从来没有表现得"如此旁若无人和俨然自信"。丹尼尔·哈莱维④对此也有同感。马克思自己曾说道："在蒲鲁东的第二部重要著作《贫困的哲学……》出版前不久，他自己在一封很详细的信中把这本书的内容告诉了我，信中附带说了这样一句话：'J'attendsvotreférulecritique'（我等待着您的严格的批评）。不久以后，我果然对他进行了这样的批评（通过我的著作《哲学的贫困……》1847年巴黎版），其形式的激烈竟使我们的

---

① 蒲鲁东. 十九世纪革命的总观念 [M]. 伦敦, 1989：导言 VII.
② 戴维·麦克莱伦. 卡尔·马克思传 [M]. 王珍, 译. 北京：中国人民大学出版社, 2005：149.
③ FOSTER J B. Marxs'Ecology: Materialism and Nature [M]. New York: Monthly Review Press, 2000：130.
④ 丹尼尔·哈莱维（1872—1962），法国历史学家，对尼采和蒲鲁东的著作颇有研究。

友谊永远结束了。"① 在这次公开论战之后，马克思和蒲鲁东也就永远结束了他们之间的"友谊"。

第三节 对蒲鲁东主义的持续批判

《哲学的贫困》自出版②后，虽然也产生了一定的实际影响，但并没有撼动蒲鲁东学说在工人运动中的巨大影响。第一次公开论战之后，马克思和恩格斯分别从布鲁塞尔和巴黎前往伦敦，参加共产主义者同盟第二次代表大会，并受大会委托起草了《共产党宣言》，在《共产党宣言》中，蒲鲁东主义被定性为"资产阶级的社会主义的理论体系"。此后，马克思、恩格斯展开了对蒲鲁东及其理论的持续批判，直至与其划清界限。

一、对1848年革命的不同态度

在1848年革命以前，蒲鲁东基本上是以一个理论家的身份出现的，他很少参与政治活动，也缺少正式的详尽的纲领。③ 1848年的欧洲革命，将蒲鲁东推到了第一线，自此以后，蒲鲁东便以一个社会活动家和改革家的面貌登场，出现在法国政治斗争的舞台上。法国是当时欧洲革命运动的中心，法国二月革命是1848年欧洲革命的先导。1848年2月，法国人民革命推翻了路易·菲利浦的君主立宪王朝，组建了新的临时政府。

对二月革命，蒲鲁东的态度是否定的，因为他并没有预见到这次革命的

---

① 马克思，恩格斯. 马克思恩格斯全集：第16卷 [M]. 北京：人民出版社，1964：31.
② 据了解，法文初版印发数量只有800册，其中有150册是免费赠书。马克思为此特意开列了一个包括路易·勃朗在内的赠书名单，交由出版商弗兰克去转送。弗兰克在转送这批书的同时每册加收15苏的费用，然后又从各处将这些书收回来。那些被要回来的书和根本未能发出去的书，一直被搁置在弗兰克那里。这就造成包括路易·勃朗在内的许多人都没能读到这本书。直到1847年11月，恩格斯"才终于出乎意料地知道"上述情况，并写信告诉了马克思。
③ 1846年9月16日，恩格斯在巴黎写给布鲁塞尔通讯委员会的信中曾提到过蒲鲁东的社会改革计划，但那只是蒲鲁东在口头上同他的一些亲近人士讨论过的计划，并未见诸文字发表。

到来，在他看来，这次革命是不成熟的，人民"草率地发动了革命"①，革命至少提前了四五年爆发。他不理解法国人为什么要赶走奥尔良王室，他问道："四八年，你的名字是什么？"答复是："四八年是劳动权利年。"蒲鲁东认为，工人需要解决的问题主要是围绕着工资和就业的社会问题，而不是革命，革命并不能使这些问题得到解决。1848年的革命虽然是在"欣喜若狂"的氛围中进行的，但这场革命在昏暗的十字街头徘徊，因为资产者的青春活力已经枯竭，而人民却还没有完全成熟。对蒲鲁东的观点，马克思以讥讽的口吻说道："二月革命对蒲鲁东来说的确来得非常不是时候，因为正好在几星期前他还不容争辩地证明说，'革命的纪元'已经一去不复返了。"② 与蒲鲁东不同，对二月革命的发生，马克思表示了肯定，他这样评价道："从来没有一次革命运动像1848年的革命运动这样以如此动人的序曲开始。罗马教皇给1848年的革命运动以宗教的祝福，拉马丁的风神之琴轻轻地奏出了优美慈爱的曲调，歌唱了所有社会成员和各族人民的 *fraternité*——手足情谊。"③

蒲鲁东不仅对革命表现出极大的关注，他的理论研究工作也在同步进行，1848年4月，蒲鲁东担任《人民代表报》④的主编。报刊的读者十分广泛，受众面远远超过了当时一些著名经济学家的著述，经济学家们对蒲鲁东"论战文章的有力论据和新颖观念是早已有所领教的"。由于蒲鲁东善于辞令和鼓动，借助报刊，他又赢得了相当多的追随者，在社会上的影响力也日渐增大。1848年6月5日，在国民制宪议会补选中，蒲鲁东当选议员，获得了7.7万张选票，一时跻身于资产阶级政客之列。

蒲鲁东的态度是矛盾的，一方面他以"逢场作戏"的态度、自得其乐的心情，聆听了"大炮的美妙而又可怕的轰击声"。另一方面，在法国国民议会的会议上，他发表了反对梯也尔的演说，咒骂资本主义私有制，将矛头对准统治阶级。他说："诸位先生，我的想法和你们完全不同，我站在和你们完全

---

① 爱德华·海姆斯. 皮·约·蒲鲁东：他的革命生涯、精神及其著作[M]. 纽约：塔普林格出版公司，1979：120.
② 马克思，恩格斯. 马克思恩格斯全集：第16卷[M]. 北京：人民出版社，1964：34.
③ 马克思，恩格斯. 马克思恩格斯全集：第16卷[M]. 北京：人民出版社，1964：173.
④ 1847年，蒲鲁东创办了《人民代表报》，每份售价只要一个苏。苏为当时的货币单位，等于五生丁，二十分之一法郎。

不同的立场上！旧社会的消灭开始于2月24日资产阶级和工人阶级之间的斗争中。这种消灭究竟用暴力还是用和平方法，完全取决于资产阶级是否明智，取决于它抗拒的程度。"① 他咒骂资本主义私有制度，指责资产阶级对人民贫困的漠不关心，资产阶级议会代表们打断蒲鲁东的演讲，否定蒲鲁东的财政提案，气急败坏地对其进行人身攻击，对此蒲鲁东回复道："请您谈财政，不要谈道德；作为个人问题我能接受这一点，这是我在委员会上告诉过您的。如果您继续这样，我……也不要求您决斗（梯也尔微微一笑）。不，我觉得即使您死了也不够，这并不能证明任何事情。我要求您做另一种战斗。在这里，在这个舞台上我要讲述我的整个生平，一件事一件事地讲下去，如果我遗忘或漏掉了什么事情，人人都可以提醒我。然后再让反对我的人讲述一下自己的生平。"②

蒲鲁东认为，私有制是必须逐步消灭的，"一方面我向资产阶级揭示了二月革命的意义，同时我也预告私有制：它应该准备着灭亡，私有者不自愿消灭，那我们就来消灭他。……我所说的我们，是指把我自己和无产阶级合而为一，把你们和资产阶级合而为一"③。这里所说的"我们"，蒲鲁东是把自己作为与资产阶级对立的无产阶级的一员来说的。在蒲鲁东的发言中，充满了各种"假革命"的漂亮词句，由于他攻击了金融贵族、道德、宗教以及私有制，他曾被《科伦日报》视为"著名的英雄"，巴黎通讯、小品文等也极力推崇蒲鲁东主张的"社会经济制度"，他关于价值的定义被看作一切社会改革的起点。

一段时间，蒲鲁东在法国议会中发挥了重大影响，对他在这一时期的理论活动和实践活动，恩格斯这样评价道："蒲鲁东生平最大的胜利，是他在国民议会的讲坛上赢得的。我已记不清他发言谈什么问题了，只记得他滔滔不绝地讲了一个半钟头，激起了议会中的资产阶级的狂怒，因为他讲的纯粹是蒲鲁东式的奇谈怪论，一个比一个荒诞，而且每一个都是最粗暴地侮辱听众

---

① 马克思，恩格斯. 马克思恩格斯全集：第5卷［M］. 北京：人民出版社，1958：356.
② 卢森贝. 政治经济学说史：第3卷［M］. 北京：生活·读书·新知三联书店，1960：247.
③ 马克思，恩格斯. 马克思恩格斯全集：第5卷［M］. 北京：人民出版社，1958：356.

的最神圣、最高贵的情感。这一切都是用他所特有的枯燥的迂腐的冷漠态度、用平淡的迂腐的勃艮第方言、用世界上最冷酷沉着的声调说出来的。效果——发狂的资产者的舞蹈病——的确不坏。"① 马克思后来在《论蒲鲁东》一文中写到，蒲鲁东在国民议会中的演说尽管暴露了他的种种无知，但却表现出他的勇敢，这也是值得称赞的，"同梯也尔先生相比，蒲鲁东的确成了洪水期前的庞然巨物了"②。

由于蒲鲁东对资产阶级及其政府的揭露和抨击，政府很快就封闭了他的《人民代表报》，之后他又创办了《人民报》，然而《人民报》也被封闭了，他再创办了《人民之声报》，后来也被查封。在这一系列报刊中，蒲鲁东的理论影响了相当一部分劳动群众和民主知识分子。从中也可以看到，蒲鲁东是一个没有原则性的人，他的调和主义以及小资产阶级的摇摆性暴露无遗。他既反对左派，又攻击右派。比如，在12月的总统选举中，蒲鲁东强烈反对左派共和党人领袖赖德律·洛兰，在路易·波拿巴当选总统后，他又提出取消波拿巴的总统席位。

1848年8月，当路易·勃朗流亡海外的时候，蒲鲁东试图取代他充当工人的领袖，组织工人协作社。1849年3月，蒲鲁东被控以报刊案件罪，被判处三年监禁。监狱的生活使蒲鲁东的政治态度发生了明显的变化，他说到，"证明"斗争的时期已经过去，讨论的时期来到了。他对政治问题逐渐丧失信心，并且不断妥协，于是他又专心于著书立说，致力于社会改良。在监狱中，他依然上书波拿巴，对波拿巴寄予期望和幻想，向波拿巴推行自己的改良主义计划。这一时期，他主要写了《一个革命者的自白》《十九世纪革命的总观念》。除了这两部著作以外，1850年，蒲鲁东发表多篇论文与巴师夏③进行论战，争论的中心点是关于借贷资本本质和利息合法性的问题，蒲鲁东的观点主要是信用改革才是最有效的改革方式。后来，蒲鲁东写成《无息信贷》一书出版。关于蒲鲁东和巴师夏的论战，马克思曾经评价道："蒲鲁东和巴师夏

---

① 马克思，恩格斯. 马克思恩格斯全集：第6卷[M]. 北京：人民出版社，1961：671.
② 马克思，恩格斯. 马克思恩格斯全集：第16卷[M]. 北京：人民出版社，1964：34.
③ 巴师夏·弗雷德里克（1801—1850），法国庸俗经济学家，职业的资本主义辩护士，鼓吹资产阶级社会中阶级利益的调和。

关于生息资本的论战（1850年）又远不如《贫困的哲学》。他竟弄到甚至让巴师夏击败的地步，而当他的论敌对他施展威力的时候，他就可笑地发出了怪声。"①

1848年前后，马克思对法国社会经济条件进行了详细的分析，《1848年至1850年的法兰西阶级斗争》和《路易·波拿巴的雾月十八日》两部著作在这一时期完成。在《路易·波拿巴的雾月十八日》中，马克思运用历史唯物主义的方法分析了法国革命的发展规律，与蒲鲁东的辩护观点直接对立。蒲鲁东对路易·波拿巴的态度发生变化后，试图支持波拿巴对政变进行妥协，想把政变描述成历史发展的结果，这与他前期的态度大为不同。为此，1852年，蒲鲁东出版了《从十二月二日政变看社会革命》一书，其中更是暴露了蒲鲁东摇摆不定的态度。对此，马克思在1852年7月20日致恩格斯的信中写道："蒲鲁东出版了新的著作，因为论述宗教、国家等已经不可能了，剩下的就只有'个体'了。他的这一发现是对施蒂纳的模仿。"②"他（蒲鲁东——引者著）那本关于'政变'的著作应当认为不仅是一部坏的著作，而且简直是卑鄙，然而是适合小资产阶级观点的卑鄙，他在这里向路易·波拿巴献媚，实际上是竭力把他弄成适合法国工人口味的人物。"③ 所以这本书完全"玷污了蒲鲁东作为社会主义者和革命者的名誉"。与蒲鲁东完全不同，马克思始终站在历史唯物主义的视角，来分析法国阶级斗争的条件和局势，来说明波拿巴这个平庸的人是如何扮演上一个"英雄"的角色的，来说明为何法国革命会沿着"下降"的路线行进。

二、《资本论》写作阶段马克思视野中的蒲鲁东

1848—1849年革命后，马克思被迫侨居伦敦，此后便进入了他自己称作的对政治经济学"重新研究"的时期，他在这段时间进行了广泛而深入的研究，做了大量的摘录、笔记、评注和札记。在1850年8月到1853年年底的三年中，马克思在英国伦敦研读了当时可能发现的重要的经济学文献，写下了

---

① 马克思，恩格斯. 马克思恩格斯全集：第16卷[M]. 北京：人民出版社，1964：35.
② 马克思，恩格斯. 马克思恩格斯全集：第28卷[M]. 北京：人民出版社，1973：89.
③ 马克思，恩格斯. 马克思恩格斯全集：第16卷[M]. 北京：人民出版社，1964：35.

著名的《伦敦笔记》。在这个笔记中，马克思展开了对价值和货币理论的"重新研究"。《伦敦笔记》涉及经济学原理、经济史、经济思想史和经济现实等一系列问题。与《哲学的贫困》相比较，其可以明显看到这一时期马克思思想发展的轨迹。《哲学的贫困》中马克思还以李嘉图的观点来批驳蒲鲁东，但这个时候的马克思对李嘉图的态度则发生了很大的变化，他已经发现李嘉图理论的根本局限性并加以克服。在货币和价值问题上，马克思既肯定了李嘉图理论的贡献，也批驳了李嘉图的货币数量论以及将价值与财富混同起来的局限性。

这一时期，马克思表现出对蒲鲁东的持续关注，他在给恩格斯的信中写道："蒲鲁东现在在巴黎出版一部'经济学的圣经'。我要破坏，我也要建设。如他所说的，第一部分他已在《贫困的哲学》中完成了。现在他要来为第二部分'揭幕'。这部劣作用德文出版了，译者是路德维希·西蒙，此人现在在巴黎，蛮不错地当了克尼格斯瓦特（或者类似的名字，《国民报》派的著名银行家）的代理人。我这里有蒲鲁东的学生的一部新著作：阿尔弗勒德·达里蒙《论银行改革》1856年版。"[1] "蒲鲁东新的经济学著作（皮·约·蒲鲁东《交易所投机者手册》）已经出了七版，我还没有看到。"[2]

马克思写了《1857—1858年经济学手稿》，与以往的一切资产阶级古典政治经济学和庸俗政治经济学划清了界限，手稿主要由《巴师夏和凯里》《导言》和《政治经济学批判（1857—1858年草稿）》三部分组成。在《巴师夏和凯里》中，马克思通过对巴师夏和凯里这两个典型的资产阶级庸俗经济学家产生的社会根源和认识根源的分析，批判了他们所宣扬的阶级调和论。在《导言》中，马克思首次系统阐明了社会生产的经济关系性质，揭示了社会经济运行中生产、分配、交换、消费之间的辩证关系，对资产阶级社会生产关系的内在结构进行了深入剖析，确立了政治经济学的研究对象。在《政治经济学批判（1857—1858年草稿）》中，马克思完成了经济学理论发展中的劳动价值论和剩余价值论两大理论的创立。劳动价值论的创立奠定了马克思主义政治经济学理论大厦的基础；剩余价值论的创立则照亮了经济领域的"盲

---

[1] 马克思，恩格斯. 马克思恩格斯全集：第29卷[M]. 北京：人民出版社，1972：88.
[2] 马克思，恩格斯. 马克思恩格斯全集：第29卷[M]. 北京：人民出版社，1972：105.

区"，使以往一切经济学家和社会主义者无法解答的谜题得到了回答。

达里蒙是蒲鲁东学说的追随者，在《1857—1858年经济学手稿》的开篇，马克思对达里蒙的《论银行改革》展开了批判。奈格认为，马克思的这一批判"暗含着对蒲鲁东的整个论辩，正如我们将要看到的那样，这确实是一个重要的基础"①。在这里，马克思主要继续批判了蒲鲁东的经济范畴理论以及无息信贷理论。马克思说："十八世纪的人们有这种荒诞无稽的看法本是可以理解的，如果不是巴师夏、凯里和蒲鲁东等人又把这种看法郑重其事地引进最新的经济学中来，这一点本来可以完全不提。蒲鲁东等人自然乐于用编造神话的办法，来对一种他不知道历史来源的经济关系的起源做历史哲学的说明，说什么这种观念对亚当或普罗米修斯已经是现成的，后来它就被付诸实行等。再没有比这类想入非非的 locuscommunis（陈词滥调）更加枯燥乏味的了。"② 这里"十八世纪的人们"主要指的是古典政治经济学家斯密和李嘉图等，显然马克思是把蒲鲁东与他们相比较来批判蒲鲁东等人。

马克思指出，蒲鲁东主义当时在工人运动中影响甚大，是工人运动的重要障碍，对工人阶级的解放起着危险的腐蚀作用，所以为了替社会主义扫清道路，首先必须同唯心主义政治经济学最时髦的代表，工人阶级的"假兄弟"蒲鲁东划清界限。大约在1857年1月，马克思读到了蒲鲁东主义者达里蒙当时出版的一部经济学著作。1857年1月10日，马克思在给恩格斯的一封信中写道："我这里有蒲鲁东的学生的一部新著作：阿尔弗勒德·达里蒙《论银行改革》1856年版。老一套，停止流通黄金和白银，或把一切商品像黄金和白银一样都变为交换工具。这部著作由艾米尔·日拉丹写了序言，并且满篇是吹捧伊萨克·贝列拉的话。因此，它使人可以在某种程度上看出，波拿巴在最后一刹那仍然能够求助于一种什么样的'社会主义'政变。"③ 在这里，马克思揭露了蒲鲁东主义者达里蒙想要通过银行改革来克服资本主义制度的"弊端"而保存这个制度本身的意图。

---

① NEGRI A. Marx Beyond Marx：Lessons on the Grundrisse [M]. Bergin &Garvey Publishers，1984：22，25，26.
② 马克思，恩格斯. 马克思恩格斯全集：第12卷 [M]. 北京：人民出版社，1962：734.
③ 马克思，恩格斯. 马克思恩格斯全集：第29卷 [M]. 北京：人民出版社，1972：89.

第三章 马克思与蒲鲁东的思想交往史

由此，马克思对这类"伪科学"进行了详细的批判，并完全驳倒了达里蒙的谬论，1857年10月到1858年5月，马克思写了长篇经济学手稿，命名为《政治经济学批判》，实际上这是《资本论》的第一稿。在这里，马克思第一次详细地探讨了自己的价值理论，并在此基础上研究了剩余价值理论这一"马克思经济理论的基石"。1859年6月，《政治经济学批判》第一分册公开问世，商品和货币理论在这本书中第一次得到了系统且详尽的论述。马克思主要批判了蒲鲁东对货币的错误理解，整个第一卷谈到蒲鲁东的地方共有7处，其中3处集中在第一篇的商品理论中。马克思的价值思想在这里得到了充分的发挥，为建立科学的劳动价值论体系做了充分的理论准备。可以看到，这是继《哲学的贫困》之后，马克思对蒲鲁东经济学的进一步深入彻底的批判，在这部著作的前两章里，他"从根本上打击了目前在法国流行的蒲鲁东社会主义"。客观来说，1859年以前，马克思发表的著作中，有个别论点与1859年之后的论点不仅有所不同，而且有些用语和措辞甚至是不准确和不恰当的。一直到19世纪50年代末，马克思批判政治经济学的工作才算完成，蒲鲁东主义才在根本上被"连根铲除"。马克思在1859年2月1日给恩格斯的信中写道："如果你要写的话，别忘记说：（1）蒲鲁东主义被连根铲除了；（2）通过最简单的形式，即商品形式，阐明了资产阶级生产的特殊社会，而绝不是绝对的性质。"①

"《资本论》是在蒲鲁东关于'政治经济学的错误'的概论发表后不久问世的"，1867年，《资本论》第一卷德文第一版问世，首次科学地论证了社会主义，"1867年终于在汉堡出版了《资本论·政治经济学批判》第一卷。这部著作是一生科学研究的成果。它是工人阶级政治经济学的科学表述。这里所涉及的不是鼓动性的词句，而是严密的科学结论。任何人，不管他对社会主义采取什么态度，都不得不承认，社会主义在这里第一次得到科学的论述，而且正使德国终于有机会也在这方面做出这种贡献"②。随着马克思《资本论》巨著的问世，马克思也从根本上摧毁了蒲鲁东的社会主义理论体系。特别需指出的是，马克思对《资本论》法译本的出版给予了极大重视，因为这

---

① 马克思，恩格斯. 马克思恩格斯全集：第29卷[M]. 北京：人民出版社，1972：445.
② 马克思，恩格斯. 马克思恩格斯全集：第16卷[M]. 北京：人民出版社，1964：411.

对法国人摆脱"蒲鲁东把他们引入的谬误观点"是非常重要的。

1865年1月19日,蒲鲁东逝世。《社会民主党人报》的编辑施韦泽请求马克思对蒲鲁东的一生做一个评价,于是马克思写了《论蒲鲁东》一文。马克思说道:"当蒲鲁东去世的消息传来时,他(施韦泽——引者注)要求我写一篇关于蒲鲁东的文章。我满足了他的愿望,很快就把文章寄了出去,不过我也利用了这个机会,为的是现在在他自己的报纸上来说明,'向现存政权做任何即使是表面上的妥协'都违背'简单的道德感',而蒲鲁东在政变后向路易·波拿巴的献媚是'卑鄙'。"① 在《论蒲鲁东》中,马克思对蒲鲁东的一生进行了全面且客观的评价,这一评价与1847年发表的《哲学的贫困》中的评价是一致的。在长达10年的科学研究中,马克思对劳动价值论研究实现了新的理论突破,建立了科学的劳动价值论体系。这段时期是马克思理论研究最为辉煌的时期,在这段时期,马克思展开了对蒲鲁东理论的系统、全面且深入的批判,这种批判与《论蒲鲁东》一文中的精神实质是一致的。

三、巴黎公社是蒲鲁东社会主义的坟墓

1857年,欧洲发生经济危机,资本家对工人的剥削和压榨有增无减,工人的处境更加艰难。法、德等国的工人阶级,汹涌澎湃地展开了反对资产阶级的斗争,国际工人运动迅速高涨,工人阶级迫切需要组织起来进行共同斗争。在此背景下,1864年,第一个无产阶级的国际组织——第一国际成立。第一国际的成员包括马克思主义者、布朗基主义者、蒲鲁东主义者等。第一国际成立后,马克思起草了两个纲领性文件,那就是《国际工人协会成立宣言》和《国际工人协会共同章程》,从根本上规定了第一国际的性质、任务和组织原则,表明"第一国际"从一开始就是建立在科学社会主义的基础之上的,与一切危害工人运动的机会主义革命组织相区别。恩格斯说道:"国际的历史就是总委员会对那些力图在国际内部巩固起来以抗拒真正工人阶级运动的各个宗派和各种浅薄尝试所进行的不断的斗争。"②

蒲鲁东于1865年1月去世了,但是蒲鲁东主义在法国、意大利、西班牙

---

① 马克思,恩格斯. 马克思恩格斯全集:第16卷 [M]. 北京:人民出版社,1964:97.
② 马克思,恩格斯. 马克思恩格斯全集:第33卷 [M]. 北京:人民出版社,1973:332.

等国广为流传,成为一种带国际性的现象,对西欧的工人运动有很大的影响。在第一国际的巴黎支部中,有不少领导人是蒲鲁东主义者,蒲鲁东的学生继承了他的学说,继续进行活动,以昂利·路易·托伦(1828—1897)等为代表的法国蒲鲁东主义者,他们参加了"国际"创立工作和控制了"国际"巴黎支部的有利条件,想要把蒲鲁东主义强加给"国际"而拒绝执行"国际"的正确路线。因此,在第一国际前期,即1864—1869年这一历史时期,第一国际内部的主要敌人是蒲鲁东主义,蒲鲁东主义成为国际共产主义运动内部的主要危险,反对蒲鲁东主义成为"国际"前期内部路线斗争的主要内容。在第一国际召开的1865年9月的伦敦代表大会、1866年9月的日内瓦代表大会、1867年9月洛桑代表大会、1868年9月布鲁塞尔第三次代表大会、1869年9月巴塞尔第四次代表大会上,分别围绕民族问题、工人阶级是否应该进行政治斗争问题、是否有必要成立工会、所有制问题等,马克思主义与蒲鲁东主义进行了激烈的争论。在马克思主义与蒲鲁东学说的斗争中,很多重大理论问题得到了澄清,蒲鲁东主义的实质也被越来越多的人看清。在第一国际内部,蒲鲁东主义走向破产,认可马克思主义的人越来越多。在工人运动中,马克思主义被越来越多的人所接受,而蒲鲁东主义在国际工人运动中虽然仍有一定的影响,但已大不如前。

1871年3月18日,法国巴黎工人通过武装起义斗争,摧毁了旧的资产阶级国家机器,建立了巴黎公社,第一个无产阶级专政的国家形成。在当时的第一国际巴黎支部中,蒲鲁东主义者还具有比较大的影响力,在巴黎公社领导机构中,蒲鲁东主义者也为数不少。在1871年3月26日公社委员会的选举中,蒲鲁东派及其追随者约占了三分之一(其余三分之二为布朗基派、雅各宾派和无党派以及拥护马克思主义者)。蒲鲁东主义者在公社中属于少数派,其中又分成了左派和右派,右派蒲鲁东主义者的代表有阿尔努、维尔莫列尔、勒弗朗赛等,他们的主要任务在于引导公社实现蒲鲁东的设想。左派蒲鲁东主义者以瓦尔兰和弗兰克尔为首,他们在实际上已经逐渐向马克思主义靠拢,同"真正的"蒲鲁东主义分道扬镳了。蒲鲁东主义者虽然在公社中占少数,但公社的许多重要社会和经济措施都是由他们倡议的,当然公社犯下的不少错误也是由他们主张的,他们其中甚至有人后来成了"绞杀"公社的帮凶。

比如，蒲鲁东派的首脑托伦，他作为巴黎工人的代表在1871年2月被选为国民议会议员，在巴黎公社期间，他公开叛变，跑到凡尔赛帮助阶级敌人绞杀巴黎公社。

巴黎公社最终只存在了72天就被梯也尔政府镇压了。它的失败证明了蒲鲁东主义和布朗基主义是根本站不住脚的。恩格斯说，巴黎公社"是蒲鲁东社会主义学派的坟墓"①，并具体分析了巴黎公社为什么会成为蒲鲁东社会主义学派的坟墓。马克思在《法兰西内战》1891年单行本导言中指出，蒲鲁东学说"在本质上无益而且甚至有害，因为它是束缚工人自由的锁链之一；它是空洞的信条，无用而且累赘，既违反工人的自由，又违反节省劳动的原则；它的缺点比优点发展得更快"②。巴黎公社的伟大实践宣告了蒲鲁东学说的彻底破产。自此之后，蒲鲁东主义者的势力及其在工人运动中的影响也就大大削弱了。

四、恩格斯与蒲鲁东主义者

19世纪70年代，蒲鲁东主义在法国的影响日渐减弱，但是仍有一部分蒲鲁东主义者比较活跃，他们试图在德国推行蒲鲁东主义。1872年，针对当时资本主义社会普遍存在的住宅缺乏问题，蒲鲁东主义的信徒、维尔腾堡医学博士阿·米尔伯格在德国社会民主工党中央机关报《人民国家报》上不断发表文章，提出了使每个工人都能成为自己住房主人的办法，公然宣传蒲鲁东主义。所以，恩格斯展开了对蒲鲁东主义的继续批判。

恩格斯写作了《论住宅问题》等一系列文章③来捍卫马克思主义原则，他彻底批判了米尔伯格之流的蒲鲁东主义者在保留资本主义制度的前提下解决工人住房问题的企图，揭露了他们使现代无产者变成拥有小住宅、小土地的小私有者的反动立场。这些蒲鲁东信徒到处散布，在不改变资本主义制度的条件下，让每一个房客成为住宅的主人。恩格斯指明了蒲鲁东主义的社会

---

① 马克思，恩格斯. 马克思恩格斯全集：第22卷［M］. 北京：人民出版社，1965：226.
② 马克思，恩格斯. 马克思恩格斯全集：第22卷［M］. 北京：人民出版社，1965：225.
③ 指《蒲鲁东怎样解决住宅问题》《资产阶级怎样解决住宅问题》《再论蒲鲁东和住宅问题》。

改良计划的空想性,他说蒲鲁东主义的改良计划,其实质是想理想化地恢复已经灭亡和正在灭亡的小手工业生产制,使现代社会的一切成员都小资产阶级化。"但是蒲鲁东忘记了,要实现这一点,他首先就必须把世界历史的时钟倒拨一百年"①,这就将蒲鲁东主义的反革命实质彻底揭露出来了,恩格斯指出,要想彻底解决包括住宅问题在内的社会问题,必须彻底消灭资本主义制度,实现生产资料的社会化占有。

1887年,恩格斯把这三篇关于住宅问题的文章汇编成《论住宅问题》进行再版,并做了一些补充和修改,写了一篇序言。这不仅是马克思主义的一部光辉著作,还是对蒲鲁东主义的历史总结。恩格斯深刻地批判了一切自命为"实际的"社会主义者们,即资产阶级和小资产阶级改良主义者们所谓的"实践"。他说:"这些消除一切社会祸害的实际建议,这些社会的万应灵丹,无论何时何地都是那些当无产阶级运动还在幼年时出现的宗派创始人制造出来的。蒲鲁东也是其中之一。无产阶级的发展把这些襁褓扔在一边,并在工人阶级本身中培养出一种认识:再没有什么东西比这些预先虚构出来适用于一切场合的'实际解决办法'更不切实际的了,相反地,实际的社会主义是在于对资本主义生产方式各个方面的正确认识。对具有这种认识的工人阶级说来,要在每个具体场合决定应该反对哪些社会机构,以及应该怎样进行自己的主要打击,无论何时都是不会发生困难的。"② 恩格斯对米尔柏格的论战,致命地打击了在德国工人运动中传播蒲鲁东主义的企图,使德国无产阶级受到了一次活生生的马克思主义理论的教育,坚定不移地捍卫了马克思主义理论。

19世纪80年代,蒲鲁东主义只是在激进资产者和小资产阶级中间还有一部分信徒,它已经完全被工人所抛弃了。部分蒲鲁东学说的追随者虽然也自称"社会主义"者,但却遭到了工人的批判和抵制。蒲鲁东主义在理论上已经被彻底驳倒,在实践上被证明彻底行不通。

---

① 马克思,恩格斯.马克思恩格斯全集:第18卷[M].北京:人民出版社,1964:251.
② 马克思,恩格斯.马克思恩格斯全集:第18卷[M].北京:人民出版社,1964:321.

第四章

分析现代贫困的哲学方法论

马克思和蒲鲁东的思想关系复杂且存在根本性的差异,但有一点是二人的共识,那就是二人都承认,要正确地阐述一个重大的时代问题,即现代社会的贫困问题,需要一种严格的科学的分析方法。虽然说,在分析现代贫困的哲学方法论上,蒲鲁东与马克思存在交集,那就是利用黑格尔的辩证法理清社会历史的发展路向,但是对黑格尔的辩证法,二人却有着完全不同的理解。马克思利用科学的哲学方法论回答了蒲鲁东给他自己提出的任务——解决现代贫困问题,不过没有用唯心主义的神秘形式,而是用唯物主义的革命形式。

第一节 对黑格尔辩证法的不同理解

马克思和蒲鲁东都说过自己是黑格尔的学生,借助黑格尔法哲学这一棱镜,二人对现代贫困进行了透视分析,然而他们对黑格尔哲学尤其是辩证法的理解却截然不同。蒲鲁东想要通过"模仿"黑格尔的辩证法来完成形而上学的伟大革命,而马克思则是在对黑格尔辩证法批判、吸收与改造的基础上,形成了自己的唯物辩证法,发现了人类社会的发展规律。当然,马克思与蒲鲁东的分歧不但在于他们对黑格尔辩证法的不同理解,更在于蒲鲁东的全部哲学与马克思的思想存在根本不同。

第四章　分析现代贫困的哲学方法论

一、蒲鲁东对黑格尔辩证法的"模仿"

在蒲鲁东进入黑格尔哲学的神秘之门之前，蒲鲁东对黑格尔哲学并不太熟悉，但有所了解，他曾通过间接的途径接触到了黑格尔哲学，并想在这方面进行深造。在《什么是所有权》中，他有这样一段论述："如果平等是社会的必要条件，共产制就是最初的一种奴隶制。"① 蒲鲁东运用黑格尔哲学来阐释这个逻辑，他将共产制看作正题，将私有制看作反题，二者作用的合题将产生"人类联合的真正形式"，即消灭前两种社会形式弊端的社会形式。由此可见，蒲鲁东对黑格尔哲学的庸俗化应用很早就已经表现出来了。

蒲鲁东于 1844 年 2 月至 4 月、1844 年 9 月至 1845 年 2 月居住在巴黎，1844 年至 1845 年秋冬这段时间，马克思也居住在巴黎，在这里马克思同蒲鲁东初次相识。马克思把蒲鲁东看作法国有名的社会主义者，两人的关系非常密切。源于观点的差异，二人经常展开激烈的争论。由于蒲鲁东是法国人，他不懂德语，对德国哲学的集大成者黑格尔了解得并不多，所以二人在交流的过程中，马克思给蒲鲁东讲述了许多黑格尔哲学，特别是黑格尔的辩证法，将蒲鲁东引进了黑格尔哲学的神秘之门。对二人交往的这段历史，马克思曾在给友人的信中，有过这样一段评价："1844 年，我居住在巴黎的时候，曾经和蒲鲁东有过私人的交往。我在这里提起这件事，是因为我对他的'sophistication'（英国人这样称呼伪造商品的行为）在某种程度上也有一部分责任。在长时间的，往往是整夜的争论中，我使他感染了黑格尔主义，这对他是非常有害的，因为他不懂德文，不能认真地研究黑格尔主义。我被逐出巴黎之后，卡尔·格律恩先生继续了由我开始的事情。他作为德国哲学的教师，还有一个胜过我的地方，就是他自己一点也不懂德国哲学。"②

马克思对二人这段关系的评价包含两层意思：一方面，马克思认为他自己使蒲鲁东对黑格尔主义感兴趣，这里的"黑格尔主义"主要指的是黑格尔的思辨唯心主义外壳，这也正是蒲鲁东所津津乐道的；另一方面，马克思说蒲鲁东并没有认真领悟黑格尔主义中真正有价值的东西，这里的"黑格尔主

---

① 蒲鲁东. 什么是所有权 [M]. 孙署冰，译. 北京：商务印书馆，1963：294.
② 马克思，恩格斯. 马克思恩格斯全集：第 16 卷 [M]. 北京：人民出版社，1964：30.

义"指的是黑格尔哲学中真正有价值的历史辩证法,这也正是蒲鲁东没有吸收的东西。马克思在与蒲鲁东的多次争论中,试图扭转蒲鲁东的错误观念,使他放弃他的小资产阶级立场,接受共产主义,但这并没有得到蒲鲁东的认可。马克思指出,蒲鲁东只是大概了解了黑格尔辩证法的基本公式,并没有真正地理解其中的革命性因素,就"娴熟地"运用黑格尔辩证法的词句,将它随意地到处搬用。所以,马克思才说:"蒲鲁东是天生地倾向于辩证法的,但是他从来也不懂得真正科学的辩证法。"① 这里所说的"科学辩证法",是完成"两个转变"之后的马克思重新"回到"黑格尔哲学所获得的新视域,也就是作为方法论唯物史观核心的真正彻底的历史辩证法。

黑格尔哲学中最重要的就是辩证法,即采用正题、反题、合题的三段式发展公式,这种分析范式主要是针对传统形而上学中"非此即彼"的认知方式而提出来的,正如黑格尔说过的:"在纯粹的光明中就像在纯粹的黑暗中一样,看不清什么东西。"② 黑格尔对现代社会无法解决的贫困问题,也有过描述和评价,他说:"怎样解决贫困,是推动现代社会并使他感到苦恼的一个重要问题。"③ 他将贫困问题看作"现代社会的苦恼",用"贱民"来称呼处于贫困状态的群体。如何解决贫困呢?黑格尔得出的结论是通过国家,因为国家在他看来是高于家庭和市民社会的最高伦理实体。他说,"现代国家的本质在于,普遍物是同特殊性的完全自由和私人福利相结合的,所以家庭和市民社会的利益必须集中于国家";"国家是客观精神",是行进在地上的神;"成为国家成员是单个人的最高义务";"个人本身只有成为国家成员才具有客观性、真理性和伦理性"。④ 然而,黑格尔的这种观点不过是一种抽象的国家崇拜,他只是从"偶然的、自然界的和外部关系中的各种情况"⑤ 中去寻找现代贫困的始源,并在论述绝对理念的运动中推演他的整个唯心主义哲学体系,他并没有找到现代贫困问题产生的社会经济基础。

---

① 马克思,恩格斯. 马克思恩格斯全集:第16卷[M]. 北京:人民出版社,1964:36.
② 黑格尔. 逻辑学:上[M]. 杨一之,译. 北京:商务印书馆,1996:47.
③ 黑格尔. 法哲学原理[M]. 范扬,张企泰,译. 北京:商务印书馆,1961:245.
④ 黑格尔. 法哲学原理[M]. 范扬,张企泰,译. 北京:商务印书馆,1961:261,253-254.
⑤ 黑格尔. 法哲学原理[M]. 范扬,张企泰,译. 北京:商务印书馆,1961:243.

第四章 分析现代贫困的哲学方法论

在方法论上,蒲鲁东自认为是黑格尔的学生,他对黑格尔的辩证法推崇备至,并加以"模仿","乐此不疲"地学习和运用黑格尔辩证法的"皮毛"和"词句",并将它随意地到处搬用。他试图利用其庸俗化了的黑格尔辩证法,超出古典政治经济学和传统哲学的范围,为其阐释贫困问题的理论提供方法论基础。蒲鲁东曾试图通过改造傅立叶的"系列方法"而建立一门综合的社会科学,他自称拥有哲学辩证法,并完成了形而上学的伟大"革命"。在蒲鲁东看来,"确切地说,辩证法就是思想从一个观念前进到另一个观念,通过一种更高级的观念而形成系列"①。

在《论人类秩序的建立》中,蒲鲁东称包含着"新的、有益的、并非德国的形而上学"。他在1843年11月23日给阿尔克曼的信中谈到这本书时写道:"我在第三章中分析了范畴并解决了著名的实在性问题。该书是我的全部著作中最具特色、最新和最基本的,并且是无懈可击的。但愿这一部分将在哲学领域掀起的革命胜于康德的哥白尼式的革命。"② 在蒲鲁东自以为的伟大"革命"中,他将他所谓的"新的形而上学"融入了实证主义的内容。关于实证主义的内容,其创始人孔德认为,"我们的每一种主要观点,每一个知识部门,都先后经过三个不同的理论阶段:神学阶段,又名虚构阶段;形而上学阶段,又名抽象阶段;科学阶段,又名实证阶段"③。这三个不同的理论阶段也可以由个人智力的发展得到证明,他说:"我们每一个人追忆自己的历史时,岂不是记得自己在主要的看法方面,曾经相继地经过三个阶段,在童年时期是神学家,在青年时期是形而上学家,在壮年时期是物理学家吗?"④ 所以,这是一条伟大的根本定律。

根据孔德的"三阶段说",蒲鲁东划分了宗教、哲学和科学三个阶段。他说:"论断意味着按系列分配。不能归入正确系列的判断是错误的判断、诡辩主义。但为了开辟系列的理论,人类的智慧必须经过我们在科学演进过程中

---

① 蒲鲁东. 贫困的哲学:下卷 [M]. 余叔通,王雪华,译. 北京:商务印书馆,2010:629.
② 蒲鲁东通信集:第2卷 [M]. 1860:89.
③ 洪谦. 西方现代资产阶级哲学论著选辑 [M]. 北京:商务印书馆,1964:25.
④ 洪谦. 西方现代资产阶级哲学论著选辑 [M]. 北京:商务印书馆,1964:27.

所看到的三个时期：宗教、哲学和科学时期。"① 在这三个时期，人类"按系列分配"的能力逐步得到完善，也就是说，到了科学时期，人类"按系列分配"的能力将达到最完善的地步。他同时指出，自然界的系列是不同于人类活动中的系列的，"在自然界中，系列有条不紊地发展着。但当人出现并视自己为自然界的主人时，便借助系列的换置而于创造本身的内部进行第二次创造。人工系列的益处是毋庸置疑的……当人工系列否定自然系列之助并想取代其作用时，人工系列就起到举足轻重的作用"②。

蒲鲁东所谓的"系列"，既是一种认识的方法，也是一种存在的原则，由此，他试图建立一种类似于黑格尔辩证法的"系列辩证法"。蒲鲁东认为："首先需要解决的问题是物与物的关系，是经济规律。因为这和事物通常的情况一样，总是观念首先自发地产生了事实，然后，事实又被它所由产生的思想所承认，经过逐步的矫正，最后按照自身的原则固定起来。"③ "事实就是真理，唯一的理由就是他们是事实，是有形的事实。在我看来，事情正好相反，事实绝不是物质的事物，因为我不明白有形这个词在这里面是什么意思，而只知道事实是无形观念的有形表现"④。这里，蒲鲁东表达了对唯物论的否定，于是他指出，现实社会的经济关系应当符合观念中的"系列"，因为"不是原理属于世纪，而是世纪属于原理"，社会的经济关系从来都只是人类理性中经济范畴的体现，整个人类历史的发展也只是"适应观念顺序的"一种发展。也就是说，蒲鲁东是通过思想的运动来建设整个世界的，而这个运动就是把人们头脑中的思想加以排列和组合。所以，当蒲鲁东研究社会经济关系时，他看到的并不是客观存在的经济社会联系，而只是一系列观念形态的范畴，现实存在的社会经济关系只是这些范畴的体现和化身。换言之，蒲鲁东认为意识或理性是第一性的东西，它决定了人类社会的存在。

按照蒲鲁东"系列辩证法"的逻辑，他对社会科学进行了解释，说道：

---

① 蒲鲁东. 论人类秩序的建立 [M]. 1927：170.
② 蒲鲁东. 论人类秩序的建立 [M]. 1927：177.
③ 蒲鲁东. 贫困的哲学：上卷 [M]. 余叔通, 王雪华, 译. 北京：商务印书馆, 2010：118.
④ 蒲鲁东. 贫困的哲学：上卷 [M]. 余叔通, 王雪华, 译. 北京：商务印书馆, 2010：166.

"这门科学的对象包括的不仅是某一个时期的人类秩序,也不仅是其中的某一些因素,而是社会存在的一切原则和全部希望,就好像一切时期和一切地点的社会进化一下子就集中在一起,固定在一个完整的画面上,从而使各个时代的联系和各种现象的次序一目了然,我们可以从中找出它的系列关系和统一性。"①蒲鲁东批评了资产阶级政治经济学的忽视社会贫困的二律背反,声称他的系列辩证法是能够综合三段论、归纳法和二律背反的规律。他分析道:"社会(社会天才)假定一个原始的事实,提出一个假设……一个真正的二律背反,它的对抗性结果在社会经济中展开来就像它的后果会在精神上被推论出来一样,所以工业运动随着观念的演绎而分成两股洪流,一股是产生有益结果的洪流,另一股是产生有害结果的洪流,两者都是必要的,都是同一个规律的合理产物。为了协调地构成这个两重性的原则和解决这个二律背反,社会便创造出第二个二律背反,随后很快又创造了第三个二律背反;社会天才一直都是这样前进的,直到解决了自己的全部矛盾为止(我假定人类的矛盾是有止境的,尽管这点还没有得到证实),然后再跳回原来的各个出发点,按照一项统一的公式解决自己所面临的一切问题。"②蒲鲁东的观点就是,把事物"有益的方面"和"有害的方面"并设之后,消灭有害的方面,保存有益的方面,这样一种似是而非的辩证法,通过矫正不符合系列秩序的阶段,使现实符合观念,这样便可解决社会的各种矛盾和问题。故而,依据蒲鲁东的意见,财富和贫困的同现也是资本主义社会的必然结果,二者之间存在内在的联系,是"同一个规律的合理产物","蒲鲁东也承认贫穷和财产这两个事实之间存在着内在的联系,并且正是由于这种内在联系的存在,他才要求废除财产,以便消灭贫困"③。

如法炮制,在研究经济学时,蒲鲁东将他的"系列辩证法"用于对资本主义政治经济学的分析,用正、反、合这一套黑格尔式的辩证法逻辑来分析政治经济学的范畴,用这套逻辑使经济范畴自身发展。由此,蒲鲁东便说他

---

① 蒲鲁东. 贫困的哲学:上卷 [M]. 余叔通,王雪华,译. 北京:商务印书馆,2010:53-54.
② 蒲鲁东. 贫困的哲学:上卷 [M]. 余叔通,王雪华,译. 北京:商务印书馆,2010:166.
③ 马克思,恩格斯. 马克思恩格斯全集:第2卷 [M]. 北京:人民出版社,1957:42.

发现了经济范畴演进的顺序和系列，这样他的"经济矛盾体系"也就建立了起来。他在致友人阿凯尔的信中说道："系列定律是冥冥中支配着一切科学的一个绝对方法……由于这个方法，那些尚未建立的东西，如政治经济学，就能建立起来。"①

二、马克思对黑格尔辩证法的吸收与改造

马克思和蒲鲁东的差异不仅仅表现在观点上，还表现在他们对待黑格尔辩证法的态度上。马克思指出，"蒲鲁东从法国人的观点出发，寻求实际上和黑格尔所提出的辩证法相似的辩证法。因此，同黑格尔的密切关系在这里是实在的，而不是幻想的类似。所以，对已经批评过黑格尔辩证法的人来说，要批评蒲鲁东的辩证法是不难的"②。马克思肯定了蒲鲁东进步的一面，说他"提出问题并且自愿为人类最大幸福而解决这些问题"而做出努力。蒲鲁东庸俗化了黑格尔的辩证法，并将其降低到了"极可怜的程度"，因为他的整个哲学逻辑是建立在唯心主义和形而上学的基础之上的，他把黑格尔辩证法从辩证法倒退到形而上学，并且用所谓的天命论来"补充"辩证法。

与蒲鲁东不一样，马克思对黑格尔的辩证法并不是机械地照搬和模仿，也不是简单地把黑格尔哲学投足倒置过来，而是对黑格尔辩证法进行科学的吸收、批判与改造，进而在唯物主义的基础上建立了真正科学的辩证法体系。雅克·敦德在《黑格尔和黑格尔主义》一书中指出："黑格尔身后的荣耀很大程度上得归功于马克思，而马克思从未否认自己得益于黑格尔，如果说黑格尔给了马克思十分大的好处，那么马克思现在给了黑格尔百倍的报答。"③

（一）马克思辩证法与黑格尔辩证法的关系

黑格尔是研究德国古典哲学不可绕过的重要人物，作为一位"百科全书式"的哲学家，受到马克思和恩格斯的极大尊敬和重视。黑格尔的最大成就，就在于他将世界看作过程的集合体，而不是既成事物的集合体，他"第一

---

① 卢森贝. 政治经济学说史：第3卷［M］. 北京：生活·读书·新知三联书店，1960：234.
② 马克思，恩格斯. 马克思恩格斯全集：第3卷［M］. 北京：人民出版社，1960：627.
③ 雅克·敦德. 黑格尔和黑格尔主义［M］. 栾栋，译. 北京：商务印书馆，1995：61.

次……把整个自然的、历史的和精神的世界描写为一个过程,即把它描写为处在不断的运动、变化、转变和发展中,并企图揭示这种运动和发展的内在联系……至于黑格尔没有解决这个任务,在这里是无关紧要的。他的划时代的功绩是在于提出了这个任务"①。在马克思主义出现之前,黑格尔第一个全面系统地叙述了辩证法,黑格尔的辩证法可以说是最全面、最丰富、最深刻的发展学说。

对黑格尔哲学尤其是其辩证法,马克思总体上持肯定的态度,在人们把黑格尔当成"死狗"看待时,马克思仍然宣称黑格尔是他的老师。在对马克思的辩证法进行思想溯源时,必然追溯到黑格尔的辩证法,马克思的辩证法与黑格尔的辩证法却绝不是等同的。不少资产阶级、修正主义者在谈论马克思的辩证法的时候,硬是把二人的辩证法混淆和等同起来,企图抹杀马克思辩证法的革命性和进步性。例如,英国新实证主义者罗素说,"辩证法是马克思原样从黑格尔那里拿来的","马克思的解释完全用了黑格尔的方法"②。奥地利新实证主义者波普尔说,"他〔指马克思〕很不幸,由于在黑格尔的熏陶下成长起来,终未逃脱其恶劣影响","马克思的辩证法和黑格尔的辩证法一样,是一种颇为危险的糊涂"③。美国实用主义者胡克说,"马克思的哲学方法就是黑格尔的方法","由于它们〔指马克思主义和黑格尔主义〕用同一武器彼此战斗,因此,它们具有相同的方法"④。匈牙利的卢卡奇把黑格尔的一切东西都美化了,他说黑格尔是历史唯物主义与辩证法的先驱者,在马克思的《资本论》中,"有一整列具有核心的重要性的以及经常使用的范畴,是直

---

① 马克思,恩格斯.马克思恩格斯全集:第20卷[M].北京:人民出版社,1971:26-27.
② 参见伯特兰·罗素.西方的智慧[M].亚北,译.北京:中央编译出版社,2007.转引自:徐崇温.保卫唯物辩证法[M].北京:人民出版社,1980:75-77.
③ 参见波普尔.开放的社会及敌人[M].北京:中国社会科学出版社,1999.转引自:徐崇温.保卫唯物辩证法[M].北京:人民出版社,1980:75-77.
④ 参见于永成.市民社会批判与人的自由:从黑格尔到马克思[M].北京:中国社会科学出版社,1987.转引自:徐崇温.保卫唯物辩证法[M].北京:人民出版社,1980:75-77.

接地从黑格尔的《逻辑学》中生发出来的"①。

对这种误解和谬论,我们必须进行澄清。从根本上来说,马克思的辩证法与黑格尔的辩证法代表着两种完全不同的世界观,而且存在着原则性的对立。从立场上来看,黑格尔的辩证法是资产阶级的世界观,马克思的辩证法是无产阶级的世界观。因此,有人企图将二人的辩证法混淆和等同起来,显然是没有事实根据的,其结果也必然是徒劳的。列宁抨击道:"这又是老一套非难马克思主义是黑格尔辩证法,这种非难看来已被马克思的资产阶级批评家用滥了,这帮先生不能从实质上对这个学说提出任何反驳,就拼命抓住马克思的表达方式,攻击这个理论的起源,想以此动摇这个理论的根基。"② 马克思自己也明确说过:"我的辩证方法,从根本上来说,不仅和黑格尔的辩证方法不同,而且和它截然相反。在黑格尔看来,思维过程,即甚至被他在观念这一名称下转化为独立主体的思维过程,是现实事物的造物主,而现实事物只是思维过程的外部表现。我的看法则相反,观念的东西不外是移入人的头脑并在人的头脑中改造过的物质的东西而已。"③ 因为和所谓的"马克思从黑格尔那里原样拿来辩证法"的说法完全相反,马克思从一开始就揭露了黑格尔是在唯心主义的基础上表述其辩证法的。马克思剥掉了黑格尔辩证法的神秘形式和唯心主义外壳,把它改造成关于自然和社会的唯物主义哲学,从而形成了马克思主义的唯物辩证法,这种辩证法才是人类社会真实历史的辩证法。

(二)唯物主义和辩证法的统一

马克思全部哲学的基础和出发点就是辩证法,这是马克思阐述现代贫困问题的哲学方法论。与黑格尔的唯心主义辩证法和蒲鲁东的蹩脚"系列辩证法"不同,马克思的辩证法是唯物主义的辩证法,在马克思的哲学语境下,唯物主义和辩证法,水乳交融、血肉相连。唯物辩证法主要有以下几个特征。

第一,辩证法的唯物性。马克思主义辩证法的本质是批判的和革命的,

---

① 参见卢卡奇. 历史与阶级意识:马克思主义辩证法研究 [M]. 北京:华夏出版社,1989. 转引自:徐崇温. 保卫唯物辩证法 [M]. 北京:人民出版社,1980:75—77.
② 列宁. 列宁全集:第1卷 [M]. 北京:人民出版社,2013:135.
③ 马克思,恩格斯. 马克思恩格斯全集:第23卷 [M]. 北京:人民出版社,1972:24.

<<< 第四章　分析现代贫困的哲学方法论

它的特征首先表现为唯物性，而其唯物性在于，承认物质是第一性的，意识是第二性的，理论与实践相统一。蒲鲁东站在唯心主义的狭隘立场上理解黑格尔的辩证法，他抛掉了黑格尔辩证法中的合理性因素，而将其唯心主义和形而上学的外壳拿了去，并用他所谓的"天命论"来加以粉饰，"实际上他触及的并不是事物，仅仅是那些表达事物的术语，这说明他对修辞学要比逻辑学有才能得多"①。所以，蒲鲁东的缺陷不是在于他不能谈论辩证法，而在于他不能以实践的唯物论去讲辩证法。事实上，蒲鲁东也讲联系和发展，但与马克思根本不同的是，他讲的是观念、范畴内部的联系与发展，讲的是逻辑范畴和思想的自我运动，而马克思讲的是物质世界自身的联系与发展，讲的是人类生产活动的实践。"问题不在于各种经济关系在不同社会形式的相继更替的序列中在历史上占有什么地位，更不在于它们在'观念上'（蒲鲁东）（在历史运动的一个模糊表象中）的次序，而在于它们在现代资产阶级社会内部的结构"②。因此，马克思的辩证法与蒲鲁东的"辩证法"首先就在唯物主义和唯心主义的意义上体现出区别来，这进而也导致两种"辩证法"具有完全不同的内容与结构。马克思认为，唯物辩证法贯穿整个自然、社会和人类思维发展的始终，历史的生成与发展必须从物质生产和人民群众的作用中去理解和把握，用人类历史活动本身的内容来说明历史的发展，这才是既唯物且辩证的。马克思主义哲学的唯物性和辩证性是一整块钢，二者缺一不可。由此，马克思主义唯物辩证法与一切旧唯物主义和形而上学从根本上区别开来。

第二，辩证法的运动论。黑格尔的辩证法认为，世界是过程的集合体而不是既成事物的集合体，一切事物都处在生成、发展和灭亡的运动过程中，这个伟大思想是黑格尔的发明，然而口头上承认这个思想是一回事，在现实生活中正确运用这个思想又是另一回事。马克思继承和发展了黑格尔的辩证法，提出了辩证法的运动论。马克思指出，世界是物质的世界，这是绝对的，但是物质不是一种静态的自然存在，"一切存在物，一切生活在地上和水中的东西，只是由于某种运动才得以存在、生活。例如，历史的运动创造了社会

---

① 马克思，恩格斯. 马克思恩格斯全集：第4卷 [M]. 北京：人民出版社，1958：83.
② 马克思，恩格斯. 马克思恩格斯全集：第12卷 [M]. 北京：人民出版社，1962：758.

关系，工业的运动给我们提供了工业产品，等等"①。运动是一切事物的内在属性，一切范畴概念的运动，归根结底是由客观事物的运动所决定的。物质之所以离不开运动，就在于一切物质只有在运动中才能存在。如果没有宇宙太空中各种物质的运动、转化，就不会有宇宙中的各种天体，就没有地球上各种物质的演化，则不会出现生命有机体。生命有机体一旦停止了新陈代谢，其生命也就结束了。整个人类历史也是运动变化的，社会历史若没有人类的生产活动和其他社会活动，也就不会有社会的存在和发展，由此也决定了反映人类历史运动变化的概念和范畴也不是永恒不变的。这也就是说，应以运动论的视角来看待社会形态的演变以及现代贫困的发展。

第三，辩证法的价值观。黑格尔的"纯理性运动"是怎么回事呢？就是"自我肯定、自我否定和否定自我否定"的发展逻辑，蒲鲁东则简单地把辩证运动归结为善或恶、好或坏，然后去恶存善、去好存坏。他到处谈论"辩证运动"，谈论"矛盾"，但是他的"辩证运动"不过是机械地将事物分成正反两个方面罢了。在蒲鲁东的"范畴辩证法"运动中，他力图用一个范畴引出另一个范畴，在思想上构筑一个范畴的体系。蒲鲁东是这样说明各个经济范畴之间的联系的，他把前者看作后者的"消毒剂"，用范畴来排除范畴的缺陷，用范畴来克服范畴的弊端，蒲鲁东的"经济矛盾体系"就是这样建立起来的。马克思指出，消除其坏的方面也就等于同时消除范畴本身，那种将消除弊端就看作解决问题的做法，不过是"切断了辩证运动"。马克思指出，"两个相互矛盾方面的共存、斗争以及融合成一个新范畴，就是辩证运动的实质"②。矛盾的各方面既具有"统一性"也具有"斗争性"，二者在一定时期内的平衡，构成了矛盾的一种质态，这种平衡的破坏则使矛盾进入了一种质变态，从而这样或那样地产生出新的范畴。如果范畴所表现出的只是某一方面，其自身并不包含矛盾，那么它就失去任何的运动能力了。事物的内在矛盾及由此发生的辩证的否定，才是辩证法的"内在的生命"③和辩证运动的实质，所以蒲鲁东跟黑格尔比起来总是毫无收获。

---

① 马克思，恩格斯. 马克思恩格斯全集：第4卷 [M]. 北京：人民出版社，1958：141.
② 马克思，恩格斯. 马克思恩格斯选集：第1卷 [M]. 北京：人民出版社，1995：111.
③ 马克思，恩格斯. 马克思恩格斯全集：第4卷 [M]. 北京：人民出版社，1958：147.

第四，辩证法的历史性。黑格尔的辩证法也是历史的，由于他颠倒了现实与观念的关系，他将历史的逻辑淹没在了逻辑的历史之中。蒲鲁东这个拙劣的模仿者，甚至连逻辑的历史也给取消了，变成了唯心主义的形而上学，将一切观念范畴"固定化""永恒化"，否认一切事物都必然会灭亡。唯物辩证法认为，历史从什么地方开始，思路也应从什么地方开始。一切观念和范畴是历史性的观念和范畴，是社会经济关系和阶级关系的产物，它既不是历史本身，也不是历史的决定者，不能规定历史的方向和道路。任何非历史、超历史的范畴或观念都是不存在的，"除了永恒变化着的、永恒运动着的物质及其运动和变化的规律以外，再没有什么永恒的东西了"[1]。对任何一个社会形态的分析，不论是封建社会还是资本主义社会，人们都应当把这个社会形态当作人类历史发展中的一个阶段来考察，考察其产生、发展和灭亡的规律。考察作为资本主义独特表现的现代贫困，也应当考察其产生、发展和灭亡的规律。在此意义上，"马克思的以历史为内容的辩证法，既构成了辩证法的唯物史观，又构成了唯物史观的辩证法；既终结了超历史的形而上学，又终结了资本主义的非历史性的神话"[2]。由此，论证资本主义私有制的非历史性和超历史性的古典经济学和古典哲学所谓的"历史终结论"也就走向了破产。

第二节 对现代贫困的哲学阐释

有什么样的世界观就有什么样的方法论，有什么样的方法论就反映了什么样的世界观，不同的社会历史观和方法论决定了蒲鲁东与马克思对待资本主义贫困的不同思维方式和思维逻辑。对待现代贫困问题，包括对什么是贫困、贫困产生的始源、贫困的演变规律以及如何有效消除贫困等问题，马克思和蒲鲁东进行了不同的哲学阐释。

---

[1] 马克思，恩格斯. 马克思恩格斯选集：第3卷 [M]. 北京：人民出版社，2012：864.
[2] 孙正聿. 作为历史唯物主义的辩证法或作为辩证法的历史唯物主义 [EB/OL]. 反思与奠基，2008-12-06.

一、蒲鲁东对现代贫困的哲学分析

"不管你是衣衫褴褛的穷汉还是服饰华丽的富翁,我都要让你恢复到那种不为富贵烟尘所沾染,也不被来自贫困的嫉妒意识所毒害的光彩夺目的赤裸状态中去。富贵者哪里会相信贫富生活的差别是来自某种计算上的错误;行乞者又怎么能设想私有主是出于善意而占有财产呢?过问劳动者的疾苦,对有闲者说来是最乏味的消遣。同样,承认幸福者的权利,对穷苦人说来则是苦酒一杯"①。"实际上,既然贫困的直接原因是收入太少,那么需要弄清楚除了天灾和恶意行为之外,究竟是什么原因使工人的收入太少。归根结底,这还是一个世纪以前'闹得满城风雨'的那个老问题,即财富分配不均的问题;只是由于某种奇怪的命运,这个问题才又不断地出现在科学会议的议事日程上,似乎成了现代社会一切问题的症结所在"②。

不可否认,社会经济关系中的贫困现象进入了蒲鲁东的研究视野中,他也力图去分析并想要去改变这种困境。由于其哲学历史观上的唯心主义和方法论上的形而上学,他对现代贫困的阐释仍然停留在理性层面,把现代贫困的始源则归因于偶然的、自然的和外部的因素,而不是在社会经济矛盾和人与人之间的关系中寻找答案,也就是说,他进行的仍然是非物质世界的实践批判。

(一)贫困生成的理性演绎

在给一位友人的信中,蒲鲁东阐释了他的研究方法:"第一次在哲学上采用了一种真实的方法并且用一种适当的分析法真实地说明了用直觉或摸索所永远找不到的真理,因为直觉和摸索是什么也不能证明的。总之,在这一切之中,我一点也没有把属于我的东西放进去;我寻觅,并且为了寻觅得更好,我给我自己造成了一个工具,给我自己制造了一个向导,在我将深入它里面去的迷宫的门上,我系上了一根线。然后,我绝不争论,我对谁也不加驳斥,

---

① 蒲鲁东. 贫困的哲学:上卷 [M]. 余叔通,王雪华,译. 北京:商务印书馆,2010:41.
② 蒲鲁东. 贫困的哲学:上卷 [M]. 余叔通,王雪华,译. 北京:商务印书馆,2010:32.

我认可一切的见解，我但求找到这些见解中所含有的东西。而在所有这些见解中所必然都含有的东西，对我来说，就是一个真实的原理、一个定理；我就在一个生理上的或者自然界的事实中去确定地找出这个原理的理由，然后我就从这个原理出发，以我起先曾经为了确定那个原理而从事归纳时的同样严格精神，从事推理来进行我的科学研究。"①

　　黑格尔主张绝对理性，在他看来，理性是一种自在又自为的力量，是审判一切的法庭，是统治一切的力量。现实与理性是什么关系呢？黑格尔在观念的世界中，以一个无人身的理性的自我运动来消化现实，将现实作为理性运动中的一个环节吸收到了自身之中，从而实现理性与现实的和解。也就是说，他既把现实的"人"及其"精神"抽象化为"无人身的理性"，又把人的现实活动抽象化为"无人身的理性"的自我运动。蒲鲁东将黑格尔的唯心主义提取出来，站在黑格尔理性主义的立场上，对黑格尔哲学做了庸俗化的使用。他得出结论：整个人类社会的历史不是客观经济关系发展的历史，而是理性发展的历史，"无人身的理性"是推动社会经济向前发展的根本动力，现代贫困则是逻辑范畴各个环节的理性演绎。在蒲鲁东看来，历史体现为"观念顺序的历史"，要想研究社会经济制度的演进历史，就只需要把观念和范畴排一下次序就可以了。就这样，蒲鲁东非常高兴地宣称他发现了经济理论的顺序和系列。事实上，他只是把已有的经济原理、经济范畴用他的形而上学逻辑编了一下次序，就声称他已经说清楚了所有原理范畴和现实关系的来龙去脉，于是历史就这样被蒲鲁东用范畴顺序的"脚手架"虚构出来了。

　　具体来看，历史在他眼里仅仅是人的理性中观念、范畴和原理的逻辑演进，他说："创造历史的，正是抽象、范畴，而不是人。"② 蒲鲁东将社会看成一种先验的主体，用一种复杂的不被人们所理解的语言来论述经济范畴。他剥去了人的社会历史的主体地位，"蒲鲁东先生用自己头脑中奇妙的运动，代替了由于人们既得的生产力和他们的不再与此种生产力相适应的社会关系相互冲突而产生的伟大历史运动，代替了一个民族内各个阶级间以及各个民族彼此间准备着的可怕的战争，代替了唯一能解决这种冲突的群众的实践和

---

① 蒲鲁东. 什么是所有权［M］. 孙署冰，译. 北京：商务印书馆，1963：5.
② 马克思，恩格斯. 马克思恩格斯全集：第27卷［M］. 北京：人民出版社，1972：484.

暴力的行动，代替了这一广阔的、持久的和复杂的运动。总之，历史是由学者，即由有本事从上帝那里窃取隐秘思想的人们创造的。平凡的人只需应用他们所泄露的天机"①。马克思指出，究其本质而言，现实经济关系中生产力和生产关系的矛盾运动，被蒲鲁东用头脑中的观念运动替代了，在蒲鲁东那里，历史是"由有本事从上帝那里窃取隐秘思想的人们创造的"。蒲鲁东提到了"社会天才"，指出整个历史就是按照"社会天才"的旨意展开的，他甚至将自己看作"社会天才"，意即历史发展的主体，而人民群众则被视为理性发展和实现自己的手段和工具，人民群众的活动则被看成按照"社会天才"的旨意来展开的。

所以，现代贫困就变成逻辑范畴各个环节的理性演绎。在蒲鲁东构建的"经济矛盾体系"中，分工是第一个环节，"分工既是经济进化的第一个阶段，也是智能发展的第一个阶段。无论对人或对物，我们都应该从这个阶段开始研究，而我们论述的顺序并不是随心所欲任意决定的"②。分工好的一面在于它使人与人之间地位和能力的平等得以实现，坏的方面在于它使一部分无法参与分工环节的人陷于贫穷。在这里，"为了从分工中推论出贫困，蒲鲁东先生假设了现代工厂，接着他又假设由分工产生的贫困，以便得出工厂并且可以把工厂看作这种贫困的辩证的否定"③。为了解决分工的矛盾，蒲鲁东说，对分工的两个方面加以综合，消除坏的方面，保留好的方面，形成一个新的经济范畴即机器。机器好的方面在于它"把若干项操作合并起来，简化传动系统，压缩劳动量和降低成本"，提高了生产效率，减轻了劳动者的工作强度，促进了公众福利的提高；坏的方面在于它减少了生产过程中对劳动力的需求，造成了对工人的排挤和工人失业，失业的人群又陷入了贫穷。于是又产生了竞争这一经济范畴，竞争从它的起源来看是对"公平的鼓励"，但是就其结果来看却又是不公平的，接着又产生了垄断，垄断既是创造财富的必要条件，又是制造贫困的主要原因，是盗窃和贫穷的原则。于是，蒲鲁东提出

---

① 马克思，恩格斯. 马克思恩格斯全集：第 27 卷 [M]. 北京：人民出版社，1972：486.
② 蒲鲁东. 贫困的哲学：上卷 [M]. 余叔通，王雪华，译. 北京：商务印书馆，2010：128.
③ 马克思，恩格斯. 马克思恩格斯全集：第 4 卷 [M]. 北京：人民出版社，1958：163.

以国家和税收来规避垄断的坏处,他又提到了"社会天才",蒲鲁东写道:"他步伐坚定,不后悔也不踌躇;走到垄断的拐角,他用忧郁的目光回头一望,经过深思熟虑之后,便对一切生产品课以赋税,并建立起一套行政机构,以便把全部职务交给无产阶级并由垄断者付给报酬。"① 然而,这样又会造成经济的倒退,破坏自由,最终会导致社会的瓦解。之后是贸易平衡、信贷、私有、共产主义、人口,以此类推……然而,在资本主义生产条件下,这些范畴均不能解决贫困问题。

最后,为了自圆其说,蒲鲁东试图找到"两个永恒思想的合题","把它从太古以来所寄居的神的怀抱中拉出来"。蒲鲁东是抛开现实的生产关系来说明历史的发展的,也就是说,社会的历史在他这里变成了永恒不变的观念的显现的历史。所以,蒲鲁东不得不求助超个人的理性——神,把社会历史等同于"精神的凯旋",并号召劳动者去完成它的理想,走进"新的耶路撒冷"。可见,在蒲鲁东眼里,"一切都在理性的纯粹以太中进行",社会贫困也不过是永恒不变的观念显现的产物。当他研究资本主义的贫困问题时,他只是看到了这种现象本身,对贫困问题的阐释也始终停留在理性层面,而不是去进行物质世界的实践批判。

(二)无产者贫困的天命论

从蒲鲁东的个人经历来看,在自由自在的生活中,他理所当然地不会去思考财富不平等的起源和信仰的奥秘。蒲鲁东说:"尽管我受过洗礼,我不知不觉地奉行的却是一种泛神论。泛神论是孩子和野蛮人的宗教;这是受年龄、教育、语言所限制,过着感性生活,尚未达到抽象和理性的那些人的哲学;在我看来,应该把达到抽象和理性的时间推得越迟越好。"② 他在童年时期,就坚信上帝的存在,在他看来,上帝创造万物,无非就是把理性的各种永恒规律外化为现实。从人类对上帝的观念的演变情况来看,上帝就是集体思想信念的一种表现。一个刚出生的婴儿是没有上帝这个概念的,可是当"集体思维"告诉他上帝的概念,他便能"如获至宝"地抓住。所以,一个人除非

---

① 马克思,恩格斯. 马克思恩格斯全集:第4卷[M]. 北京:人民出版社,1958:179.
② 中共中央马克思恩格斯列宁斯大林著作编译局. 马列著作编译资料:第9辑[M]. 北京:人民出版社,1980:45-46.

与世隔绝或离群索居，否则上帝就是"一个纯粹的永恒不变的实体"。

"有人会说：只是假定上帝存在，就等于否定上帝；为什么不肯定上帝存在呢？"

"如果信仰神明竟成了一种可疑之见，如果对上帝的存在稍有怀疑就被当成意志薄弱的标志，如果在一切哲学乌托邦中这是唯一令人最难接受的乌托邦，这难道是我的过错吗？如果伪善与愚蠢到处都以这个神圣的标记作为掩护，这难道也是我的过错吗？"

"假使一位学者设想宇宙间存在着一种不可知的力量在牵引着群星和原子，推动着整个宇宙的运转，那么这个毫无根据的设想，不但学者本人认为完全理所当然，而且还受到人们的欢迎和鼓励。因为万有引力这个证据，尽管是人们永远无法证实的假设，它却使发明人名传遐迩。可是，当我为了阐明人间事物的进程，而以我所能想象到的最严谨的态度假定存在一位上帝在干预人世时，那我敢断言，这一定会冒犯科学的尊严，并且触怒不信上帝的人；原因是我们的虔诚业已使上帝的信誉完全扫地，而且形形色色的江湖骗子利用这一推理或虚拟所进行的招摇撞骗已到了不可思议的程度。我一见到当今的有神论者，渎神的话就到了嘴边；可是一想到布里登称之为上帝最真诚的友人的人民对上帝的崇敬，便又为我那险些脱口而出的否定上帝的话而战栗自惭。在这两种情感的折磨下，我只好诉诸理性。正是这个理性指引我在各种武断的对立之中得出了现在这个假设。既然原先那种认为上帝一定存在的先验之见迄今并未帮助我们解决疑难，那么，这个假设将把我们引向何方，又有谁能预料呢？……"①

因此，蒲鲁东也直言不讳，上帝是它论证社会变革秘密的一个不可或缺的工具，"我要说明一下，当我摆脱一切人世的思虑，在我心里默默探索着种种社会变革的秘密时，上帝这一伟大的不可知者是怎样变成我的一个前提的，我的意思是说，怎样变成我的一种不可缺少的论证工具的"②。蒲鲁东曾说过，他是"试图以同一个社会的名义对问题做出答复的预言家之一"，他肩负

---

① 蒲鲁东. 贫困的哲学：上卷 [M]. 余叔通，王雪华，译. 北京：商务印书馆，2010：1-2.
② 蒲鲁东. 贫困的哲学：上卷 [M]. 余叔通，王雪华，译. 北京：商务印书馆，2010：2.

着上帝赋予他的艰巨使命，他将自由地根据他所学过的"占卜术"的规则，"去探索神的旨意"。

于是，蒲鲁东打着上帝的旗号，高谈一种与上帝等质的"普遍理性"，他指出，古人称谓的上帝，用现代语言来表述就是"普遍理性"。他将神学的假设作为他进行研究的前提，想要通过"科学理性"来确证神性，他想借助上帝意志这一概念引出一条神学化的发展逻辑。"无论我们是把上帝看作一种从上天支配社会运动的外在力量（这种意见当然全无依据，而且可能只是一种错觉），或者是把它看作一种等同于非人格化和下意识的理性的社会内在力量；是把它看成一种推动文明发展的本能（尽管非人格化和下意识是和智慧概念不相容的），或者是认为社会所发生的一切都源于它的各种因素之间的关系……结论总是一样的，就是社会能动性的各种表现在我们看来都必然是上帝意志的体现，或者是一般的和非人格化的理性的一种典型的语言，或者是必然性所竖立的路标"①。他声称，"理性的第一个判断以及一切正在寻求认可和依据的政治制度所必需的前提，就是必然有一位上帝存在；这意思就是说，人们是依靠启示、预谋和智慧来消除社会的。这个排除了偶然因素的判断就是为社会科学奠定可能性的东西；而一切对社会事实进行历史的与实证的研究工作，既然目的都是求得社会的改善和进步，当然就应该和人民一道假定上帝的存在，然后再对这个判断做出自己的解释"②。所以，整个人类社会的历史就是证明上帝概念的过程，在上帝意志的指引下，人类慢慢了解自身，逐渐感知命运。

在蒲鲁东看来，以往一切包括博胥埃、维柯、黑格尔在内的历史科学的研究者，他们为研究所做的努力也只是证明了天命的存在。社会历史的发展不过是天意的体现，它应该遵循理性的自我进化与发展。站在神学的立场上，他认为"上帝的假说"的存在是必要的，人类的灵魂和无限之间存在着神秘

---

① 蒲鲁东. 贫困的哲学：上卷 [M]. 余叔通，王雪华，译. 北京：商务印书馆，2010：27-28.
② 蒲鲁东. 贫困的哲学：上卷 [M]. 余叔通，王雪华，译. 北京：商务印书馆，2010：26-27.

的关系，整个自然界通过人类灵魂和无限也存在着神秘的关系①，由此便可以理解历史的天命本质。他继续说道："我们已经到达这样一个听天由命的时代，在这个时代里，社会既鄙视过去，又担心未来；它有时狂热地拥抱现在，任凭几个遁世的思想家去搜索枯肠，构思新的宗教，有时又从它享乐的深渊中向上帝呼喊，恳求得到一点儿获救的征兆，或者像在蒙难者的内心深处那样在各种变迁的景象中摸索自己命运的秘密。"②

为什么蒲鲁东的理论一定要有一个上帝的假设呢？蒲鲁东自己说，他之所以需要上帝存在的假设，不仅是为了"使历史有意义"，而且是为了使"以科学名义进行的国内改革合法化"；不仅是为了证明"文明与自然之间的联系"，还是为了"向许多因为我不赞同其主张而有可能向我报复的学派证明我的善意"；不仅是为了为他的文体做辩护，也是为了解释他"为什么要出版这些新的回忆录"。通俗一点来说，这是因为，对现代社会一切问题的症结，即贫困根源问题的回答，以往的一切资产阶级实证主义者都没有给出科学的解读和回答，所以蒲鲁东声称要用他自己的逻辑来解释历史过程背后的"原因"和"意义"，来回答贫困这样一个"闹得满城风雨的老问题"。蒲鲁东看到了，在资本主义制度下，似乎"一切事情都是由人民所做的，一切事情都是反对人民的"。那该怎么办呢？蒲鲁东说，"为了战胜必然性，还是需要必然性"，"跪在上帝面前祈祷"。可见，蒲鲁东为回答现代贫困问题确实努力了，但是他不理解社会经济发展的客观历史性内容，无法把握资本主义生产关系的本质，因而他不能从现实中寻找出导致贫困的真实原因。因此，蒲鲁东就只能求助某种神秘性的存在，即"上帝意志的存在"，在他眼中，全部历史就具有天命的性质，他只能从抽象的"天命"层面去理解社会发展的必然性。

在天命思想的指引下，以先验的原则作为其出发点，蒲鲁东构建了一套解决现代贫困问题的公式。在他看来，分工、机器、竞争、垄断等资本主义制度下的产物，其实都是永恒理性派生出来的经济范畴，他把这些经济范畴

---

① 参见 FOSTER J B. Marx's Ecology: Materialism and Nature [M]. New York: Monthly Review Press, 2000: 129.
② 蒲鲁东. 贫困的哲学：上卷 [M]. 余叔通，王雪华，译. 北京：商务印书馆，2010: 25.

看作现实生活的动因,并将之奉若神明,以为可以把它们直接运用于其他类型的经济关系中去。由此,脱离现实发展的抽象范畴被当作政治经济学的基础,蒲鲁东直接从范畴的永恒性转向资本主义制度的永恒性,"于是,以前是有历史的,现在再也没有历史了"①,资本主义社会也就成了一种自然性的存在,一种最合理的自然秩序。从表面上看,蒲鲁东似乎是把批判的矛头对准了资本主义,但就其实质而言,其隐形逻辑前提却是在论证资本主义的超历史性。

自然而然,无产阶级贫困也被看作资本主义社会的一种自然性的存在。蒲鲁东说:"为了脱离这个深渊,就必须有一点生活福利,也就是说,必须逐步提高工资,或者是智力和勇气有所恢复,也就是才能得以逐步增长;可是,这两点都与作为分工的必然后果的精神与肉体的堕落直接对立。因此,无产阶级的苦难完全出于天意,在政治经济学目前的情况下,要想着手消灭这种苦难,就等于企图煽起一场革命旋风。"② 换言之,在目前这种社会制度下,无产阶级想通过教育来争得物质福利,或者通过提高物质福利来获得教育,都是不可能的和矛盾的,因为无产者作为一种"机器人",既无从接受教育,也不能享受富裕生活。即使撇开这一点不说,事实也已经证明:一方面,他们工资降低的趋势大于提高的趋势;另一方面,他们的知识即使得到提高,对他们也没有什么用处。因此,社会存在着一种不断推动他们走向野蛮与贫困的力量。

蒲鲁东说道:"我曾经想,在作为社会基础的那些原则中,有一个是社会所没有了解的,社会的愚昧已经毁坏了这个原则,因之它造成了一切恶果。"③ 在他看来,劳动者陷入贫困的处境还在于他们的觉悟不高,在于他们"精神官能和智慧官能的软弱和迟钝"。这种迟钝是由于尚处于半开化状态的劳动阶级,并没有改善自身贫苦处境的强烈愿望。劳动者缺乏这种愿望,本身就是贫困的结果,所以应该得出的结论是贫困与淡漠二者是互为因果的,

---

① 马克思,恩格斯. 马克思恩格斯全集:第4卷[M]. 北京:人民出版社,1958:154.
② 蒲鲁东. 贫困的哲学:上卷[M]. 余叔通,王雪华,译. 北京:商务印书馆,2010:158.
③ 蒲鲁东. 什么是所有权[M]. 孙署冰,译. 北京:商务印书馆,1963:50.

无产阶级就处于这样一种恶性循环之中,贫困成为无产阶级无法摆脱的宿命。

二、马克思对现代贫困的哲学分析

在马克思出现之前,其他学者对贫困的解释始终停留在纯粹的思辨领域,具有极大的神秘性,旧的社会历史观总体上来看都是唯心主义,现代贫困并没有得到科学的阐释。历史唯物主义的诞生,则为理解人类历史的演进、为探寻现代贫困的产生根源及解决路径提供了科学的哲学方法论。

(一)对贫困的解释从理性王国回到客观现实

与黑格尔一样,蒲鲁东将观念的运动和现实的运动割裂开来,他的历史观念超越了一切时间与空间,在"想象的云雾"中构建起来,并以此来对他并不了解的经济关系做"历史哲学的说明"。所以,他无法解释现代贫困与资本主义生产关系的内在联系,只能宣称存在一种自我表现的"永恒理性",并且这种"永恒理性"永无谬误,人只是"永恒理性"用来发展和完善自身的工具,这是一种典型的唯心主义。

这里涉及对待历史哲学的态度问题,根据德国学者蒂森的看法,"历史哲学一词出自伏尔泰,但该学科却始自维柯"[1]。维柯曾试图探求"一个永恒的、理想的历史,在时间的进程中,每个民族的历史都要遵照它进行"[2]。黑格尔把现实的历史变成了思辨的哲学史,证实了上帝的存在,将整个人类历史归结为"上帝的作品",归结为"理性"发展和实现的过程,他认为,"'景象万千,事态纷纭的世界历史',是'精神'的发展和实现的过程——这是真正的辩神论,真正在历史上证实了上帝。只有这一种认知才能够使'精神'和'世界历史'同现实相调和——以往发生的种种和现在每天发生的种种,不但不是'没有上帝',却根本是'上帝自己的作品'"[3]。"历史哲学只不过是对历史的思维着的考察"[4],这才是真正的"辩神论"。可见,包括黑格尔在内的历史哲学家,他们眼中的历史都与现实生活无关,而是某

---

[1] 蒂森.历史哲学史[M].波恩,1974:73.
[2] 维柯.新科学[M].柏林,1965:164.
[3] 黑格尔.历史哲学[M].北京:生活·读书·新知三联书店,1963:503.
[4] 黑格尔.历史中的理论[M].汉堡,1955:25.

种处在现实世界之外或者说超乎现实世界之上的存在。

超越以往的一切思辨哲学家，马克思对历史哲学的一贯态度是，历史应从思辨的想象中回到现实世界，对反映现代贫困的经济关系的起源进行客观的说明。从历史唯物主义出发，马克思对现代贫困的阐释从纯粹的理性王国拉回到了客观的现实世界中，从历史本身而不是在历史之外去寻找现代贫困产生的真正原因。社会历史和自然变迁不一样，不具有"永恒的自然必然性"，社会历史的发展决然不是"普遍理性"的显现和安排。它不是如黑格尔、蒲鲁东等唯心史观论者认为的是"想象某种真实的"运动。在马克思这里，历史已经不是以往一切唯心主义者认为的那样，是头脑中的一种"想象的活动"，而是具有真实客观内容的历史。在现实经济关系面前，当纯粹理性的丧钟敲响的时候，社会历史的真正过程和实证科学的发展才真正开始。

马克思指出，蒲鲁东所论述的"不是历史，不是世俗的历史——人类的历史，而是神圣的历史——观念的历史"。他描述的历史是"一成不变"的，是"永恒不动"的在"纯理性的辩证运动中"的历史。因此，我们可以理解为他"没有历史"，蒲鲁东的一整套逻辑和理论不过是"黑格尔式的废物"[①]，在"绝对观念"的神秘怀抱中游来荡去。蒲鲁东用神学史观和天命论来解释现代贫困，这不过是用"响亮的字眼"、华丽的"修辞形式"来重述"事实"，并不能回答任何问题。有人如果要说"羊群赶走人就是苏格兰土地所有制度的天命的目的"，那么他就会得到如此"天命的历史"的形式与内容。马克思论证说，在纯粹的"天命"这个词背后，是例如羊毛的生产、土地私有制的发展、耕地被改造成牧场等的全部历史，这当然是蒲鲁东没有看到的，而事实上，这才是历史的真正物质内容和过程。

（二）从现实关系中探寻贫困产生的根源

"真正的哲学家"蒲鲁东和德国古典哲学家一样，没有想到要提出关于哲学和现实之间的联系问题，他颠倒现实与范畴的关系，将现实关系看成附属于原理范畴的存在，将理性看作社会历史发展的基础和动力，将贫困看作理性的产物。马克思指出，蒲鲁东忽视生产关系的历史运动，将原理范畴看成

---

① 马克思，恩格斯．马克思恩格斯全集：第4卷［M］．北京：人民出版社，1958：149.

某种第一性的东西，或者说自生的东西。他没有看到，原理范畴正是生产关系的理论表现，现实的生产关系决定了原理范畴的形式和内容，所以他只能在"纯粹理性"的领域中探究贫困的产生与发展。在他那里，一切存在物，都可以看作逻辑范畴的演绎与化身，任何一个运动、任何一种生产行为都可以归结为方法。因而，现实世界最终离开了蒲鲁东的视域，现代贫困也被淹没在了抽象的世界之中，或者说被淹没在了纯粹理性的世界之中。

在蒲鲁东的经济范畴体系中，各个范畴通过纯粹的思维活动继而产生，由此，他便宣称揭示了社会生活的经济结构。蒲鲁东看待任何一个社会发展阶段，"都不得不靠其他一些社会关系来说明，可是当时这些社会关系尚未被他用辩证运动产生出来。当蒲鲁东先生后来借助纯粹理性使其他阶段产生出来时，他却又把它们当成初生的婴儿，忘记它们和第一个阶段是同样年老了"①。在马克思驳斥蒲鲁东的这段话中，蒲鲁东批注道："这正是我所说的。请您告诉我，如果需要根据顺序来讨论政治经济学的内容，您如何去做呢？"② 可见，蒲鲁东事实上也察觉到了自己的方法论是存在问题的，他看不到范畴背后所体现的社会关系，他既弄不懂它们的起源，也不理解它们的发展。显然，蒲鲁东的逻辑是典型的唯心主义和形而上学，他提供的只是他的观念对经济范畴的排序，这既不符合范畴在历史上出现的次序，也不符合它们在资本主义生产方式内采取的次序。他构筑的某种思想体系的大厦，没有现实的生产关系作为支撑，只能沦为一个无用的"空壳"。

马克思指出，蒲鲁东之所以会产生如此谬误的观点，根本原因就在于他不了解"现代社会制度"，"不理解人类的历史发展"，也"不能理解经济发展"。"在最后的抽象（因为是抽象，而不是分析）中，一切事物都成为逻辑范畴，这用得着奇怪吗？如果我们逐步抽掉构成某座房屋个性的一切，抽掉构成这座房屋的材料和这座房屋特有的形式，结果只剩下一个物体；如果把这一物体的界限也抽去，结果就只有空间了；如果再把这个空间的向度抽去，最后我们就只有纯粹的量这个逻辑范畴了，这用得着奇怪吗？用这种方法抽去每一个主体的一切有生命的或无生命的所谓偶性，人或物，我们就有理由

---

① 马克思，恩格斯. 马克思恩格斯全集：第4卷 [M]. 北京：人民出版社，1958：144.
② 蒲鲁东. 蒲鲁东全集：第1卷 [M]. 1923：415.

说，在最后的抽象中，作为实体的将是一些逻辑范畴"①。所以，在蒲鲁东抽象的分析中，"一切事物都成为逻辑范畴"。如果说逻辑范畴是一块底布，那么现实存在则是被绣在这块布上的花卉，其结果是包括蒲鲁东在内的唯心主义形而上学者，自以为他们在完成一项伟大的工作，自以为他们的抽象工作将对现代贫困进行科学的说明，但实际上，他们既然远离了物质实体，远离了客观的社会经济关系，也就不能对问题进行科学的说明了。马克思则不同，他一开始就将自己的逻辑建立在现实而非"逻辑"的基础之上，因为逻辑不过是现实的一种"理论表现"，逻辑反映的也是现实的经济社会关系。故而，人们对现代贫困问题本质的溯源绝不应该到范畴或理性中去寻找，而应该到它们所体现的现实生产关系中去寻找，也就是到资本主义经济社会关系中去寻找。

（三）在实践中寻找破解贫困的路径

马克思说，创造历史的正是"现实的人"的生动活泼的实践活动，而绝不是蒲鲁东所谓的"抽象""范畴"。与蒲鲁东关注抽象的道德世界不一样，马克思对贫困的哲学关注聚焦实践。"一个本身自由的理论精神变成实践的力量，并且作为一种意志走出阿门塞斯的阴影王国，转而面向那存在于理论精神之外的世俗的现实——这是一条心理学的规律。（但在哲学方面重要的是，应该更突出地勾画出这些方面的特点，因为从这种转变的一定方式就可回溯到一种哲学的内在规定性和世界历史的性质。我们这里仿佛看到了这种哲学的生活道路的最集中的表现及其主观尖锐性。）不过，哲学的实践本身是理论的。批判从本质上衡量个别存在，从观念上衡量特殊的现实。哲学的这种直接的实现，从其内在本质来说是充满矛盾的，而且它的这种矛盾的本质在现象中有具体形式，并且给现象打上它的烙印"②。在这里，马克思第一次提到了他思想核心的实践概念。

马克思指出，现代劳动的本质催生了现代贫困，把握社会历史发展的真正"秘钥"在于理解人的实践，而这正是蒲鲁东所忽视的内容。实际上，历史"并不拥有任何无穷尽的丰富性"，也并"没有在任何战斗中作战"，它

---

① 马克思，恩格斯. 马克思恩格斯选集：第1卷 [M]. 北京：人民出版社，1995：138.
② 马克思，恩格斯. 马克思恩格斯全集：第40卷 [M]. 北京：人民出版社，1982：258.

"什么事情也没有做",正是进行实践活动的人创造着历史的一切。社会历史的真正主体是人而不是所谓的"社会天才",它有着客观的物质内容。"整个所谓世界历史不外是人通过人的劳动而诞生的过程,是自然界对人说来的生成过程"①。人既是历史戏剧的"剧作者",具有能动性和自主性,又是"剧中人",必须遵循社会历史发展的必然性,这种必然性是以"现实的人"为历史真正主体的现实社会发展的客观规律。与蒲鲁东完全不同,马克思将物质实践看成第一性的东西,以物质实践为出发点来阐释观念层面的东西,他不是把人们的实践借以实现的那种关系看作由"普遍理性"从外部强加进来的东西,因为这些关系同桌子、麻布等物质一样,也是人们生产出来的。同样,现代贫困所反映的生产关系也是由人生产出来的。

马克思发现,无产阶级贫困体现的是一种"人的完全丧失"的状态,这种状态只有通过"人的完全恢复",才能恢复自己。要使无产阶级从根本上摆脱贫困,关键就在于正在经受着普遍苦难的劳动者,也就是无产阶级,马克思意识到他们作为人的"人的完全丧失",意识到只有"通过人的完全恢复"才能解放他们自己,意识到只有阶级斗争的实践才是他们解放的唯一途径,并将这种意识转化为革命实践,从而脱离苦难、摆脱枷锁。因此,破解资本主义贫困的路径就在于无产阶级的革命实践,就在于无产阶级推翻使自身受剥削、受压迫的生产关系。

(四)具体地、历史地看待现代贫困

蒲鲁东是想解决资本主义的贫困难题的,实质上,蒲鲁东并不承认任何真正的发展。他完全避开了一个问题:是不是必须把产生贫困的基础本身推翻呢?他完全接受了黑格尔辩证法的唯心主义和形而上学的前提,将全部现存的经验现实看作从绝对精神中引申出来且逻辑地发展着的产物,他提出了和绝对精神完全类似的社会天才的概念,历史在蒲鲁东这里被解释为社会天才对"永恒公平"观念实现路径的探寻。他武断地宣布:"无论是在文明里还是在宇宙中,自古以来一切就存在着、活动着……整个社会经济也是如此。"② 在蒲鲁东这里,同时存在而又相互制约的社会生活现象,成了在"人

---

① 马克思,恩格斯. 马克思恩格斯全集:第42卷[M]. 北京:人民出版社,1979:131.
② 马克思,恩格斯. 马克思恩格斯全集:第4卷[M]. 北京:人民出版社,1958:149.

类的无人身的理性"内部完成的统一逻辑过程的彼此相继的各个阶段。他不了解，任何范畴都是其时代的产物，它属于特定的时代，经济范畴只不过是历史上一定的客观生产关系抽象形式的反映。蒲鲁东考察的范畴，乃是资本主义经济的范畴，人们不能把它们直接运用于其他类型的经济关系中去。

如果按照蒲鲁东的观点，范畴是一种永恒的存在，范畴构成一切可能有的社会关系的源泉，那就是说，资本主义制度也就是一种永恒的制度，整个社会的历史就变成了永恒不变的观念的显现和体现的历史，历史冲突便用理想的预先规定和实践的、尘世的实现之不一致来解释。整个世界历史就具有了目的论的性质。蒲鲁东并不是直接就论证了资本主义是一种甚至会保存到"世界末日"的永恒存在，从表面上看，他是批判资本主义的，但是他把反映资产阶级生产关系的范畴"神化了"，"他神化了以观念形式表现资产阶级关系的范畴。既然市民社会的产物被他想象为范畴形式、观念形式，他就把这些产物视为自行产生的、具有自己的生命的、永恒的东西"①。所以，蒲鲁东不自觉地沦为了资本主义的"辩护士"。显然，蒲鲁东的天命观和宿命论遮蔽了历史的基础，在生产力基础上发展起来的经济关系、社会关系，并不是永恒的规律。

马克思指出，没有像蒲鲁东一样的思想家"乐于用编造神话的办法，来对一种他不知道历史来源的经济关系的起源做历史哲学的说明，说什么亚当或普罗米修斯已经有了现成的想法，后来这种想法就被实行了等等"②，蒲鲁东以非历史的观点发表的一切言论，只不过是一些"陈词滥调"，因为他没有看到社会历史发展的客观性以及不同历史阶段的特殊性。任何一个社会历史时期的生产方式，都是以一定的生产力为其内容的，是人类实践活动的产物，而绝对不是某种神秘力量的自我表现，与之相适应的生产关系则是生产力赖以存在和发展的社会形式。社会历史之所以会不断前进，最终原因正是生产力与生产关系矛盾的发展。有什么样的生产力，就会形成什么样的生产关系。人们在发展生产力的同时，也发展着一定的相互关系。所以，生产力既然不是永恒的，那么由生产力决定的生产关系自然也不是永恒的，由生产力和生

---

① 马克思，恩格斯. 马克思恩格斯选集：第4卷 [M]. 北京：人民出版社，1995：539.
② 马克思，恩格斯. 马克思恩格斯选集：第2卷 [M]. 北京：人民出版社，1995：2.

产关系矛盾作用产生的社会形态也不会是永恒的。

  前人认为已有答案的地方，正是问题所在。正如奴隶社会相较于原始社会来说是一个很大的进步，封建社会相较于奴隶社会来说又有很大的进步一样，资本主义社会也有它存在的历史合理性、必然性和进步性。资本主义作为人类社会历史演进的其中一个具有历史必然性的社会形态，同时也是历史性的和暂时性的。当生产关系容纳不了生产力的发展时，这种社会形态必然随着生产力的进一步发展而灭亡。故而，现代贫困作为资本主义生产关系的表现形式也不会是永久存在的，应该具体地、历史地来看待。现代贫困必然随着生产力的发展而变化和发展，必然随着生产力和社会实践的发展而变化，也必然随着资本主义社会的灭亡而消除。

第五章

阐释现代贫困的政治经济学根源

为了破解资本主义社会的贫困难题与困境,马克思与蒲鲁东都以批判的眼光来看待他们所处的资本主义时代。由于哲学分析方法的截然不同,二人对资本主义的剖析截然不同。有一点是相通的,那就是马克思和蒲鲁东都认为,以"咒骂"的方式是不能回答提出的问题的,而只能通过对现代"政治经济学"进行分析和说明来回答。二人都是自学的经济学,也都赞同研究现代社会的正确路径是通过政治经济学进行的。

第一节 现代贫困的核心:所有权问题

资本主义社会贫困现象,只有在经济规律被认识之后才能被正确地揭示出来,其中最核心的问题就是所有权问题。所有权问题,既是一个重要的理论问题,也是一个重要的现实问题,它直接关系到社会财富的生产方式和分配方式。蒲鲁东和马克思都把握到了分析资本主义的关键,但与蒲鲁东不同的是,马克思对资本主义所有权的批判范式是出于历史的缘由而不是逻辑的缘由,所以不论在出发点还是观点内容上,二人都存在着严重的分歧。在展开对资本主义所有权问题的讨论之前,我们有必要对所有权的概念、内涵及所有权批判的正当性进行说明。

一、所有权问题的起源

所有权是最古老也是最重要的法律概念之一,罗马法上的所有权是大陆法系所有权概念的鼻祖,在罗马法中,所有权的早期称谓是 mancipium,它指的是对物的绝对处分权和完全支配权,一切无主物件的完全所有权是由最先占有并意图保留它们的人取得的。在这里,完全的所有权具有特定的含义:原始形态的所有权是绝对的和排他的权利,它可以排斥一切限制和外来影响,吸收一切添加进来的东西,是绝对的权利。① 随着财产私有的普遍化,所有权的含义逐渐发展为财产所有,即对财产的使用、收益及处分的权利。对所有权的研究和揭示,我们主要见之于一些哲学家、法学家以及早期杰出的空想社会主义者的著作中。

16 世纪的法学家格劳秀斯②,以"人性"和"理性"的自然法来解释财产所有权。他认为,人是一种理性的、社会性的动物,理性是每一个公民具有的天赋能力,受理性支配的公民不仅能够本能地维护自己的自然权利,而且也能意识到这种自然权利同样也被他人所拥有,只有尊重他人的自然权利,自身的自然权利才不会受到侵害。故而,人的自然权利成为格劳秀斯立论的出发点,他说,人不可侵犯的自然权利包括他的生命、躯体和自由,"因为我们的生命、躯体、自由仍然是我们自己的,而且除了干了显然不公正的事,也是不容侵犯的"③。如果人完全具有这种权利,就可以称之为"每一个人自己的所有权"。格劳秀斯强调,这种权利包括自由、财产以及要求偿还所欠债务的权利,也就是说,维护人的根本自然法权利也就意味着人的自然理性和私有财产应当受到保护。

17 世纪的英国哲学家洛克从所谓的"自然理性法则"出发,将所有权看作"劳动财产权"。在《政府论》中,他指出在自然状态下每个人都是平等的,每个人不仅是自身的所有者,而且是自身行动和劳动的所有者。在他看来,劳动的地位是极其重要的,"我认为世界上对人类生活有用的产品,十分之九都是劳动的产品,这样说毫不过分。如果我们正确地估计我们所使用的东西,并计算出它们的各种费用,那就可以看到,就大多数东西来说,百分

---

① 彭梵得. 罗马法教科书[M]. 黄风,译. 北京:中国政法大学出版社,2005:195.
② 格劳秀斯(1583—1645),荷兰法学家,著有《战争与和平法》,后世称他为"国际法的鼻祖"。
③ 转引自徐大同. 西方政治思想史[M]. 天津:天津教育出版社,2002:125.

<<< 第五章 阐释现代贫困的政治经济学根源

之九十九应完全归功于劳动"①。劳动不仅能够"把价值的差别施加到每件东西上",而且"我们是靠劳动才得到土地所有有用产品中的最大部分的"②。劳动的属性在于它能够赋予事物新的价值,所以劳动生产出来的东西就成为他的私有财产。

18世纪法国启蒙学者卢梭也非常重视劳动,他将劳动看作私有财产的唯一来源,主张必须确保公民"对财产的合法占有"③。卢梭指出,"所有制是由文明的成就而产生的一种制度",是人类自我完善的潜在能力的发展导致的从自然状态向非自然状态转变的历史过程的结果,因而私有制是人类发展的必然产物,并且他认为,人类不可能摆脱私有制而重归于"自然状态"。私有财产"应成为文明社会的真正基础",是"公民事业的真正保证"④,而且是"所有公民权利中最神圣的权利,它在某些方面,甚至比自由更重要"。与此同时,卢梭也揭露了私有制产生的恶果,那就是与私有财产相伴而生的,还有统治与奴役、贫富分化、暴力掠夺等问题。社会之所以产生致命的不平等,其原因正在于这种奴役人们的力量。卢梭说,私有制是产生不平等和不自由的根源,它成为一切痛苦的根源,而"在没有私有制的地方,不会有不公正"⑤。

19世纪早期,杰出的空想社会主义者也对所有权进行了研究。例如,圣西门在《论财产和法制》一文中指出,政府的形式再好也只是形式,所有制才是"社会大厦的基石","确立所有制才是本质"⑥。从内涵上来看,所有权包括"物和人"两个方面,而人则是构成所有权最重要、最有价值的部分。"社会的存在决定于所有权的保存,而不决定于最初制定这项权利的法律的保存",随着所有权的转移,社会关系也将随之发生变化,原始社会、奴隶制度、封建制度和资本主义制度都是这一发展过程中特定的阶段。要想解决当下资本主义社会面临的各种矛盾和问题,有效的办法就是使无产阶级成为新

---

① MEEK R. Studies on the Labor [M]. Theory of Value. 2. London: Monthly Review Press, 1973: 18.
② 约翰·洛克. 约翰·洛克著作集 [M]. 北京: 商务印书馆, 1962: 37.
③ 卢梭. 社会契约论 [M]. 何北武, 译. 北京: 商务印书馆, 1980: 30.
④ 卢梭. 论人类不平等的起源和基础 [M]. 北京: 商务印书馆, 1982: 111.
⑤ 卢梭. 社会契约论 [M]. 北京: 商务印书馆, 1982: 8-9.
⑥ 圣西门. 圣西门选集: 第2卷 [M]. 董果良, 译. 北京: 商务印书馆, 1982: 226.

社会权利平等的成员，实现所有制的革命，建立新的所有制，从而使绝大部分无产者都能够拥有财产。因此，未来所有制的唯一基础只能是和平劳动的才能，它"既兼顾自由和财富，又造福于整个社会"①。

德国古典哲学的集大成者黑格尔从所有权方面来看待自由，黑格尔说道："从自由的角度看，财产是自由的最初的定在。"② 故而，所有权首先表现为对财产的权利。所有权是个体自由的构成要素，是他成为人格的条件。因此，"人有权把他的意志体现在任何物中，因而使该物成为我的东西，人具有这种权利作为他的实体性的目的"。这就是"人对一切物据为己有的绝对权利"③。也就是说，所有权的概念表现为个人自由意志对物的支配，而个人意志则具体体现在对物的占有上，人把他的意志体现在物内。所有权的合理依据在于人是目的而不是手段，但是在他眼中，人的平等只能存在于自由人的抽象中。黑格尔看到了资本主义私有制引起的冲突和矛盾，根据他的看法，自由私有制是国家"显赫的主要条件"，现存的矛盾和冲突是可以得到理解的。至于"财产公有的人们间的兄弟般联盟"以及"废除私有制"的概念，只有不理解"精神和法自由的本性"的人才可以接受这种概念。可见，黑格尔的所有权理论，事实上论证了私有财产存在的合理性，成为资本主义制度的颂歌。

一直到19世纪中叶，所有权一直作为分析社会的一个重要范畴被人们重视，归纳起来看，人们对所有权的理解大致可以分为两种：一种是将所有权当作一种天然的自然存在的权利；一种是从法律层面来理解，也就是说所有权的确立必须得到法律的认可。对资本主义社会出现的种种矛盾和问题，不少研究事实上已经触及了资本主义的私有制，无疑也有正确的一面，这些批判大都流于纯粹理性批判，或沦为资本主义私有制的"歌颂者"。

二、蒲鲁东对所有权问题的回答

蒲鲁东看到了，批判资本主义制度，其核心是批判资本主义所有权。蒲

---

① 圣西门. 圣西门选集：第1卷 [M]. 王燕生，徐仲年，徐基恩，等译. 北京：商务印书馆，1979：188.
② 黑格尔. 法哲学原理 [M]. 范扬，张企泰，译. 北京：商务印书馆，1961：54.
③ 黑格尔. 法哲学原理 [M]. 范扬，张企泰，译. 北京：商务印书馆，1961：52.

鲁东"对私有制的最初的批判,当然是从充满矛盾的私有制本质表现得最触目、最突出、最令人激愤的事实出发,即从贫穷困苦的事实出发"①。他说道:"'国内各工业区继续穷困,朕深以为憾',这是维多利亚女王在国会复会时说的话。如果有什么事情值得帝王们三思的,那就是社会制度本身和他们权力的性质决定了他们绝对不可能解除人民的痛苦,甚至根本就不容许他们管这种事,所以,他们都是不同程度地对人类的苦难漠不关心的观众。"② 在他的成名作《什么是所有权》中,所有权被作为一个独立的议题鲜明地提了出来,在《贫困的哲学》中,他将所有权问题作为一个关乎"人类命运"的问题提了出来,他说,所有权"是一个特别的逻辑问题,它的解决关系到人类、社会和世界的命运。因为所有权问题是真确性问题的另一种形式,所有权就是人类,所有权就是上帝,所有权就是一切"③。

蒲鲁东所说的所有权特指资产阶级的财产所有权,而不是泛指一切财产的所有权。根据贫穷和所有权之间存在的内在联系,蒲鲁东要求废除所有权,以便消除贫困。在他看来,现代贫困问题之所以会产生,根源就在于资本主义所有权,而古典经济学家却把资本主义所有权当作一种"天然权利"加以维护,蒲鲁东对此进行了批判。他提出了"所有权就是盗窃",对资本主义的合法性提出了致命批判,对"人类的普遍谬误"发起了实质性的挑战,将所有权批判的正当性问题提了出来,蒲鲁东也因此声名大噪。

(一)法国思想界对所有权的研究

在蒲鲁东所处的法国,已有不少关于所有权的研究,尤其是关于私有制天然性的研究,在法国启蒙思想界体现得比较明显。早在18世纪,私有制符合正义的思想已经成为法国的统治思想牢固地确立起来,这一思想集中表现为替财产所造成的不平等和非正义性进行辩护,尤其是为剥夺私有财产的非正义性进行辩护。

18世纪的启蒙思想家、哲学家霍尔巴赫概括地反映了法国关于所有制的

---

① 马克思,恩格斯. 马克思恩格斯全集:第2卷[M]. 北京:人民出版社,1957:42.
② 蒲鲁东. 贫困的哲学:上卷[M]. 余叔通,王雪华,译. 北京:商务印书馆,2010:162.
③ 蒲鲁东. 贫困的哲学:下卷[M]. 余叔通,王雪华,译. 北京:商务印书馆,2010:652.

启蒙观点。霍尔巴赫说，人生下来就是天然不平等的，正因为这种不平等的存在，每个人所拥有的财产不可能平等。他写道："所有权在人的本性中有其基础，但是所有权是不同的，因为自然界创造了不同的人。所有权必然是不一样的，因为每一个人都和另一个人不同，这就是我们叫作你的东西和我的东西的那种情况的真正来源。"① 启蒙思想家、文学家、哲学家伏尔泰认为，那些拥有两只手并且有善良意志的人，他们的自由在于可以出卖他们自己的劳动给能支付较优厚报酬的人，然而这种自由是建立在失去所有权的基础之上的。伏尔泰是支持私有财产的，在他看来，如果没有所有权的刺激，任何经济制度都不可能成功，"财产的影响加倍了一个人的力气"。当伏尔泰出版 Meslier 的无神论者的共产主义《圣经》时，他删除了反对财产的一节。总的来看，在18世纪的法国思想界，人们普遍把保护私有制看作社会的使命本身，而绝不是把消灭私有制看作社会的使命本身。

在部分法国重农学派代表看来，所有权的天然性也是不证自明的真理。例如，古典政治经济学奠基人之一弗朗索瓦·魁奈认为，"社会的形式取决于每个人占有或可能占有，并且想要保持和拥有所有权的那种财产种类的程度的大小"。在他看来，所有权和个人自由是自然规律赋予的，所有权是"社会经济制度的基础"，社会制度和国家就是在此基础上建立起来的。他号召，要"保证不动产与动产的正当所有者的所有权，因为所有权的安全是社会经济秩序的主要基础"②；"国家首先应大量增加富裕的耕作者"；"要使富裕的租地农场主的子弟永久留在农村，做农民"；保护正当的所有权，增加富裕的耕作者。为了保证所有权，必须实行经济自由，而为了保证经济自由，必须建立一个经济政府③，经济政府的政策应当致力于维护自由和私有制的稳定性。

英国政治经济学对所有权的研究深深地影响了法国。例如，经济学家让·巴·萨伊作为英国政治经济学思想在法国土地上的传播者之一，他认为私有制形成了整个国民经济学的基础，是不可动摇、不予论证的事实，没有

---

① 中共中央马克思恩格斯列宁斯大林著作编译局. 马列著作编译资料：第18辑 [M]. 北京：人民出版社，1981：94.
② 弗朗索瓦·魁奈. 魁奈经济著作选集 [M]. 北京：商务印书馆，1981：308-309.
③ 弗朗索瓦·魁奈. 魁奈经济著作选集 [M]. 北京：商务印书馆，1981：287.

私有制就没有财富,所以整个国民经济学就是致富的科学。他在自己的著作中对私有制的自由和不可侵犯性进行了详细的经济上的论证,他写道:"政治经济学根据那些总是经过仔细观察的事实,告诉我们财富的本质。"①"如果构成政治经济学基础的原则是从无可否认的一般事实正确地推断出来的,那么政治经济学就建立在不可动摇的基础上"②。在英国政治经济学的影响下,关于私有制具有天然性和正义性的思想体系更加牢固地在法国确立起来,并且传播得更加广。

总之,法国思想界普遍对私有制的天然性持一种认可的态度。以往的法学家用他们的"先验之见"将所有权等同于使用与滥用的权利,等同于表现为占有和掠夺的意志行为所产生的权利;经济学家依据功利主义的归纳法,将所有权看作以劳动为生、自由自主地处置自己的积蓄、资本、智力成就和生产成果的权利;神秘论者将所有权看作社会自发性的一种创造,是天命规律的产物;宗教也跑出来认可所有权,说社会,换个说法就是上帝,无非是为了普遍幸福着想才赞同所有权的。不仅如此,这种观点在法国也得到了官方立法的认可和承认。法国《人权宣言》第17条宣告,"所有权为神圣不可侵犯的权利",把所有权列为人们的天然的和不因时效而消灭的权利之一。在此启发下,维护私有制成为《法国民法典》的核心内容,《法国民法典》规定"所有权实质,以完全绝对的方式,享有与处分物的权利,但法律或条例禁止使用的除外"③。由此可见,这一资产阶级的经典法律确认了法国民法中的所有权是一种完全的物权,公民有最绝对的利用和支配物的私人权利。因此,无论从理论上还是实践上来看,这都是资产阶级所有制的青春繁荣时期,资产阶级所有制被宣布为人的最重要的权利。

(二)蒲鲁东提出"所有权就是盗窃"

蒲鲁东理论研究的特点是"先破后立",在说明自己的观点之前,他首先开始对以往理论的"破坏"进行工作。在蒲鲁东看来,以往所有关于所有权的体系都是站不住脚的,无论从哪一方面看,所有权都仍然是不可理解的,

---

① 让·巴蒂斯特·萨伊. 政治经济学概论 [M]. 北京:商务印书馆,1963:18.
② 让·巴蒂斯特·萨伊. 政治经济学概论 [M]. 北京:商务印书馆,1963:20.
③ 法国民法典 [M]. 罗结珍,译. 北京:中国法制出版社,1999:172.

因为所有权的合法性与正当性既不是源于劳动，也不是来自"法律的创造"，更不是一种"偶然的事实"。在以往的理论中，他并不能证明分配的不平等是平等的，更不能使非正义成为正义，"对我们来说，研究古老民族的所有权的历史，只是一种增加学识和满足好奇心的工作。事实不能产生权利，这是法学上的一个法则；要知道所有权也不能离开这个法则；所以普遍承认所有权的事实并不能使所有权合法化。像对气候变化的原因……犯过错误那样，人类对社会的构成、权利的性质和正义的应用也曾经犯有错误；……印度人被划分为四个等级；……对我们有什么关系呢？……特权形式的多样性不能使非正义成为正义；……"①

资本主义所有权的困境在于，社会经济生活鼓励的自由交换，却在事实上造成了贫困以及不平等，"产生贫困、犯罪、叛乱和战争的原因是地位的不平等；而地位的不平等则是所有权的产物，它是由自私产生的，它是个人的见解产生的，它是理智的专制统治的直接后果"②。所有权的存在，产生了"工业上、商业上和银行业中的利润；产生了交易中的欺诈行为，以及人们用才干和天才这样一些美丽名词加以粉饰的一切不正当的主张，而这些主张应当被看成最高度的奸诈和欺骗行为；最后，产生了社会上的各种不平等"③。与以往的一切资产阶级思想家不同，被以往经济学家们看作"最神圣的东西"的所有权，在蒲鲁东这里却是最应该加以批判的。他给所有权下了一个定义，即"所有权就是盗窃"，也就是说，蒲鲁东将所有者因为"所有权"而能够"不劳而获"的行为看作一种盗窃行为。蒲鲁东直言不讳："财产的这个定义是我下的，而我的全部抱负就是要证明我是了解这个定义的意义和范围的。"④ 将"所有权"和"盗窃"并列使用，蒲鲁东并不是第一人，在他之前，卢梭、巴贝夫、圣西门、布里索等人就曾提到过。与他们不一样，蒲鲁东并没有将财产分配的不平等作为出发点，而是关注到了所有者的"不劳而获"行为。

---

① 蒲鲁东. 什么是所有权 [M]. 孙署冰，译. 北京：商务印书馆，1963：15.
② 蒲鲁东. 什么是所有权 [M]. 孙署冰，译. 北京：商务印书馆，1963：289.
③ 蒲鲁东. 什么是所有权 [M]. 孙署冰，译. 北京：商务印书馆，1963：281.
④ 蒲鲁东. 贫困的哲学：下卷 [M]. 余叔通，王雪华，译. 北京：商务印书馆，2010：657.

<<< 第五章 阐释现代贫困的政治经济学根源

蒲鲁东发现，资产阶级思想家宣称的"所有人生来在法律面前一律平等"，在宪法和宪章中都没有加以明确规定，它们却都以"财产和等级上的不平等为前提"，由于存在着这种不平等，所以权利上的平等连影子也找不到了。在封建主义时代，所有人的身份决定了财产的价值，进入资本主义时代，物权代替了身份权，一个人的身份是由他所拥有的财产多少来决定的，而对一个人的尊重是由这个人的财产比例来决定的。《人权宣言》将所有权看作支配自己包括财产、收益、劳动成果等在内的权利，也就是说，所有权就是人对物的绝对支配的权利。蒲鲁东指出，如果像《人权宣言》中所说的那样，所有权就应该和自由权、平等权、安全权一样，成为人的一种"天然权利"。事实上，作为所有权动因的劳动，并不天然地就具有使财产私有化的能力，蒲鲁东说，劳动其实是破坏所有权的，因为不符合正义。

这样一来，蒲鲁东发现，"在用普遍承认，即平等来证明所有权是正当的之后，我们又不得不用所有权来证明不平等是正当的。我们将永远跳不出这个进退两难的处境。的确，如果按照社会契约来说，所有权是以平等为条件的，那么到了不再有平等存在的时候，契约就告破裂，一切所有权就都成为霸占了"①。因此，蒲鲁东的论证方式是无法说明普遍的承认就是确认所有权存在的依据的。所有权不是法律层面的占有，也不是一种天然权利，所有权是一种矛盾的存在，"所有权是占有权，同时又是排他权；是劳动的代价，又是劳动的否定；是社会的自发产物，又是社会的解体；是一种公平制度，又是盗窃"②。从根本上来说，劳动是所有权的动因，劳动者是其劳动成果的所有者，不劳动的人就无法生活。然而，劳动孕育了私人占有，也就是所有权，在所有权出现之后，人与人在财产上的不平等才显现出来。在资本主义社会，对资本家来说，不用劳动就可以获得财富，故而"所有权"与"盗窃"可以看作同义词。

因此，不是那些巧言令色的人们所说的平等是不可能的，相反所有权是"不能存在的"，所有权不能存在，因为它想"无中生有"，它是"杀人行

---
① 蒲鲁东. 什么是所有权 [M]. 孙署冰, 译. 北京：商务印书馆, 1963：127.
② 蒲鲁东. 贫困的哲学：下卷 [M]. 余叔通, 王雪华, 译. 北京：商务印书馆, 2010：655.

115

为"，它否定"平等"。所有权的这种不可能不是在"物理上和数学上"的不可能，这种不可能性更多的是属于以尊重正义和平等为基础的道义。对所有权不能存在，蒲鲁东给出了十个理由，即：（1）所有权不能存在，因为它无中生有；（2）所有权不能存在，因为哪里存在所有权，那里的产品的成本就会高过于它的价值；（3）所有权是不能存在的，因为有了一定的资本，生产是随劳动而不是随所有权发生变化的；（4）所有权是不能存在的，因为它是杀人的行为；（5）所有权是不能存在的，因为如果它存在，社会就将自趋灭亡；（6）所有权是不能存在的，因为它是暴政的根源；（7）所有权是不能存在的，因为在消费它的收益时它丧失了它们，在把它们储蓄起来时它消灭了它们，在把它们用作资本时它使它们转过来反对生产；（8）所有权是不能存在的，因为它的积累力量是无限的，并且这种力量只能施展在一些有限的数量上；（9）所有权是不能存在的，因为它没有反对所有权的力量；（10）所有权是不能存在的，因为它否定平等。换言之，按照蒲鲁东的意见，所有权存在的外在原因，不是强力便是欺诈，它具有使人民贫穷的力量，"只要有所有权，就永远会有穷人"①。

（三）"占有"比所有权更加"高尚"

对蒲鲁东来说，所有权就是一种"恶"，他否定包括资产阶级所有制在内的任何所有制。因此，他主张建立一个"没有所有制的社会"。蒲鲁东说，"没有所有制的社会"就是实现"个人占有"的社会。所有权是万恶之源，而占有则是无可谴责的，占有比所有权更加"高尚"，"个人占有是社会生活的必要条件"。占有的产生和发展迫使人们进行劳动，从而增加生活必需品，这是人们公认的占有权，即只有劳动者才是劳动成果的所有人。占有具有三种形式："1. 以先占人的名义。2. 以劳动者的名义。3. 根据在分割时把这块土地分配给我的社会契约。"② 每个劳动者对财产都有平等的权利，而所有权不仅否定了平等而且导致了专制和暴政，它与平等在事实上是不相容的，所

---

① 蒲鲁东. 什么是所有权 [M]. 孙署冰，译. 北京：商务印书馆，1963：240.
② 蒲鲁东. 什么是所有权 [M]. 孙署冰，译. 北京：商务印书馆，1963：98.

以"消灭财产，保存占有……就会在地上消灭罪恶"①。

之所以说占有是"无可谴责的"，蒲鲁东表示，"是因为他是完全按照他个人的方式来描写占有的特征的，是因为他给占有描绘了一幅画像，其中画家的风格多于模特儿的特点"。"所有权和占有可以混合在一起，但在理论上它们是被区别得很清楚的。所有人可以保留他的所有权而把权利的行使或占有出让给别人。这时，在公众看来，那个占有人就以所有人的面貌出现，并且在法律上，直到提出反证为止，他都可被认为是所有人，反证应由向占有人要求恢复所有权的本人提出。甚至只要占有人保持占有满三十年并在这个期间没有承认所有人的权利，就可以使这个权利趋于消灭，使它因时效消失。因此，占有人具有一种强有力的地位；举证的责任应由对占有人提出争议的人们负担。哪怕占有人是出于恶意，他虽然明知他没有任何所有权的证件，他可以由于时间的效果而成为所有人；只要他证明在三十年中他曾继续不断地、公然地、和平地是事实上的占有人并且没有承认过一个所有人就够了。人们在习惯上，经常是用一纸契约来证明存在于所有人和那当时就被认为是善意占有人之间的区别的"②。

所以，按照蒲鲁东的意见，如果把占有和所有权加以比较，我们就可以说占有是存在于别人的东西之上的一种相对的、暂时的权利。这种权利在不得毁损这件东西并保存它的本质的条件下容许去享受这件东西。占有像所有权那样是专属的，它从那些除了具有工作的愿望以外一无所有的人那里夺去自由享受劳动手段的权利，它容许占有人剥削一无所有的人，它不能消除工资制，它不能实现公有财物的平分，它不是以正义为基础的，它并不强制占有人对公共利益有任何尊重，而只是强制他遵守对所有人所负的义务。"占有"是一种最理想的形式，它适用于一切人，五千年的私有制说明了这一点。资本主义私有制是反对权利的，它意味着"社会的自杀"，而占有则是一种权利，存在着一种天然的不可给予的占有权与劳动权，占有权对所有人来说都是平等的，占有随着占有制的人数而经常发生变动。事实上，蒲鲁东承认，

---

① 奥古斯特·科尔纽. 马克思恩格斯传：第2卷 [M]. 王以铸，刘丕坤，杨静远，译. 北京：生活·读书·新知三联书店，1965：76.
② 蒲鲁东. 什么是所有权 [M]. 孙署冰，译. 北京：商务印书馆，1963：19.

117

占有是永久的并且可以转移的,对那些社会犯罪分子和不劳动的人,他们的占有才可以被撤回,所以蒲鲁东的"占有"基本上也可以归纳为某种相对的所有权,它是由"社会"来限制、监督和分配的所有权。

在蒲鲁东的"占有"理论中,所有权被改造了,它将变成一种积极的、完善的、社会性的和真正的观念,是一种"废弃了旧所有权的所有权",成为一切人都同样可以享有和能够给他们带来幸福的权利。私有财产将由以平等的小占有形式出现的"公有财产"代替,在"平等"交换产品的条件下,社会财富掌握在直接生产者手中。然而,这实际上是要均分私有财产的,他以为,只要抛弃了不合理的私有制而实行合理的"占有",就可以扬弃私有制的祸害,消除社会贫困的根源。他以为,在实现普遍"占有"的社会,就可以在人们之间维持平等,避免劳动者的赤贫化,人们就能够享有充分的自由,每个人都是独立的自食其力的劳动者,这样就永远不会出现财富不均或贫穷堕落的现象。故而,蒲鲁东以为,实现一切人的平等"占有",这样就可以消除现代贫困,甚至可以消除资本主义的一切祸害与灾难。

三、马克思对蒲鲁东所有权理论的肯定与批判

无论是在19世纪40年代,还是在19世纪40年代以后,马克思都没有全盘否定蒲鲁东的作用。关于资本主义所有权,马克思既肯定了蒲鲁东所有权批判的积极意义,又深刻揭露了蒲鲁东所有权理论的非科学性。

(一)肯定蒲鲁东所有权批判的意义

在资本主义社会,那些崇拜所有权的人,大多是律师、法学院教授、哲学家、学院院士等,他们是代表当时的社会发言的,在他们眼中,"所有权是神的制度",所有权像太阳一样,代表着光明,而反对所有权则意味着犯罪。然而,"一个非常博学的普通工人"蒲鲁东,则敢于"使所有这些不同的证言都受到一次科学的分析",使他们丑态毕露了。马克思曾经说到,过去英法社会主义者的言论只是"带着微弱哲学色彩"的社会主义,他们对所有权的关注与讨论并没有触碰问题的实质,因而也没有在批判所有权方面起到真正的推进作用。值得一提的是蒲鲁东的观点,他的观点尽管存在本质性的缺陷,但却不可断言毫无新意、毫无价值,这也是马克思早期对蒲鲁东大加赞赏的原因。

第一,借由"盗窃"这一资产阶级的法权概念,蒲鲁东指出了所有权对财产的暴力侵犯,从而得出否定所有权的结论。蒲鲁东承认贫穷与财产之间存在着内在联系,并指出了消灭贫困的前提是废除财产。可见,在所有制问题上,蒲鲁东与古典政治经济学家有原则上的不同。以往的政治经济学家,都把私有制看作一个不可否认、确定不移的事实,他们做出的一切论断均是以承认私有制为基本前提的。蒲鲁东则不同,他第一次对政治经济学的基础,也就是资本主义私有制,进行了批判性的考察。正是在这一点上,马克思首先看到了"蒲鲁东在科学上所完成的巨大进步"。

第二,蒲鲁东触及了生产关系问题。蒲鲁东指出:"所有权,按照它语源上的意义和法学上的定义来说,是社会以外的一种权利;因为显然可以看出,如果每个人的财富是社会的财富,一切人的地位就会是平等的,因此说所有权是一个人可以随意支配社会财产的权利,那就不言而喻是矛盾了。所以,如果我们为了自由、平等、安全而联合起来的话,我们为了财产就不是这样的;所以,如果所有权是一种天然的权利,那么这种天然权利就不是社会的,而是反社会的。所有权和社会是两件绝对不相容的事。团结两个所有人和把两块磁铁通过它们两个同性电极而接连起来是同样不可能的事。不是社会必须灭亡,就是它必须消灭所有权。"① 这里可以看到,蒲鲁东看到并抓住了所有权的核心,他察觉到了所谓的"天然"的财产的所有权其实是反社会性的,是处于社会之外的一种东西,而这恰恰与社会性的劳动相矛盾,这正是属于生产关系层面的问题,这是蒲鲁东的进步之处。

第三,蒲鲁东察觉到了人是一种社会性的动物,是社会关系的产物。蒲鲁东说:"人是一种过着社会生活的动物。社会意味着各种关系的总和,总之就是体系。"② 由此出发,蒲鲁东谈了自己对人是一种社会动物的理解,从"社会性、正义和公道"三个方面加以展开,他说,"社会性"就是有感情的生物彼此所感到的吸引力,"正义"是带有思考和知识的同一的吸引力,是在分配那种可以衡量的具体东西时表现出来的社会性,"公道"是带有钦佩和敬意的正义,而钦佩和敬意是无法计量的。社会性、正义、公道就是本能在它

---

① 蒲鲁东.什么是所有权 [M].孙署冰,译.北京:商务印书馆,1963:82.
② 蒲鲁东.什么是所有权 [M].孙署冰,译.北京:商务印书馆,1963:262.

的三种不同程度上的确切的定义，这个本能使我们和同类交往，它的具体表现就是对自然财富和劳动产品有平等享受的权利。人由于他的本性和本能，是注定要过社会生活的。马克思评价说，在以往政治经济学家的研究中，他们往往看到的是资本和地产的决定性作用，而忽视了人的权利这一关键因素，和他们不一样，"蒲鲁东恢复了人的权利，虽然还是以政治经济学的，因而也是矛盾的形式来恢复的"①。也就是说，蒲鲁东不仅从财产的角度对资本主义进行了批判，而且发掘了人的权利的积极意义。相对于其他政治经济学家，蒲鲁东"认真地对待经济关系的合乎人性的外观，并把它和经济关系的违反人性的现实尖锐地对立起来。他迫使这些关系真正符合它们自己对自己的看法，或者更确切些说，他迫使这些关系抛弃关于自身的这种看法而承认自己是真正违反人性的。因此，蒲鲁东不同于其余的经济学家，他不是把私有制的这种或那种个别形式，而是把整个私有制十分透彻地描述为经济关系的伪造者。从政治经济学观点出发对政治经济学进行批判时所能做的一切，他都已经做了"②。他的历史成就是他将资本主义私有制的"秘密"公然揭示了出来，结束了政治经济学在"矛盾中徘徊不已"的状态，这是马克思对其表示赞赏的地方。

(二) 对蒲鲁东所有权理论的批判

如果说"所有权就是盗窃"，这一响亮口号在一定意义上吸引了马克思的话，那么这一言辞，暴露出蒲鲁东作为小资产阶级的狭隘性和两面性，暴露出其对所有权理解的局限性、不彻底性和非科学性，则直接催化了马克思对蒲鲁东所有权理论的批驳。

第一，没有超越法权意义上的批判。马克思也承认，蒲鲁东确实抓住了导致现代贫困问题的核心内容即所有权，在一定程度上具有合理性。但是，他对所有权的把握存在根本的缺陷，他始终停留在抽象法权的基础上，从法权出发去考察经济事实，神秘化了生产与分配之间的关系，并未真正进入资本主义的经济社会关系中。可见，他的见解仍然无法超越政治法权批判的缺陷，而且一旦碰到现实问题，就被击得粉碎。因此，马克思批判蒲鲁东所有

---

① 马克思，恩格斯. 马克思恩格斯全集：第2卷 [M]. 北京：人民出版社，1957：61.
② 马克思，恩格斯. 马克思恩格斯全集：第2卷 [M]. 北京：人民出版社，1957：40.

权的思想和方法是一种"历史的"经济学①、"历史的"所有权,他在了解所有权产生的经济原因上是"无能的",正是这种"无能"使蒲鲁东不得不求助心理上和道德上的考虑。

蒲鲁东眼中的社会,乃是意味着各种关系的综合,总之就是体系,在这个体系中,"即使我们不想联合,事物的力量、消费的必要、生产的规律、交换的数学原理还会使我们结合在一起"②。这种结合的方式需要依据平等的法则,因为平等是进行协作生产的必要条件,无论是在工业、农业还是商业上都是如此,如果违背了这一点,则意味着对正义和公平的"侵犯"。所以,蒲鲁东是从法学角度来谈论私有财产的,他将公平、平等作为永恒的理性原则,以公平为依据,来"衡量一切社会的、法的、政治的、宗教的原理",并以此为出发点来构建他的理论体系,用法权观念去解释财产。可见,蒲鲁东对所有权理解的社会性基础是从主观臆想出发的,他对所有权的理解是一种颠倒的世界观和哲学观,其实质不过是在资产阶级所有权问题上的再一次确证而已。马克思指明且论证了"为人类社会、各民族和国家过去和现在的全部历史所证实了的毋庸置疑的真理,就是无论在什么地方,经济事实过去和现在都先于法律的和政治的法权"③。社会不是人的头脑构造出来的若干原则与想象,而是在一定生产力的基础上建立起来的,法权观念不过是由经济关系所决定并对经济关系的一种反映。

第二,没有正确揭露资产阶级私有制的实质。从本质上来说,蒲鲁东其实并不是要取消私有财产,他反对的只是财产采取的绝对所有权形式,因为它使个人权利同社会权利发生对立。从法权概念出发的蒲鲁东,最终只能得出"所有权就是盗窃"这个结论,仅此而已。这个结论固然也是一种批判,虽然他也谴责无限制的私有制和绝对的所有权,认为它们是产生不平等和贫困的原因,但是他仅仅把私有财产看作与人分离的东西,而不是看成人的本质力量的异化了的对象,不是看成生命异化、劳动异化的结果。他没有看到,

---

① 参见李庆钧."历史的"经济学与历史的"经济解释"[J].宁夏社会科学,1999 (3):44-47.
② 蒲鲁东.什么是所有权 [M].孙署冰,译.北京:商务印书馆,1963:270.
③ 马克思,恩格斯.马克思恩格斯全集:第18卷 [M].北京:人民出版社,1964:690.

整个私有制就是人类关系的物化,因而也是人的非人化的原因,相反,他主张保留私有制的各种经济范畴。因此,他克服异化的方式仍然是局限在政治经济学异化的范围内。可见,蒲鲁东对资本主义私有制的分析本身就建立在错误的基础之上,他根本不可能对资本主义私有制做出彻底的批判。

第三,一切人的平等"占有"并不能解决贫困问题。蒲鲁东以为,只要抛弃了不合理的私有制而实行合理的私人"占有",就可以扬弃私有制的祸害,消除社会灾难的根源。他把"占有"当成解决资本主义私有制问题的理想形式,想要通过"占有"的社会化来消除劳动者为生存而出卖自身的社会状态。然而,事实上,蒲鲁东却通过这种占有形式保存了私有制。他主张"社会所有,个人占有"的方法,其实就是说,每个进行劳动的人,按照平等的法则都能得到一份相等的财产。这实际上并没有实现对私有财产的否定,而是想让社会所有成员都成为私有者,使一切人都成为"资产家"。马克思指出,蒲鲁东是"以法国小农的(后来是小资产者的)立场和眼光来批判社会"的,这不过是小资产者的幻想罢了。法国哲学家奥古斯特·科尔纽说:"蒲鲁东本人没有从私有制去寻求资产阶级社会的性质,根本没有把它看成是资本主义制度的主要祸害,因而也就没有要求用激进的方法来废除私有制。按照马克思的意思,这是蒲鲁东学说的缺陷。"①

(三) 马克思的所有权理论

"在每个历史时代中,所有权是以各种不同的方式、在完全不同的社会关系中发展起来的。因此,给资产阶级的所有权下定义不外是把资产阶级生产的全部社会关系描述一番"②。从本质上来讲,包括蒲鲁东在内的思想家,都没有从根本上超越理性意义上或法律意义上的所有权。对此,马克思是不满意的,因为所有权在不同的历史时代是以不同的方式出现的,是不同经济关系条件下的产物,要理解资本主义社会的所有权,也就是要理解资本主义的经济关系、社会关系。所以,对资本主义社会产生的贫困,学者需要从根本上到生产关系和交换关系中去寻找。马克思强调,要把握所有权的实质,必

---

① 奥古斯特·科尔纽. 马克思恩格斯传:第2卷 [M]. 王以铸,刘丕坤,杨静远,译. 北京:生活·读书·新知三联书店,1965:355.
② 马克思,恩格斯. 马克思恩格斯全集:第4卷 [M]. 北京:人民出版社,1958:180.

须从经济关系上分析所有权的现实基础以及所有权变化的根据,他指明,对资本主义贫困难题的破解,不是简简单单在资本主义所有权范围内的调整与更新,必须认识到变革的彻底性。

在马克思的使用中,德文 Eigentum 通常用来表达所有权的概念,《杜登德语词典》对这个词的解释是:(1) a 某人的所属物,某人具有处分权、使用权和法律上支配权的物;b 所有权人的权利或处分权和使用权,对某物的法律上的支配;(2)(旧)地产。[1]可知,"'Eigentum'一词,从词源学的意义来说即归属于自己的财富的意思"[2]。在《马克思恩格斯全集》或《马克思恩格斯选集》中,德文 Eigentum 翻译成中文即所有权、所有制或财产,用来表达所有权的观念[3]。马克思对所有权的概念下过一个明确的定义,他指出:所有权关系就是劳动者与生产资料相结合的方式。劳动者与生产资料结合的过程事实上就是劳动的过程,所以,所有权可以看作劳动过程的组织形式。劳动的组织形式是理解社会经济结构的关键,可以看作所有权的同义语。概括来说,马克思主要从三个层面来把握所有权。

第一,从现实生产关系出发把握所有权。与蒲鲁东正好相反,马克思对财产关系的把握不是从法权意义上而是从它们的现实形态即生产关系出发。马克思指出,一定的所有权形式,反映的是社会的劳动组织形式,也就是生产关系的形式,因此在资本主义社会条件下,所有权体现的就是建立在资本主义生产方式基础上的生产关系和社会关系。所有权的产生与分工密切相关,而分工的任何新的发展都是随着生产力的发展而进行的,换言之,所有权是由生产力来决定的。在分工发展的不同阶段,所有权也会有不同的表现形式。因为分工包含着劳动工具、劳动条件、劳动材料的分配,物质活动和精神活动、生产活动和消费活动、劳动生产者和劳动成果的享受者则由社会上不同的人来承担,这一事实规定着不同时期人们从事生产活动的范围。与分工同时出现的还有分配,由于劳动及劳动成果分配的不平等,所有制得以产生,

---

[1] DROSDOWSKI G. Duden, Deutsches Universalwsrterbuch [M]. Munich: Bibliographisches Instifut, 1989: 393.
[2] 孙宪忠. 德国当代物权法 [M]. 北京:法律出版社,1997:173.
[3] 文章统一使用"所有权"一词,在论述的过程中根据思想发展的逻辑阐释其中包含的"所有制"和"财产"等含义。

也就是说，形成了这样一个关系链，即生产力—分工—不平等分配—所有制—生产关系。正如以手推磨为代表的生产力产生了封建生产关系，以蒸汽磨为代表的生产力产生了资本主义生产关系。马克思指出，分工和私有制其实是同一个意思的不同表达术语，一个是针对生产活动本身，一个是针对生产活动的结果。可见，马克思从根本的意义上把握了所有权的实质。

第二，占有权与所有权是有区别的。占有权与所有权虽然有联系，但也有严格的区别。在《政治经济学批判》导言、《资本主义生产以前各形态》以及《资本论》等文本中，马克思往往在"所有""占有""所有者""占有者"等字的下面加上了着重号，目的在于提示人们应注意其中的区别。列宁在分析土地关系时曾明确说，"不了解所有权、占有权、支配权、使用权等概念的区别"①，就可能产生误会。马克思主义语境下的所有权，指的是生产资料的所有权，即生产资料归谁所有，而所谓的占有权，即社会上某个人或集团占有生产资料，拥有占有权，但是没有生产资料的所有权，也就是说，占有者并不能出售这些生产资料。举例来看，土地，占有的人可以自己使用或者租出去给别人使用，但是没有权利出售。蒲鲁东说，每个人都有不可以被剥夺的权利，那就是通过劳动去占有自己所需东西的权利。他对"占有"进行了重新解释，他认为，"平等的占有"是实现社会公平的途径，"占用权对一切人来说是平等的""占用的尺度既然不是由意志而是由空间和人数的可变的条件来决定的，所有权就不能形成"②。事实上，这种解释建立在"先行消灭了所有权"的基础之上，这成为蒲鲁东批判所有权的论据之一。然而，蒲鲁东脱离生产资料的经济事实，始终停留在平等、公平等概念上，归根结底，其"占有"理论不过是一种相对所有权的说辞罢了，其实质仍然是在维护私有制。

第三，资本主义所有权是劳动被异化的根源。在资本主义经济过程中，交换关系发生的前提是，如果想拥有别人的产品，他必须拥有自己产品的所有权。事实上，在资本主义的生产条件下，劳动过程是劳动者来完成的，劳动产品是由劳动者创造的，而劳动产品的所有权却是属于资本家的。国民经

---

① 列宁. 列宁全集：第16卷 [M]. 北京：人民出版社，2017：302.
② 蒲鲁东. 什么是所有权 [M]. 孙署冰，译. 北京：商务印书馆，1963：116.

济学家只是从这一事实出发,致力于"发财致富",但没有向我们说明这一事实。实际情况是,对大多数劳动者来说,他们生产的劳动产品不属于自己,他们在劳动中感受到的是痛苦而不是愉悦,他们用来维持生命的东西正是摧残他们生命的东西,这就是资本主义私有制下的"异化"现象。马克思认为,私有财产同时是外化劳动的产物和劳动借以外化的手段,在此他已揭示了资本主义所有制是劳动被异化的根源,资本作为积累起来的劳动,实际上是异化劳动的实现。

第四,所有权发展的必然趋势是生产资料的社会化占有。马克思认为,生产资料归谁所有、归谁支配的问题,也就是生产资料的所有权即生产关系问题,决定了人民能否摆脱贫困。在马克思看来,在国民经济学家眼中,"天然合理"的私有制,是必须消灭的。问题的根本解决在于去除生产资料的资本属性,消灭建立在一部分对另一部分人剥削基础上的现代资产阶级私有制,使生产资料变成社会公共财产,充分释放生产资料的社会性。因此,未来社会的所有权形式必将是社会所有制,在生产资料被所有社会成员共同占有的基础上,重建个人所有制。"社会化占有"的所有权形式将实现劳动者与生产资料的直接结合,劳动者可以普遍、自由、平等地支配生产资料,从而为劳动者摆脱贫困,为自身发展创造条件。我们可以看到,马克思的所有权理论是同解决资本主义贫困难题联系在一起的。当然,由于时代与具体社会历史条件的制约,马克思并没有也不可能穷尽所有权理论的全部。与马克思一贯从经济事实出发的研究方法相一致,马克思并没有对所有权的发展前景进行具体细节的设计与描述,但是他给人类消除贫困、实现解放指明了正确方向。

第二节　蒲鲁东的构成价值理论

蒲鲁东说,政治经济学就是一种制造贫困的理论,要治好贫穷这样一种"慢性病",必须彻底否定政治经济学。他说:"贫穷分成各种各类,形式繁多,构成一部完整的自然史,是人类学的一个重要组成部分。那么,从已搜集到的一切事实中,可以得出一个不容置辩的结论,就是:只要劳动与资本的对抗存在一天，贫穷就是社会的一种器质性慢性病，只有彻底否定政治经济学，才能结束这种对抗。"① 然而，政治经济学家们却想要"把价值的反常状态和利己主义的优势地位神圣化和永恒化"，"把每一件既成事实都当成反对任何改革方案的禁令"。以政治经济学这一棱镜透视现代贫困，蒲鲁东自认为他超过了以往的一切国民经济学家，他努力寻求政治经济学与社会主义的合题，以他构建的经济矛盾体系来描述现实经济生活，来阐明不平等交换以及现代贫困的根源，并提出了构成价值理论。他声称他的构成价值理论不仅是合乎理性的，还是可以实践的，是可以实现平等交换和社会公平的科学理论。

一、价值"矛盾的本性"

政治经济学是以价值概念为出发点的，尤其是李嘉图的价值理论，"现代社会主义，不论哪一派，只要从资产阶级政治经济学出发，几乎没有例外地都同李嘉图的价值理论相衔接"②。李嘉图的价值理论包括两个"原理"：第一，商品的价值是由生产商品的劳动量决定的；第二，在土地所有者、资本家、工人三个阶级之间进行社会劳动产品的分配。故而，学者们应用李嘉图的理论是毫不新奇的，蒲鲁东也不例外。

商品具有使用价值和交换价值两种属性，这就是商品的二重性，其中使用价值表现为商品的自然属性，交换价值表现为商品的社会属性，商品是二者的统一体，这是政治经济学家们的共识。古典政治经济学家亚当·斯密明确地区分了使用价值和交换价值的概念，他说："价值一词有两个不同的意义。它有时表示特定物品的效用，有时又表示由于占有某物而取得的对他种货物的购买力。前者可叫作使用价值，后者可叫作交换价值。"③ 简单一点来说，使用价值指的是商品的有用性，价值则指的是人类劳动在商品中的凝结。

---

① 蒲鲁东. 贫困的哲学：上卷 [M]. 余叔通，王雪华，译. 北京：商务印书馆，2010：155.
② 马克思，恩格斯. 马克思恩格斯全集：第21卷 [M]. 北京：人民出版社，1965：206.
③ 亚当·斯密. 国民财富的性质和原因的研究：上卷 [M]. 北京：商务印书馆，1972：25.

不同使用价值的商品之所以可以交换，是因为在各种商品中包含着一种同质的东西，也就是劳动能力的耗费。

"价值生就两副面孔"，这是蒲鲁东也承认的。蒲鲁东说，政治经济学家们却没有发现，价值还具有矛盾性，"经济学家们很清楚地揭明了价值的二重性；但是他们并没有同样明确地阐明价值的矛盾的本性；我们的批判就从这里开始……只指出使用价值和交换价值之间的这种惊人的对照是不够的，经济学家们惯于把这种对照看成非常简单的事情，应当指出，在这种虚构的简单中却隐藏着深奥的秘密，我们的责任就是要弄清这个秘密……用术语来说，就是使用价值和交换价值成反比"①。价值的矛盾性体现在哪里呢？蒲鲁东认为，使用价值和交换价值互相联系，但也"经常力图互相排斥"，二者统一且对立。蒲鲁东想要对价值的二重性进行具体的说明，说明"价值内部的区别"，说明使用价值变成交换价值的过程，他表示交换价值是如何产生的这个问题，正是他想比其他经济学家更加仔细阐明的问题。

蒲鲁东说，社会是由鲁滨孙之类的隐逸之士组成的，人们所需要的绝大多数东西原本并不是自然界供给的，而是通过工业生产出来的，正是由于人类自身的发展需要，新价值才不断被创造出来，整个人类文明就是这样建立和发展起来的。人类本身的需要是多方面的，但是由于个体精力的限制，个人不可能生产出满足其需求的全部物品。于是，他就向其他行业的生产者提出建议，建议将他们生产的产品同自己生产的产品相交换，在这个过程中，进行分工生产，并把使用价值和交换价值区别开来。他的意思是说，人类本身的需要是全部文明发展的目的，需要本身决定了社会的分工，于是建立在分工之上的生产和交换就形成了，交换价值就这样"凭空掉下来了"。换言之，按照蒲鲁东的意见，正是由于生产者"建议"另一个生产者的分工和交换，交换价值得以产生，正因为有了这种"建议"，交换世界得以形成，价值也就出现了。然而，蒲鲁东没有交代交换，而交换价值事实上是怎样历史地形成的，他就急切地将这种交换看作一种"建议"的产物。

继而，蒲鲁东对价值的矛盾性进行了研究，他说这种矛盾是客观存在的，

---

① 马克思，恩格斯．马克思恩格斯全集：第4卷［M］．北京：人民出版社，1958：80.

从性质上来讲，使用价值和交换价值互相排斥。因为随着生产的产品越来越多，价值会越来越低，反过来随着生产的产品的减少，价值会越来越高，二者是"命定地互相联系"在一起。为什么使用价值和交换价值既不可分割又互相矛盾呢？为了弄清楚这个问题，蒲鲁东将使用价值看作一种自然发生的现象即"众多"和"供给"，将交换价值看作"稀少"和"需求"。这样一来，蒲鲁东轻而易举地就得出结论，众多和稀少、供给和需求的矛盾就是使用价值和交换价值的矛盾。为了使这一矛盾性体现得更加明显，蒲鲁东说："只要我是自由的买者，我就是我的需要的判断者，是物品是否合适的判断者，是对这件物品愿意出价多少的判断者；另一方面，只要你是自由的生产者，你就是制造物品用的资料的主人，你可以缩减你的成本。所以专断的意志必然渗透到价值中去，并且使价值在效用与议价之间摇摆。"① 随即，蒲鲁东换了一种新的术语，即用效用来表示使用价值和供给，因为供给提供效用，他用意见来表示交换价值和需求，因为意见提供对商品价值的意见，因此形成了效用（使用价值、众多）与意见（交换价值、需求）的矛盾。

"意见决定价值"，意思就是使用价值和交换价值的矛盾对立其实是由人的自由意志来决定的，自由意志成为交换发生的前提，同时也是使价值在效用和价格之间摇摆的重要因素。蒲鲁东解释说，在交换市场上，生产者和消费者都是"自由意志的骑士"，"自由的购买者"可以根据自己的意见决定其愿意提供的价格，"自由的生产者"为了能达到产品价格与成本差额的最大化，可以根据自己的意见决定自己的生产费用，由于价格是自由交换双方任意估定的，那么双方的矛盾就产生了，使用价值和交换价值的矛盾性就体现在这里。蒲鲁东自认为，他第一个正确地说明了价值的起源问题，而且发现了价值二重性的矛盾。

二、构成价值理论及其实现形式

蒲鲁东指出既然自由意志决定了价值二重性的矛盾，那么自由意志就必须通过确定真正的、公平的价值规律来解决这个矛盾。按照"蒲鲁东式的三

---

① 蒲鲁东. 贫困的哲学：上卷 [M]. 余叔通，王雪华，译. 北京：商务印书馆，2010：81.

段论"发展公式,正题就是使用价值,反题就是交换价值,合题就是构成价值,为什么是构成价值呢?蒲鲁东解释说,因为社会经济发展过程的一切,都有一种力求构成价值的倾向,价值规律公平的形式就是"构成价值"——这才是价值规律的荣誉及其权力的恢复,价值的构成不仅重新改造了政治经济学,还使社会经济进入一种有序发展的状态。蒲鲁东将这一理论自诩为"科学的发现",他希望借助人的理性,用一个统一公式来解决资本主义社会的贫困问题,这个公式就是他一切"发现"的顶峰——构成价值理论。构成价值理论是蒲鲁东整个理论的基础,被看作消除现代贫困的"良药"。

(一)价值是一种比例

所谓的构成价值,指的就是生产产品的劳动时间所构成的价值,"劳动时间先天决定交换价值"。按照蒲鲁东的解释,价值就是一种比例,构成价值体现为"构成财富的各种产品的比例性关系",所有产品之间都能构成一种比例关系。这正是社会公平的体现,对生产者来说,他们的责任就是确立并实现这种公平。简单来说,这种比例性关系,就是要遵循这一原则,即以同等的劳动小时交换同等的劳动小时,每个人都能用自己的劳动时数生产的产品购买到包含等量劳动的任何产品,这样的商品交换才是平等的。如果商品交换按照这样的规则进行,那么使用价值和交换价值的矛盾自然就可以得到解决了,尔虞我诈、巧取豪夺等不公平交换现象就会消失,社会公平就可以实现了。

蒲鲁东曾经以化学中的化合物为例来阐释"构成价值",他将社会财富比作处于化合状态的物体,化学对新物质的形成是这样解释的,即不同的元素按照一定的规律以不同的比例参与化合,导致了新物质的形成。同样,社会上的不同产品以不同的比例进行组合,从而形成了社会财富,"每一种元素在参与组合时所依据的比例,就是我们所称的价值;在组合后所剩下的多余部分,就是非价值。除非再加进一定数量的其他元素,这些多余的元素便不能互相组合,也就是说,不能互相交换"[1]。一种产品如果没有按照社会所需要的比例进行生产,如果超过了社会所需要的份额,那么超出的这部分是不被纳

---

[1] 蒲鲁东.贫困的哲学:上卷[M].余叔通,王雪华,译.北京:商务印书馆,2010:92.

入社会财富的。能得到社会承认的交换产品，就可以被纳入社会财富之中，就可以成为构成价值，而不能够得到社会承认的交换产品，就被视为"非价值"。

这种比例形成和确定的力量来源是什么呢？蒲鲁东说，正是劳动的存在，社会财富不断进行组合，使产品交换形成比例。他的意思是说，劳动者只有付出多少得到多少，被剥削的状态才会消失，否则就是以劳动者作为牺牲品，去给另外一个人输血，这显然不符合交易中的公平原则。

（二）取消现存货币，设立"劳动货币"

蒲鲁东也知道，在资本主义社会中，这种比例性关系是不存在的，因为商品的价格一直随着供求的变化而波动着，所以使用价值和交换价值的对立始终存在，社会不公平也由此产生。在蒲鲁东看来，这种比例性关系在资本主义社会之所以不存在，商品生产者之间之所以不能完全按照自己所耗费的劳动时数来进行交换，原因是货币的存在，货币同其他商品相比占有特权地位。所以，蒲鲁东摇身变成"货币魔术师"，他说如果货币不存在了，或者说市场上所有的商品都具有货币的属性，也就是成为货币一样的等价物，设立"劳动货币"，那么就能达到"供求之间的正确比例"，商品生产的矛盾就能消除。换言之，蒲鲁东主张，直接交换的社会才是最有保障的自由社会，产品可以像商品一样来生产，但却不可以像商品一样来交换。

提到"劳动货币"，这其实并不是蒲鲁东的"独特发明"，早在他之前，一些空想社会主义者就提过类似的主张。例如，魏特林在对未来社会的构想中，主张应由纸币这一单纯的价值符号来代替劳动小时的名称，每一个具备劳动能力的人，要想生存下去，就必须有生活必需品，而要获得生活必需品，就必须每天工作一定的小时。在获得必需品的工作时间之外，如果想要获得必需品之外的奢侈品，每个人就需要付出几个附加的"交易小时"。工作时长包括附加的工作时长以及获得的物品都记录在一个"交易簿"中。欧文也曾提到过"劳动货币"，并且进行过实验，但是破产了。

在马克思、恩格斯的著作中，他们特别提到了约翰·格雷。约翰·格雷是一名资产阶级经济学家，他也提到了"劳动货币"论，劳动时间是直接的货币计量单位，是由约翰·格雷第一次系统表达出来的。在经济学说史上，约翰·格雷首次系统地发挥了劳动时间是直接的货币计量单位的学说。在

《人类幸福论》中，格雷根据英国资产阶级经济统计学家帕·科贡制定的英国收入分配统计表，经过重新分类和计算以后，得出如下结果：生产阶级全年平均每人新创造了价值为54镑的财富，但是他们自己只得到11镑，即只占全部劳动产品的五分之一。全部财富的五分之四都被非生产阶级特别是其中的无益阶级占有了。格雷曾经愤慨地说道："富人实际上什么也没有付出，而得到了一切。穷人实际上付出了一切，却什么也没有得到。"① 为此，在《社会制度》一书中，格雷提出了小资产阶级的社会改革方案，中心内容是建立劳动货币制度。格雷幻想，商品直接就等同于货币，商品中包含的私人劳动直接就等同于社会劳动，要想使一般商品处于和货币的同等地位，要想消除货币的特权，从而使卖也像买一样不会遇到困难，就需要建立劳动货币制度，只有劳动货币制度能够做到这一点。他设想的具体途径是，成立一个能够垄断纸币流通和停止金银流通的唯一享有特权的国家银行，由国家银行发行一种替代金属货币的劳动货币。银行来确定每类商品所需要的劳动时间，商品生产者根据自己商品的生产劳动时间，在银行换取一张价值凭证，然后凭借这张价值凭证去领取用相同劳动时间生产的其他商品。实际上，格雷的这一设想实质就是，不要货币，也不要交换价值，不要商品，也不要资产阶级，然而，"劳动货币"是"站不住脚的"，它"同戏票一样，不是货币"。马克思在批判格雷的"劳动货币"方案时指出："商品直接是彼此孤立的、互不依赖的私人劳动的产品，这种私人劳动必须在私人交换过程中通过转移来证明是一般社会劳动，或者说，在商品生产基础上的劳动只有通过个人劳动的全面转移才成为社会劳动。但是，格雷既然把商品中所包含的劳动时间直接当作社会劳动时间，那他就是把这种劳动时间当作共同的劳动时间，或直接联合起来的个人的劳动时间。……在格雷看来，产品要当作商品来生产，但不当作商品来交换。"②

蒲鲁东秉承了格雷的思想。"老实的格雷想不到在他的'社会制度'出现了16年之后，这个发明的专利权会被善于发明的蒲鲁东拿去了③。"蒲鲁东主

---

① 约翰·格雷. 人类幸福论 [M]. 张草纫, 译. 北京: 商务印书馆, 1963: 31.
② 马克思, 恩格斯. 马克思恩格斯全集: 第4卷 [M]. 北京: 人民出版社, 1958: 110.
③ 马克思, 恩格斯. 马克思恩格斯全集: 第13卷 [M]. 北京: 人民出版社, 1962: 74.

张以劳动货币来替代金属货币，他说金银只是经过君权的神圣化，并在上面打上了自己的"印章"之后才变成货币的，他还举出金银是"构成价值"的最早的典型。所以，蒲鲁东主张取消金银的特权，力图用作为已完成的劳动小时数的凭证而交给工人的"劳动货币""小时券"和收据来代替金银，从而使每个商品同金银一样，都有资格成为流通工具。简言之，蒲鲁东的"劳动货币"，就是直接以劳动时间来表示货币，产品同产品之间都能相交换。

当然，蒲鲁东的理论也区别于格雷的劳动货币理论。格雷的劳动货币理论是"一种经济学上的空话"，它其实表达了这样一种意思，那就是废除货币，同货币一起废除交换价值，同交换价值一起废除商品，同商品一起废除资产阶级的生活方式，如果说其中还包含社会主义因素的话，那么蒲鲁东则不同，他"把贬低货币和颂扬商品作为社会主义的中心要点来认真宣传，从而使社会主义变成根本不了解商品和货币的内在联系"①。显然，格雷的理论如果被称为"李嘉图学派的社会主义"还有其理由的话，那么蒲鲁东的理论则与此不同了。

为了实现"劳动货币"的设想，蒲鲁东主张，由交换银行来制作"劳动货币"，发给生产者一种可以代表产品的证券书。交换银行是致力于解决贫困问题的脱离国家和政府的一个基本的自治机构，劳动货币既是代表一定数量的劳动时间的银行券，也是领取存放在银行仓库中的其他一切商品中的一个等价物的证据。不仅如此，劳动货币还有各种不同的票面额，分别代表一个工作小时、一个工作日、一个工作周等。生产者如果有证券书，就可以用它去购买任何他所需要的商品。关于这一设想，蒲鲁东不仅在理论上进行了详细说明，而且进行了实践。1849年1月31日，蒲鲁东签署了合股文书并把章程进行了呈报。银行于1849年2月11日在圣德尼街25号开业，蒲鲁东将"人民银行"的章程公之于众，并宣称他创办的"人民银行"是有史以来从未有过的，他想以此来"转动文明的轴心"。两天内就有862人认购了1897张股票，计9485法郎。6个星期以后，认购股票的人接近2万，其中有12个团体，还有马赛、里昂、里尔的客户，预定的资本高达10万法郎。正当蒲鲁

---

① 马克思，恩格斯. 马克思恩格斯全集：第13卷 [M]. 北京：人民出版社，1962：76.

东以为胜利在望的时候,他却因违反出版法被判处 3 年监禁和 3000 法郎罚款。1849 年 3 月底,他到比利时去。不久,他被缺席审判,又被判处 5 年监禁和 6000 法郎的罚款。就这样,人民银行并未正式营业就中途夭折了。

第三节　马克思对蒲鲁东价值论的批判与超越

在给安年科夫的信中,马克思写道:"蒲鲁东先生之所以给我们提供了对政治经济学的谬误批判,并不是因为他有一种可笑的哲学;他之所以给我们提供了一种可笑的哲学,却是因为他没有从现代社会制度的联结〔engrènement〕——如果用蒲鲁东先生像借用其他许多东西那样从傅立叶那里借用这个名词来表示的话——中了解现代社会制度。"① 蒲鲁东从政治经济学角度寻找现代贫困的根源和解决办法,这一点是值得肯定的,但蒲鲁东先生并不了解现代社会制度,故而他只要从经济方面来谈论问题,"就十分软弱无力"了。

一、蒲鲁东价值理论的限度

被蒲鲁东视为伟大发现的"构成或综合的价值",在蒲鲁东手中变成了改造资产阶级社会和建立新社会的工具。从表面上看,蒲鲁东的构成价值理论"具有了一种比较有血肉的形式",但究其本质而言,其理论不过是一种对店主和自产自销的手工业者抱有的温情主义。在对资本主义价值规律的解释上,蒲鲁东事实上并未有新的发现,相较于李嘉图反而是一种倒退。马克思指出:"李嘉图给我们指出资产阶级生产的实际运动,即构成价值的运动。蒲鲁东先生却撇开这个实际运动不谈,而'煞费苦心地'去发明按照所谓的新公式(这个公式只不过是李嘉图已清楚表述了的现实运动的理论表现)来建立世界的新方法。李嘉图把现实社会当作出发点,给我们指出了这个社会怎样构成价值;蒲鲁东先生却把构成价值当作出发点,用它来构成一个新的社会……在李嘉图看来,劳动时间确定价值这是交换价值的规律,而蒲鲁东先生却认

---

① 马克思,恩格斯. 马克思恩格斯全集:第 27 卷 [M]. 北京:人民出版社,1972:476.

为这是使用价值和交换价值的综合。"① 我们如果说李嘉图的价值论是对"现代经济生活的科学解释",那么蒲鲁东先生的价值论则是"对李嘉图理论的乌托邦式的解释"。他只是用一种新的公式、新的术语来重新阐释李嘉图关于资产阶级社会的理论,并将他这种"改头换面"的理论冒充为"将来的革命理论"。

(一)价值过程的神秘化

商品的价值二重性及其对立统一关系,在经济学说中是一个重要的论题,然而以往的一切经济学家都没有将这个问题说清楚。古典政治经济学的缺点在于,虽然它对商品以及商品价值进行了分析,但它始终不能从中找到使价值成为交换价值的价值形式。不可否认,使用价值和交换价值是矛盾的统一体,马克思完全承认这一点。在实际的市场交换中,商品作为自然的产品,因能满足某种需要而具有使用价值,借助"交换"这一社会性环节,商品同时实现了使用价值和交换价值这两种属性。可见,在商品交换中,实际内容是不同"使用价值"的让渡,交换价值以使用价值为基础,使用价值的交换通过"交换价值"得以实现,二者统一于商品中。与此同时,二者又相互否定对方,因为想要获得对方商品使用价值的人必须让渡自己商品的"价值"。因此,使用价值与交换价值是对立统一的关系。

事实上,在蒲鲁东之前,就有经济学家已经看出二者对立和矛盾的"深奥秘密"。西斯蒙第、罗德戴尔就曾提出过类似的观点,并根据这点创立了自己的学说。例如,西斯蒙第说过,在商业发展中,一切东西都可以被归结为使用价值和交换价值的对立,如果生产增长了,则意味着收入减少了。罗德戴尔同样看到了两种价值的反比例关系,并将他的理论体系建立在此基础之上,他认为国民财富或者说使用价值是和个人财产或者说交换价值成反比的,如果个人财产因交换价值的下降而减少,那么国民财富通常会相应地增加。可见,并不是如蒲鲁东所说的,两种价值的矛盾不被其他经济学家所知。

不顾现实的历史发展,蒲鲁东用抽象的价值来解释价值的起源,以纯粹的主观主义来阐释交换价值的产生,从而给使用价值变成交换价值的过程蒙上了一层"神秘的面纱"。他自以为,用他发明的"公式"就能更清楚地阐

---

① 马克思,恩格斯. 马克思恩格斯全集:第4卷[M]. 北京:人民出版社,1958:92.

明这个"秘密",他简单地将交换价值的起源归结为向合作者的"建议",简单地将使用价值和交换价值的起源归结为人的自由意志,并简单地在交换价值和稀少之间、在使用价值和众多之间画了等号。然而,他不仅没有认清使用价值和交换价值矛盾的性质和根源,而且歪曲了二者矛盾的真实关系。他的这种做法,不能在"稀少"中找到使用价值,也不能在"众多"中找到交换价值。马克思指出,交换价值是现实世界的产物,它绝不是人们的自由意志可以决定的。"价值"概念是以产品的实际"交换"为前提的,交换为什么会产生呢?蒲鲁东论证的前提是需求和分工已经存在,这样交换行为自然就会发生了,如果按照这个逻辑,那么一开始就可以预设交换价值的存在。也就是说,蒲鲁东把交换价值的产生当成一个"既成的事实",把没有根据的假设看作结果,继而进行循环论证。他从荒谬的论断中推出了价值的矛盾性,而这种矛盾并不表示商品本身所实际包含的矛盾,而是从蒲鲁东头脑中产生出来的,这是十足的唯心主义。可见,蒲鲁东在一系列问题上得出了错误的结论。

蒲鲁东运用的"循环论证法",最早是由亚当·斯密开创的。马克思曾在《亚当·斯密〈国民财富的性质和原因的研究〉一书摘要》中论述了斯密的"循环论证法",指出:"十分有趣的是斯密所做的循环论证。为了说明分工,他假定有交换。但是为了使交换成为可能,他又以分工和人的活动的差异为前提。他把问题置于原始状态,因而未解决问题。"[①] 马克思强调,商品交换是以一定的生产方式为基础的,在人类社会生产力发展的不同的阶段,会呈现出不同的特征。对生产者来说,生产行为受生产力水平的制约,对消费者来说,购买行为以资金和需求为基础。"生产者只要是在以分工和交换为基础的社会里进行生产……他就不得不出卖。蒲鲁东先生使生产者成为生产资料的主人,但是他却同意我们说生产者的生产资料不取决于自由意志。不仅如此,而且这些生产资料大部分又都是生产者从别处取得的产品。……当然,工人买马铃薯和妇女买花边这两者都是根据本人的意见行事的。但是他们意见的差别就是由于他们在社会上所处的地位不同,而这种社会地位的差别却

[①] 马克思,恩格斯. 马克思恩格斯全集:第2卷 [M]. 北京:人民出版社,1957:336.

又是社会组织的产物"①。所以，从实际上来说，二者其实都不自由，一切都是由他们的社会地位或者说由整个社会组织来决定的。我们如果按照蒲鲁东"自由意志"的解释逻辑来进行，那么这一切就变得神秘化了。

(二)"科学发现"的骗局

马克思指出："蒲鲁东确实曾经是一个独创的思想家，并曾引以为豪，但当他发现自以为是独创的和崭新的东西，别人在他之前就已经说过了，他就不再自豪了。于是他就转向虚假的科学，如此等等。"② 蒲鲁东引以为豪地吹嘘他的构成价值理论是超越了古典政治经济学的"科学发现"，他非常善于滥用"科学"的字眼，在"缺乏概念的地方字眼就及时出现"。站在科学劳动价值论的立场上，马克思批驳了蒲鲁东的价值理论，揭开了"科学发现"的骗局。

蒲鲁东论证了"构成价值"是交换中的比例性关系，人们可以通过这种比例性关系按照生产商品所用的劳动时间进行平等交换，从而达到供求平衡。马克思指出，这恰恰是把事情弄颠倒了，实际的情况是，当供给和需求处于相平衡的状态时，商品中的必要劳动量正好决定了商品的相对价值，也就是说，这种相对价值恰好表现了蒲鲁东所企求的比例性关系。蒲鲁东却把事情倒转过来，他认为只要先将供需的"比例性关系"建立起来，就是先用劳动量来衡量产品的相对价值，那么生产和消费就会互相平衡。对这种倒因为果的行为，马克思以一个比喻对此进行评价："一般人都这样说，天气好的时候，可以碰到许多散步的人；可是蒲鲁东先生却为了保证大家有好天气，要大家出去散步。"③ 使用价值不能简单地与众多、供给画等号，交换价值也不能简单地与稀少、需求画等号，因为供给者同时也是需求者，需求者同时也是供给者。所以，蒲鲁东随意地将供给、需求和效用、意见混淆的做法，也只是停留在空洞的抽象概念上，没有任何实际的意义。

蒲鲁东说，交换价值先天是由劳动时间来决定的，他理解的"劳动时间"只是个人的劳动时间，他以为个人花费一定的劳动就应当取得等量的劳动回

---

① 马克思，恩格斯. 马克思恩格斯全集：第4卷 [M]. 北京：人民出版社，1958：86-87.
② 马克思，恩格斯. 马克思恩格斯全集：第36卷 [M]. 北京：人民出版社，1975：128.
③ 马克思，恩格斯. 马克思恩格斯全集：第4卷 [M]. 北京：人民出版社，1958：102.

报,这样供求就能达到平衡,交换就能够顺利进行下去。个人的劳动时间之所以成为"价值尺度",是因为这是合乎人性的先天的理性要求,故而应当根据这个先天理性要求来建立平等的合理的社会。马克思指出,蒲鲁东所谓的"构成价值"纯粹是基于个人主义理性的"劳动价值论",劳动时间之所以能成为价值的尺度,绝不是从个人本位出发所要求的"平等合理"。蒲鲁东从他的论述中所得出的结论是,在一切的产品交换中,不考虑供给需求的关系,只需要按照生产产品的劳动时间来进行交换就可以了,这种交换的进行应当永远符合生产量完全适应需求量这一原则。显然,他没有看到价值决定的社会性,因为劳动时间成为价值尺度正是在供求的变动中实现的。

实际上,蒲鲁东的根本错误在于,他没有将"劳动价值"和"劳动的价值产品"区分开来,也就是说,他没有区分"劳动力价值"和"劳动价值",他没有弄清楚生产商品所需要的必要劳动时间与商品的劳动价值这两种衡量方法的差别,而是错误地用"劳动价值"①来衡量商品的价值。他没有看到"劳动力"商品的价值规定,而"把劳动商品这个可怕的现实只看作文法上的简略"②。通过与斯密、李嘉图进行比较,马克思揭示了蒲鲁东理论的局限性。亚当·斯密其实也没有弄明白这两种衡量方法的差别,他时而将生产商品需要的必要劳动时间看成商品的价值尺度,时而又把劳动价值看成商品的价值尺度。李嘉图事实上纠正了斯密的错误,并阐明了二者之间的区别。然后,蒲鲁东又回到了斯密的"错误",并加深了这一错误,如果说斯密是把这两种衡量方法并列在一起使用,那么蒲鲁东则是把二者"混而为一"了。

马克思将"劳动价值"与"劳动力价值"区分开来,说明了二者之间的区别,并论证了,通过劳动所创造的价值与工人实际所得的工资之间是存在一个差额的。那种将商品价值用"劳动价值"来衡量的观点,不过是在进行一种循环论证,并不符合经济事实,也不能说明问题。蒲鲁东既然没有看到这一客观的经济事实,那么他所得出的结论自然也就无法实现了。如果按照蒲鲁东的说法,那么结论自然就是生产工资需要的劳动量决定了工人能拿到多少工资,生产劳动所需要的劳动时间决定了劳动作为一种商品的价值,这

---

① "劳动价值"这种用语是"劳动力价值"这种本质关系的表现形式。
② 马克思,恩格斯. 马克思恩格斯全集:第4卷[M]. 北京:人民出版社,1958:100.

个劳动时间也就是,维持劳动者及其后代的生命所必需的物品的劳动时间。这样一来,劳动的自然价格就是工资的最低额度。这样一来,"由劳动时间衡量的相对价值注定是工人遭受现代奴役的公式,而不是蒲鲁东先生所希望的无产阶级求得解放的'革命理论'"①。所以,他认为劳动者注定会"遭受现代奴役",注定会陷入贫穷,这与现存的工人阶级与资产阶级的矛盾以及社会的不平等分配是相一致的,可见蒲鲁东以一种隐秘的方式站到了资产阶级的立场上。

(三)"取消货币"的荒谬性

保留商品生产,取消"可鄙的金属"货币,用"劳动货币"代替现存货币,是否就可以把商品的实际价值与商品的名义价值等同起来,是否就可以消除交换过程中的不平等现象呢?答案必然是否定的,因为这种情况只有在价值和价格仅仅是同一种关系的不同表现的前提下才可能发生。蒲鲁东之所以选择货币作为构成价值实际应用的例子,其目的不过是"偷运他那一套关于交换可能性的理论",也就是为了证明,按生产费用来估价的所有商品都必须成为货币。换言之,蒲鲁东想要通过"劳动货币"的形式,或者说保留货币的纸币形式,来消除货币关系所产生的矛盾,这是非常荒谬的。

这怎么可能呢?马克思揭示了价值向货币转化的内在必然性,货币为什么具有存在的必然性呢?商品生产决定了商品流通,商品的生产量决定了商品的流通量,随着商品交换的逐步扩大,人们就要求有一种能够衡量商品价值并作为流通媒介的特殊商品。于是,货币作为一般等价物从其他商品中分离出来,从而也使商品交换在买和卖上分离开来。既然在目前已形成的交换中,商品关系的存在具有必然性,那么货币也就有其存在的必然性了。马克思指出,表面上看,金银只是一种具有特殊社会属性的货币,但其实质却是代表着一种社会生产关系。货币是生产关系的载体,它实质上代表着一种生产关系,是连接整个经济关系链条的重要环节。如果抽离生产关系,货币也就不称其为"货币"了。在资本主义社会中,包括货币在内的一切经济范畴都是"外化劳动"和"私有财产"及两者关系的特定展开,蒲鲁东仅仅看到

---

① 马克思,恩格斯. 马克思恩格斯全集:第4卷 [M]. 北京:人民出版社,1958:95.

了货币作为货币的存在，却没有看到背后的生产关系。

所谓的"劳动货币"只是更换了物质载体的货币形式，从一定意义上讲，在不同的社会生产条件下，货币具有不同的形式，但有一点是共同的，那就是，即便某种货币形式可以克服另一种货币形式的缺陷，只要它还是一种货币形式，只要它仍然作为货币起作用，那么无论它怎么变化，它所代表的生产关系都没有发生变化，都不可能从根本上"消除货币关系固有的矛盾"。可见，蒲鲁东只是发现了生产关系形式上的矛盾，他并不理解货币的物质内容和形式规定的区分，他混淆了资本主义社会的现象和本质。事实上，"蒲鲁东式的智慧的全部秘密"就是建立在这个基础之上的，因此"取消货币"是不可能根除根植于生产关系本身中的矛盾的。

显然，金银货币的存在，并不是资本主义生产方式矛盾的原因，并不决定资本主义贫困和不平等交换的必然性。本质和原因不应当到流通中去寻找，流通只是"现代生产力和资本主义生产方式这两个要素互相发生矛盾"的表现，人们应当到资本主义生产方式中去寻找。货币虽然能发出危机的信号，但"一切现实的危机的最终原因始终是群众贫穷和群众的消费受到限制，而与此相对立，资本主义生产却竭力发展生产力，好像只有社会的绝对的消费能力才是生产力发展的界限"[①]。可见，资本主义生产不断扩大的趋势、群众消费相对不足才是资本主义经济危机的终极原因。

资产阶级社会的矛盾，绝不可能简单地通过"改造"银行，建立所谓"合理"的货币制度加以消除。蒲鲁东采用的方式不过是在资本主义生产方式的"最表面的最抽象的领域"中去寻找危机的源头和应对危机的办法。对此，马克思嘲讽说，蒲鲁东竟然想以商品生产的所有权规律来消灭资本主义所有制，他的这种"机智"行为不能不令人感到惊讶。这种保存商品生产和竞争条件的"解决社会问题的新方法"，这种想通过废除贵金属"特权"，建立一种所谓"合理的货币制度"的方法，是不可能清除资本主义生产的弊害的，其深刻程度也就由此可见了。

---

① 马克思，恩格斯. 马克思恩格斯选集：第2卷 [M]. 北京：人民出版社，2012：586.

二、对资本主义"剥削秘密"的误解

"'英国的一座工业城市在1841年第四季度有4家大制造业厂破产,一共解雇了1720人',破产的原因是生产过剩,这就是说市场不足,或者人们穷困。"① 社会上到处存在这样的现象:工人耕耘好了一块肥沃的土地而不能在那里播种;他盖了一座舒适和美观的房屋而不能住在里面;他生产了一切而丝毫得不到享受……"那个为了得到一小块面包而烤出一大堆面包、为了可以住在马房里而去建筑一座宫殿、为了能穿上破衣烂衫而去织造最名贵的布匹、为了自己省掉一切而生产一切的文明世界中的工人,是不自由的。工人为雇主劳动,但雇主并不因为他们相互之间交换着工资和劳务而成为工人的朋友,他是工人的敌人"②。在资本主义社会,劳动者生产的规律就是必须不断地创造出剩余,不然生活便"朝不保夕""单调乏味""令人厌倦"。

事实上,蒲鲁东感觉到了"剥削",并试图对生产过剩进行"蒲鲁东式"的回答。关于蒲鲁东对资本主义"剥削秘密"的理解,马克思用一个形象的比喻说,蒲鲁东只听到了"钟声响",却不知道"钟声"到底从何处来,他没有找到"剥削"的源泉。

(一)蒲鲁东对生息资本的错误认识

在蒲鲁东看来,为什么会产生生产过剩呢?原因是工人生产了产品却不能买回自己的产品,这里的产品指的是总产品中体现工人的必要劳动的那部分产品。"为了使问题更清楚些,我们假定工人的20塔勒[工资]=4舍费耳谷物。根据蒲鲁东的看法,如果20塔勒是4舍费耳谷物的以货币表现的价值,而资本家把4舍费耳卖22塔勒,那么工人就不能买回4舍费耳,而只能买回3(7/11)舍费耳。换句话说,蒲鲁东认为,货币交易把这里的关系歪曲了。20塔勒是必要劳动的价格=4舍费耳,资本家把这个价格给了工人。可是当工人要用20塔勒取得这4舍费耳时,工人得到的却只有3(7/11)舍

---

① 蒲鲁东.贫困的哲学:上卷[M].余叔通,王雪华,译.北京:商务印书馆,2010:182-183.
② 蒲鲁东.什么是所有权[M].孙署冰,译.北京:商务印书馆,1963:167.

>>> 第五章 阐释现代贫困的政治经济学根源

费耳。工人因此得不到必要工资，他就根本不能生活"①。蒲鲁东的观点就是，在生产出来的产品中包含了利息和利润，换句话说，就是产品的实际价值是超过产品本身价格的。资本家在出售商品时，把商品价值增加了一部分作为利息，由于商品的价格超出了工人的承担能力，所以劳动者并不能买回自己生产的商品，也就是说，工人受到了剥削。因而，蒲鲁东认为，剥削之所以形成，就在于利息，而利息为什么会形成，其原因就在于生息资本，借贷资本家通过借出自己的货币，通过借出的货币来获得利息，从而造成了物价上涨，工人无法买回自己生产的产品。

生息资本而产生的借贷行为，被蒲鲁东看作资本主义剥削的"罪魁祸首"。在借贷资本下，1000镑可以带来由40000镑赚得的全部利息，"这样一来，如果利率等于5%，利息就等于2000镑。根据这一假设，他正确地算出1000镑生出200%的利息"②。按照蒲鲁东的说法，借贷行为不同于商品买卖，在商品买卖的场所，实行的是等价交换，而对借贷行为而言，"即人们可以不断重新出售同一物品，并且不断重新为此得到价格，但从来不出让对所售物品的所有"③。也就是说，借出货币的人通过反复放贷取得利益，但他永远不让出这一物品所有权，于是就形成了放贷人对贷款人的剥削。

"出售帽子的制帽业主……得到了帽子的价值，不多也不少。但借贷资本家……不仅一个不少地收回他的资本，而且他得到的，比这个资本，比他投入交换中去的东西多；他除了这个资本还得到利息"④。蒲鲁东指出，这一过程同样是放贷人对劳动生产者剥削的过程，工人的工资加上资本的利息，形成了商品的价格，这个价格是高于工人的工资的，故而工人想要买回他生产的产品，就成为一种不可能。也就是说，受资本利息的支配，工人虽然自食其力却仍然贫穷，这是十分矛盾的。所以，蒲鲁东非常憎恨大资本家，同时

---

① 马克思，恩格斯. 马克思恩格斯全集：第46卷：上册 [M]. 北京：人民出版社，1979：414.
② 马克思，恩格斯. 马克思恩格斯全集：第26卷：第1册 [M]. 北京：人民出版社，1972：345.
③ 蒲鲁东. 无息信贷 [M]. 1850：9.
④ 马克思，恩格斯. 马克思恩格斯全集：第26卷：第3册 [M]. 北京：人民出版社，1974：584.

也因为他自身作为一个小生产者饱受高利贷的盘剥，这种仇恨变得更加深。

可见，资本主义的剥削行为，在蒲鲁东这里，仅仅被看作放贷者对贷款人和劳动生产者的剥削。在蒲鲁东看来，如果不消灭货币的借贷，工人就会一直成为利息的负担者，这种剥削关系就会始终存在。商品的成本价格，构成商品的现实价值，而"剩余价值"则是由于商品的价格高于它的价值而产生的。简单来说，就是只要商品的出售价格等于它的成本价格，也就是等于它生产时所消耗的生产资料价格加上工资，那么商品就按照价值出售了，剥削也就不存在了。正因为这一点，蒲鲁东自称为"新发现的社会主义秘密"。

蒲鲁东对资本进行了批判，因为正是由于资本的存在，工人无法取得自己的"劳动所得"，破坏了"永恒公平"的原则。他说，一切东西都不应当贷放，只可以出售来换取等价物，交换价值永远都不应当发展成资本。"生产者欠资本家的利息就如时刻在困睡的奴隶头上挥舞作响的殖民者的鞭子，它发出这样的进步呼声：前进！劳动！劳动！人类的命运驱使着人们去追求幸福，不容人们稍事憩息"①。所以，他主张废除资本，"用强制性的法律把利率降低，直至最后降到零"。

马克思批评说，蒲鲁东的这种观点，全然是因为他完全不了解生息资本的性质和特点。他错误地把资本的贷放等同于普通的商品交换，他认为在普通的商品交换中，加上利息和利润的产品价格高于产品的实际价值，这是违反买卖平等交换的原则的，所以交换是不公平的。对借贷资本家来说，贷放出去的数额小于回收的数额，在回收时得到了一份超额的利息，这显然也是不公平的。他还把一般资本的运动，乱说成生息资本特有的运动。这充分暴露了蒲鲁东对资本性质的无知。马克思指出，借贷资本以增殖价值的形式流回到它的起点，这是资本在它的总循环中具有特征的运动，而绝不只是局限于生息资本。生息资本表现出来的特征，是它的表面的、已经和作为中介的循环相分离的流回形式。在这里，从表面上看，生息资本只表现为借贷关系，在这里只看到贷出和归还的关系，其他一切都消失了。

借贷资本家把他的资本贷放出去，把它转给产业资本家时，并没有得到

---

① 蒲鲁东. 贫困的哲学：上卷 [M]. 余叔通，王雪华，译. 北京：商务印书馆，2010：279.

第五章 阐释现代贫困的政治经济学根源

任何等价物,这个过程所有权没有被出让,看起来既不表示买,也不表示卖。实际上,贷放出去的资本根本不是资本现实循环过程中的资本,而只是为这个产业资本家去完成的循环做了准备。这个以货币形式预付的资本,通过循环过程,又以货币形式回到了产业资本家手中,因为资本支出时不是归他所有,所以流回时也不能归他所有。通过再生产,人们并不会使这个资本变为产业资本家的所有物。因此,产业资本家必须把它归还给贷出者,在这个过程中,作为中介环节的职能资本运动是生息资本运动的前提。

由此可见,生息资本的全部运动形式,不过是先贷出一定时期的货币,然后将这个货币同货币的利息(剩余价值)一起收回。蒲鲁东根本没有弄清楚生息资本和一般资本循环过程的联系与区别,而是把二者混淆为一。"蒲鲁东想赖以实现一切目的的手段就是银行。这里存在一种混淆。银行业务可以分为两部分。1. 把资本变成现金。在这种场合我所给的只是货币而不是资本,其所以能这样做当然只是考虑到生产费用,也就是考虑到 0.5 厘或 0.25 厘的利息。2. 以货币的形式贷出资本,在这里利息要依资本的数量而定。在这种场合,信用所能做的,只是通过积聚等办法把现存的、非生产性的财富变成真正的、能动的资本。蒲鲁东把这第二项看得同第一项一样容易,然而最后他会发现,如果他依靠假想的一定量的货币形式的资本,在最好的情况下,只是使资本的利息降低多少,资本的价格就以同样的比例提高多少。其结果无非是使他的证券失去信用"①。故而,只要资本主义生产方式继续存在,生息资本就作为它的一个形式继续存在,并且事实上形成它的信用制度的基础。蒲鲁东这个"风靡一时"的作家,以为废除这种信贷制度,就可以改造社会的基础,这完全陷入一种幻想之中了。

(二) 一切劳动天然都有剩余吗?

"关于使所有李嘉图主义者和反李嘉图主义者如此苦恼的剩余价值,这位勇敢的思想家却用把它神秘化的办法简单地加以解释,他说:'一切劳动都应当提供一个余额,我把这作为一个公理'……"② 蒲鲁东认为,在资本主义

---

① 马克思,恩格斯. 马克思恩格斯全集:第27卷[M]. 北京:人民出版社,1972:331.
② 马克思,恩格斯. 马克思恩格斯全集:第46卷:下册[M]. 北京:人民出版社,1980:147.

143

生产的过程中，一切劳动都必须留一些剩余量，这也是经济学家们公认的定理。对蒲鲁东来说，这个原理是全部经济科学总结的比例规律的必然结果，是普遍的和绝对的真理，但是这个原理在经济学家的理论中"毫无意义"，"而且也不会得到任何证明"。他认为，人类劳动天然会形成剩余产品。从一定程度上来看，蒲鲁东已经察觉到"劳动的剩余"是生产过程的本源，并通过劳动形式上的隶属表现出来。然而，他并没有真正理解什么是"劳动的过剩"，即"工人的剩余劳动或无酬劳动的剩余产品"，因而他不能正确地说明这一点。

从表面上来看，工人似乎是依靠提供剩余劳动才能去"劳动"，从而获得维持自己生存的必需品，这就造成了这样一种错觉，人们以为人类劳动"天然地"能提供剩余产品。在蒲鲁东那里，"剩余"是一个附加额，对"剩余"的解释，蒲鲁东归结为劳动的某种神秘的自然属性。对此，马克思批判说，劳动的剩余性质是一定社会经济关系的产物，并非如蒲鲁东所说是一种所谓的"天然性质"，一旦这种社会经济关系消失，劳动的剩余性质也会随之消失。剩余劳动所反映的，从来都是一定经济关系所赋予劳动的特定社会性质。在人类劳动进入真正的社会分工体系之后，总劳动的一部分才总是表现为各种形式的剩余劳动，这样就存在一些人看来具有"天然性质"的剩余劳动，也容易造成一般剩余劳动与一切生产关系无关的错觉。

马克思区分了劳动的必要性质和剩余性质，他指出除了满足必须的生活消费需要以外，满足扩大再生产等种种社会需要的劳动就是剩余劳动。"蒲鲁东把超出必要劳动而进行劳动这一点变为劳动的一种神秘的属性。单用劳动生产力的提高，是无法说明这一点的；劳动生产力的提高可以使一定劳动时间内的产品增加，但绝不能赋予这些产品以剩余价值"[①]。一切劳动不会自然地生出剩余劳动，也就是不会天然地出现剩余产品，必须有外界因素的介入。在资本主义生产条件下，这个因素就是一无所有的工人出卖自己的劳动力给资本家，资本家购买了劳动力，并强制工人提供超过必要劳动时间的剩余劳动时间，正是由于剩余劳动的存在，创造了剩余价值，从而形成了资本主义的剥削。

---

① 马克思,恩格斯.马克思恩格斯全集：第46卷：下册[M].北京：人民出版社,1980：147.

<<< 第五章 阐释现代贫困的政治经济学根源

蒲鲁东不仅没有理解生产剩余劳动的历史条件，没有理解"现代的生产条件""在阶级对抗上的一切东西"，如私人资本的积累、现代分工、无序的竞争、雇佣劳动制度等等，而且他只是把剩余产品还原为"人类劳动的一种天生的性质"。这实质上是给资本主义剥削的源泉蒙上了一层薄纱，使不合理的东西正当化罢了。他并不关注现实的生产条件，只是对剩余劳动进行了平均主义的解释，如果是这样的话，只需要把所有社会财富平均分配给大家就可以了，而丝毫不必改变现在的生产条件。所以，蒲鲁东"不能通过施行一种即使他不提出而社会实质上也在遵循的规律来改造社会"，他跌入资本主义改良主义的怀抱中也就不足为怪了。

三、"集合力"理论的局限性

蒲鲁东说，资本家在支付酬劳时存在一个"计算错误理论"，他的意思是，资本家支付的只是单个劳动者的劳动，而对由于分工协作产生的集合力即结合的劳动，资本家是没有支付的。这就是蒲鲁东所谓的"集合力"理论。在《关于星期日的讲话》中，蒲鲁东首次提到了"集合力"理论。"集合力"理论用蒲鲁东在《什么是所有权》中表述的话展开的话，就是"有人说，资本家已偿付了工人的工作日；但为了确切起见，应该说资本家每天雇用了多少工人，就偿付了多少个工作日，这与上面的说法就不是一回事了。因为对工人因团结协调和群策群力而产生的庞大的力量，资本家并没有给予任何报酬。两百个卫兵在几小时内就把吕克索尔的方尖石塔竖到它的基石上；假如只是一个人，让他做上二百天，他能办得到吗？可是，在资本家的账上，工资的总数没有什么不同"。"一千个人工作二十天的一股力量是按照单独一个人工作五十五年的同样的工资标准来支付的；但这一千人的力量在二十天之内已经完成了一个人即使劳动百万个世纪也无法完成的工作。这样的交易是不是公允呢？我再说一遍，这是不公允的。虽然已经偿付了所有的个别的劳动力，但是您没有偿付集体的劳动力。因此，始终存在着一个您所没有获得的而您却在非法地享受着的集体财产"[①]。

---

① 蒲鲁东. 什么是所有权[M]. 孙署冰, 译. 北京：商务印书馆, 1963: 139, 141-142.

马克思在《神圣家族》中摘引了上面这段话。我们现据马克思的摘录，引出蒲鲁东写的完整的原文。在上面这段话的前面还有这样几句："分而治之（divide et impera）；把他们分割开来，你就能够欺骗他们，既可以把他们弄得晕头转向，又可以嘲弄正义。如果把劳动者互相分隔开来，那么付给每个人的每天的工资可能还会超过他所生产出来的价值；但是问题不在这里。"对蒲鲁东上面这段完整的话，马克思进行了这样的评价："蒲鲁东最先注意到：付给单个工人的工资的总和，即使在每一单个人的劳动都完全得到了报酬的情况下，也还是不足以偿付物化在大家的产品中的集体力量；因此，工人不是作为集体劳动力的一部分而被雇用的。"[①] 也就是说，蒲鲁东认为，处于集体中的个体所发挥出的力量要大于个体处于单独状态时所发挥出来的力量。他用集中在工厂中的个人、一艘船的船员、一家合股公司、一个科学院、一支乐队、一支军队等来说明综合性的力量是具体的集体所特有的，其高于组成某个集体的各单个力量的总和。统一原则是力量之所在，个体的个性只有在集体中才能更好地展现出来。由此，蒲鲁东得出了与传统形而上学相反的结论："1. 既然力量是某个集团或机构的产物，这种力量的强弱和优劣就可以如同形状、音响、味道、硬度一样被人们所认识和分类；2. 因此，集体力量虽然和个人力量完全不同，但都是可以求征的事实，集体和个体同样有资格成为现实。"[②] 按照蒲鲁东的意见，集体的劳动力需要被支付报酬，正是由于资本家的这种诈骗性的抵赖行为，才造成了人剥削人、劳动者的赤贫、有钱者的奢侈和地位的不平等。他提出了三个解决办法：或者劳动者除工资以外，也得分享他和他的雇主一起生产出来的产品；或者雇主必须向劳动者提供一种等值的劳务；或者雇主必须保证永远雇佣劳动者。资本家必须选择一种。

如果是这样的话，人们需要加以确定的是，集体劳动力是否可以被估计？如果是可以估计的话，这个报酬应当付给谁？是否应该把它的价值平分给每一个工人？它是否应该归那被认为可以与其成员区分开来的团体所有呢？是否可以把这集体劳动力归属于组成这个团体、领导这个团体并使个别劳动力

---

① 马克思，恩格斯. 马克思恩格斯全集：第2卷 [M]. 北京：人民出版社，1957：65.
② 中共中央马克思恩格斯列宁斯大林著作编译局. 马列著作编译资料：第9辑 [M]. 北京：人民出版社，1980：67.

变成集体劳动力的那个人呢？是否应该把这个价值作为公共的和无主的财产而归入社会基金的整体中去呢？关于这些问题，蒲鲁东都没有解答。实际上，蒲鲁东讲的是协作，在协作的情况下，生产力得到了提高，效率得到了提高，同一劳动量必然能生产出更多的产品，但在这种情况下，支付给一个工作日的工资同从前一样多。这样一来，就生产的产品的价格所占的工资部分的费用便减少了。从而，资本家得到了超过其所支付的费用的利益。马克思指出，蒲鲁东所谓的"集合力"理论，不过是一种结合劳动优越于单个的个别劳动的理论，是资本主义协作的特征，是"萨德勒"理论的翻版。

关于个体生产力和集体生产力的关系，马克思曾论证到，很多靠多个劳动者协作力量能完成的任务，是单个劳动者的力量根本不可能完成的，这是最明显不过的事实。正如一个骑兵连的进攻力量显然比不上一个步兵团的抵抗力量，两种力量之间存在本质的差别，因为"这里的问题不仅是通过协作提高了个人生产力，而且是创造了一种生产力，这种生产力本身必然是集体力"①。这意味着，多重力量融合在一起，使一种新的力量得以产生。从这里可以看出，蒲鲁东的集合力理论有其一定的道理，工人的协作确实产生了一种新的力量，即作为一种生产力的集体力。资本家支付的是单个劳动，而不向成为资本主义生产过程的独立形态"协作"支付。然而，蒲鲁东用"计算错误"的理论对这一问题的说明却是错误的，他没有把资本和劳动的两个交换过程区别开来。这是因为，单个的工人彼此之间不发生关系，在交换过程中，资本家购买了工人出卖的劳动力商品。在劳动过程中，工人之间发生协作关系，这其实是资本的一个特殊的存在方式。在生产过程中，工人所生产出的生产力不再属于工人所有，而属于资本家所有。所以，资本家支付的是一定的独立的劳动力价值，而不必支付一定的结合的劳动力价值。因而，资本家享受到"结合劳动的集合力"是符合价值规律的。

四、揭示剩余价值的真正来源

贫困是资本主义经济关系的外在表现和结果，透过现象看本质，马克思

---

① 马克思，恩格斯. 马克思恩格斯全集：第23卷 [M]. 北京：人民出版社，1972：362.

指出，只有从对资本主义生产方式的考察中，才能真正揭示剩余价值的真正来源。剩余劳动是一定社会经济关系的产物，无偿占有被剥削者的剩余劳动是奴隶制度、封建制度、资本主义制度的共同特征。资本主义的剥削具有特殊性，这种特殊性就表现在剩余劳动在资本主义社会形态下，以剩余价值的形式表现出来，而无限地追求剩余价值则是资本主义生产的决定性目的。关于资本主义剥削的"秘密"，以往的一切资产阶级经济学家都没有对这个"爆炸性问题"给出合理的解释，蒲鲁东也只是将剩余价值的运转形式"神秘化"了，只有马克思透过资本主义的层层假象，科学地明确了剩余价值的真正来源。

（一）劳动力商品的发现

根据价值规律的运行逻辑，一切商品交换都必须遵循等价交换的原则，无论价值形式如何变化，价值量是没有变化的。为什么资本在运动的过程中增殖了呢？蒲鲁东对生息资本的肤浅理解以及所谓的"集合力"理论并不能说明这个问题，剩余价值究竟是从哪里产生的呢？解决这个"爆炸性问题"的"秘钥"到底是什么呢？

马克思第一次严格地区分了劳动力和劳动，他指出："谁谈劳动能力并不就是谈劳动，正像谈消化能力并不就是谈消化一样。"[1] 在商品交换市场上，存在着一种特殊的商品，这种特殊的商品就是劳动力，对劳动力的使用就是劳动。劳动力虽然在任何社会都存在，但是劳动力成为商品却是一定社会经济条件下的产物，它必须具备两个条件。一是对劳动者来说，他必须是自由身，他可以自由地支配自己的劳动力；二是劳动者不拥有任何生产资料和生活资料，除了自己的劳动力以外，他没有任何可以出卖的东西，为了维持最基本的生存条件，他不得不出卖自己的劳动力。用马克思的话来说，工人作为可以自由支配自己劳动力的"自由人"，自由得一无所有。

那么，它特殊在何处呢？劳动力作为一种商品，与一般商品一样，具有使用价值和价值，不同的是，劳动力的使用价值能够生产出大于自身价值的价值，而一般商品却只能创造等于自身价值的价值。从表面上来看，资本家

---

[1] 马克思，恩格斯. 马克思恩格斯全集：第23卷[M]. 北京：人民出版社，1972：196.

购买了工人的劳动力,并且付给工人工资,这一交换行为符合等价交换的原则。所谓的工资,即劳动力的价值或者价格,它不仅包括劳动者维持自身及其家属生存所需要的生活资料的价值,还包括劳动者进行工作所必要的教育培训费用。事实上,在劳动力的使用过程中,大于劳动力价值的价值被创造出来,多出的这一部分以剩余价值的形式出现,并被资本家无偿占有。所以,资本家不仅能够收回他购买劳动力时所支付的货币,而且可以得到更多的货币。资本主义生产方式的建立正是以劳动力商品化为基础,资本主义生产关系就建立在雇佣劳动制度,即资本家无偿占有剩余价值的基础之上。

由此可见,一般商品与劳动力商品的区别,决定了不能用一般商品的交换行为去理解劳动力商品的交换行为。劳动力商品的特殊性,从本质上说明了问题,解释了资本主义社会中的"劳动剩余",也就拨开了笼罩在价值规律上的层层迷雾,抓住了剩余价值产生的关键,使古典经济学派束手无策的难题得以解答,劳动者困窘的处境得到了科学的解释,资本主义剥削的"秘密"得以解开,资本主义的矛盾也就被"公开处刑"了。

(二) 货币和商品的关系转变为资本和劳动的关系

蒲鲁东的错误还在于他的理论基础"产生于对资产阶级'政治经济学'中的基本要素即商品对货币的关系的误解"①。在理解"劳动的剩余"时,蒲鲁东预设了商品生产和商品交换的永久性,他"贬低货币""颂扬商品",其实只是表明了,他根本不理解货币与商品之间的联系。换言之,蒲鲁东想要保存商品生产以及商品的"一般的能直接交换的形式",但他不想要"货币",更不想要变成资本的"货币"。马克思批驳说,蒲鲁东的批判不仅"幼稚",而且根本没有掌握政治经济学的基本要素,又如何能做出正确的批判呢?他不明白,货币实质上是商品的必要形式,是商品价值形式的发展形式,货币转化为资本具有历史的必然性。

劳动力成为商品使货币的历史作用得以真正发挥出来,因为只有在雇佣劳动存在的地方,货币才会存在。货币是资本的最初表现形式,它从属于资本,并为资本服务。资本是货币在更高形态上的一种展示,它在一开始总是

---

① 马克思,恩格斯. 马克思恩格斯全集:第16卷 [M]. 北京:人民出版社,1964:34.

表现为一定数量的货币,当货币所有者购买到劳动力商品,并在生产过程中产生了剩余价值,使最初投入的货币价值增大的时候,资本就形成了,资本家也就形成了。资本的流通形式是货币—商品—货币,这看起来似乎符合等价交换的原则,但是为何最后获得的货币变多了呢?其中的奥秘就在于,增殖的过程是在劳动力的使用过程中产生的,也就是在生产过程中产生的。在一买一卖的行为过程中,资本家的目的就是获取更多的货币,使他最后获取的货币额大于他最先垫付的货币额,于是,"赚钱的秘密"终于暴露出来了。

我们可以看到,劳动力成为商品的过程,实际上也是货币转化为资本的过程,并不是说,商品流通和货币流通就意味着资本一定产生了,其中很重要的一点是,市场上必须有"一无所有"的工人将自己的劳动力出卖给生产资料和生活资料的所有者,只有到这个时候,才可以说资本产生了,而资本的产生,则意味着社会生产过程进入了一个"新时代"。在货币转化为资本的这一过程中,"物化在交换价值中的劳动把活劳动变成再生产自己的手段,而起初交换价值只不过表现为劳动的产品"①。换言之,资本的存在其实体现的是一种社会关系,它反映了资产阶级对无产阶级的剥削,于是货币和商品的交换关系就转变为资本和活劳动之间的交换关系了,这种转变是建立在劳动力自由买卖的基础之上的。恩格斯多次指出,马克思"研究了货币向资本的转化,并证明这种转化是以劳动力的买卖为基础的。他以劳动力这一创造价值的属性代替了劳动,因而一下子就解决了使李嘉图学派破产的一个难题,也就是解决了资本和劳动的相互交换与李嘉图的劳动决定价值这一规律无法相容这个难题"②。所以,正是马克思看到了劳动力商品能够创造价值的特殊属性,使得导致李嘉图学派破产的难题一下子就得到了解决。

(三) 剩余价值的生产过程

与蒲鲁东不同,马克思从不把自己的理论建立在抽象的道德感和道德意识上,而是建立在资本主义生产方式之上,建立在资本主义"一天甚于一天的崩溃"上。雇佣工人和无偿劳动是剩余价值的唯一源泉,超越蒲鲁东和以

---

① 马克思,恩格斯. 马克思恩格斯全集:第46卷:上册[M]. 北京:人民出版社,1979:219.

② 马克思,恩格斯. 马克思恩格斯选集:第2卷[M]. 北京:人民出版社,1995:273.

<<< 第五章 阐释现代贫困的政治经济学根源

往一切资产阶级经济学家,马克思不仅发现了剩余价值的来源,而且研究了剩余价值的生产过程。

我们如果用一句话来概括资本主义的生产过程,那就是剩余价值的生产过程,这同时也是贫困生产和积累的过程。不断产生的贫困人口就是这个过程的产物,"资本主义生产和积累的机构在不断地使这个人数适应资本增殖的需要。这种适应的开头是创造出相对过剩人口或产业后备军,结尾是现役劳动军中不断增大的各阶层的贫困和需要救济的赤贫的死荷重"①。所以,剩余价值生产得越多,贫困程度也就越深,可见资本主义的生产关系才是贫困问题产生的根源。在资本主义社会条件下的劳动过程中,对被雇佣的劳动者来说,他们生产的结果是某种使用价值,但对资本家来说,他们的目的是榨取剩余价值,这一目的绝不会因为现代贫困导致的灾难而有所改变。资本家为了达到目的,为了创造更多的剩余价值,就尽可能地去延长工人的剩余劳动时间,使工人创造的价值大于劳动力的价值。

在资本主义社会现实经济活动中,工人的劳动日可以分成两部分,即必要劳动时间和剩余劳动时间。工人所取得的工资就是他的必要劳动所创造的价值,工人的剩余劳动的凝结或物化就形成剩余价值,被资本家无偿占有。劳动日再短也不会短到等于必要劳动时间,因为榨取剩余价值才是目的,而创造的剩余价值越多,也就是工人付出的剩余劳动越多。所以马克思说,资本主义生产特定内容的目的,就是生产剩余价值或榨取剩余劳动。资本家"绞尽脑汁"地去获取剩余价值,提高对劳动者的剥削程度,通常的方法有两种:一种是绝对剩余价值的生产,一种是相对剩余价值的生产。资本家尽管对剩余价值的榨取方式以工资的形式披上了商品等价交换的外衣,但透过表象可以看到,以生产剩余价值为绝对规律的资本主义生产方式,是造成不平等交换或者说现代贫困的根源。

列宁曾准确地概括了马克思的剩余价值学说:"凡是资产阶级经济学家看到物与物之间的关系(商品交换商品)的地方,马克思都揭示了人与人之间的关系。商品交换表现着各个生产者之间通过市场发生的联系。货币意味着

---

① 马克思,恩格斯.马克思恩格斯全集:第23卷[M].北京:人民出版社,1972:707.

151

这一联系愈来愈密切，把各个生产者的全部经济生活不可分割地联结成一个整体。资本意味着这一联系进一步发展：人的劳动力变成了商品。雇佣工人把自己的劳动力出卖给土地、工厂和劳动工具的占有者。工人用工作日的一部分来抵偿维持本人及其家庭生活的开支（工资），工作日的另一部分则是无报酬地劳动，为资本家创造剩余价值，这也就是利润的来源，资本家阶级财富的来源。"①

资本家对剩余价值追求的欲望是无穷尽的，他们就像吸血鬼一样，吸吮着工人可供榨取的每一滴血。因为，只有不断吸吮活劳动，吸血鬼的生命才会更加旺盛。以往的资产阶级经济学家只是看到了物与物之间的关系，只有马克思，透过物的表象，看到了其中掩盖的人与人之间的关系，特别是剥削关系。由此，马克思揭示了资本主义"正义""平等"的虚假性，揭示了现代社会贫富对立以及无产阶级贫困化的经济根源，将资本主义财富的秘密暴露在阳光之下，从而将社会主义理论建立在了科学的基础之上。蒲鲁东当然没有发现这一点，他不了解贫困问题产生的经济根源，只能咒骂资本主义的"罪行"，却不能揭示资本主义生产的秘密。

---

① 列宁. 列宁全集：第23卷［M］. 北京：人民出版社，2017：46.

第六章

消除贫困的"社会主义"方案

贫困是广大劳动者的生活境况和资产阶级社会的典型现象。"贫穷与无产阶级是近代国家这个有机体的化脓性溃疡。它们能治愈吗？共产主义医生提议彻底摧毁现存的生命体……有一件事是肯定的，如果这些人获取行动的权力的话，将会出现一场并非政治的，而是社会的革命，一场反对一切财产的战争，一种彻底的无政府状态。这种现象将依序被新生的民族国家所取代吗？它是建立在什么样的道德和社会基础之上的国家呢？谁将揭开未来的面纱？"①

可以说，蒲鲁东和马克思都具有解决资本主义贫困问题和实现人类自由解放的崇高理想，也都立足于资本主义的社会现实来阐释贫困问题与未来社会的发展。由于世界观、历史观、方法论的根本不同，二人形成了截然不同的消除贫困的"社会主义"方案。

第一节 蒲鲁东消除现代贫困的方案

蒲鲁东说，难道劳动者一出母胎就注定要蒙受苦难吗？"在各种问题中有一个问题似乎为做出最后判断做了准备，这就是贫穷问题。今天，在文明世界的一切事件中，贫穷是大家最为了解的。人们差不多已经明白它从何而来，什么时候和怎样出现的，它的代价有多大；人们也已经计算出在不同文明程度下贫穷所占的比重如何；与此同时，人们也已经相信，截至日前，一切用

---

① HAXTHAUSEN A. Studien über innern Zustände, das Volksleben und insbesondere die ländlichen Einrichtungen Rußlands [M]. Hannover-Berlin, 1847: 156.

以救治贫穷的灵丹妙药都无成效。"① 不可否认，作为这个时代苦难的"见证人"，蒲鲁东是致力于回答和解决现代贫困问题的，然而他并没有提出建设性的解决方案。

一、建立第三种社会形式："自由"

"社会从一开始就分成两大派，一方是传统派，它从根本上承认等级区别，不过根据不同时期的需要，时而主张王政，时而主张民主，时而崇尚哲学，时而又崇尚宗教，总而言之是维护私有制。另一方是社会主义派，特别是那些自称为无政府主义者和无神论者的派别，它们反对天国与人间的一切权威，而且每当文明遭逢危机时总要卷土重来"②。蒲鲁东希望建立既不同于资本主义，也不同于共产主义的社会形式，也就是他所说的"第三种社会形式"——自由，他提出了一系列社会改良的计划，而且从理论上对这一系列计划加以证明。蒲鲁东用黑格尔的公式对未来理想的社会形式加以说明，建立了共产制与私有制矛盾的合题，他认为从出发点来说，共产制和私有制的意图都是好的，然而它们所造成的结果却是坏的。因为共产制违背了独立和相称的原则，私有制违背了平等和公正的原则。所以，蒲鲁东想要从共产制和私有制之间找出一个"合题"，建立一个既能实现独立性和相称性，也能实现平等性和公正性的社会，这样一个新的社会形式，蒲鲁东把它叫作"自由"。

（一）共产主义违反"独立"

在蒲鲁东自己看来，他不是共产主义者，也不是社会主义者，相反他对一切共产主义和社会主义的捍卫者展开了猛烈的攻击。蒲鲁东曾扬扬得意地说道："由于我是所有权最大的敌人，所以我比谁都更有权利就共产主义制度是否可能实现的问题发表意见。"③ 共产制是人类文明的最初阶段，蒲鲁东曾经公开以革命共产主义的明目张胆的死敌面目出现，从一般的世界观问题到

---

① 蒲鲁东. 贫困的哲学：上卷 [M]. 余叔通，王雪华，译. 北京：商务印书馆，2010：155.

② 蒲鲁东. 贫困的哲学：上卷 [M]. 余叔通，王雪华，译. 北京：商务印书馆，2010：61.

③ 蒲鲁东. 贫困的哲学：下卷 [M]. 余叔通，王雪华，译. 北京：商务印书馆，2010：749-750.

无产阶级的最终目的和任务，蒲鲁东都表现出对共产主义的敌视态度。蒲鲁东重复着资产阶级和小资产阶级思想家对共产主义所进行的诽谤和攻击，他说共产主义是一种毫无根据的"乌托邦"，社会主义是"一种什么也不是的东西，以前没有，将来也绝不会有"，是"一种空洞的理论，既无说服力，又不道德，这种理论完全是愚蠢和欺骗的"。

蒲鲁东认为，共产主义立足于人，它强调"法律"和"平等"，从这一点来说，它的本意是好的，但是共产主义的法则是由于劳动者的忘我精神和兄弟情义，所以社会可以让劳动者把全部的时间用来为社会服务，而社会则根据他拥有的生产资料的多少给予他所需要的一切。对这一点，蒲鲁东是不认同的，因为这是不符合人性的。他说，人类历来的传统就是"干坏事"，即使是那些生活最贫苦的人也向往"虚荣"和"放荡"，尽管贫穷的人抱怨和反抗社会的不平等，但这并不是因为他们具有正义感，而只是出于一种"贪婪"和"妒忌"。所以，想让劳动者无私奉献自己的全部劳动时间是不可能的，蒲鲁东根据这驳斥了共产主义的观点并阐明了自己的见解。在他看来，虽然"一个人可以爱另一个人直至为他而死，但爱他不是为了给他劳动"，社会的公正要求根据劳动来进行分配，但绝对不能用"遥远的""形而上学"的一般利益来代替作为工业上竞争动力的个人利益。蒲鲁东进一步阐释了他对人性的了解，说人总是希望能成为一个富有的人，"临时工想当老板，工人希望成为专家。现在劳动者的梦想是要有台汽车，就像过去平民百姓梦想成为贵族一样"，就连妇女"渴望结婚也只是为了成为她们称作家庭的那个小王国的君主"。所以，共产主义的"乌托邦性"就表现在对人的天性的不了解。

他责难共产主义者，说他们宣称的"集体主义"就意味着要消灭一切个性，要限制个人的权利和自由，要使个人完全服从集体、服从社会，使个人的一切完全融汇在集体、社会之中。蒲鲁东不以为然，他认为，个人解放才是群众解放和集体解放的主要条件，社会的发展与繁荣有赖于人的个人的发展。所以，在个人与集体、个人与群众的关系问题上，蒲鲁东是根本不同意共产主义者的。另外，蒲鲁东认为，共产主义者所提倡的公有制和共同劳动违背了自由原则，因为"如果劳动是共同的，房子共同，开支、收入也都一样，那么生活就会变得乏味，甚至令人生厌"。所以，"共产制在本质上是与随意使用我们的能力、与我们的最高尚的倾向、与我们的最深切的感情相抵触的"①。共产制对劳动者和懒惰者、对聪明与愚钝、对善良与邪恶都给予同样的"美好生活",这同样是对平等的一种"侵犯",既然如此,共产主义者所要建立的"公社"必然是"一个充满灾难的组织"。

"所有的共产主义的改革家们只有在这一点上是一致的,即必须把公共财产和公共权力交给那些在组织社会和劳动方面有才能的人,这样,在划分财产和兴趣上重新出现不平等的现象:那些虚伪的财产权拥护者开始时鼓吹共产主义,然后却把公社的财产据为己有"。在他看来,公有制基本上是无法实现的,因为社会生产出来的产品最后是要进行分配的。也就是说,每个人都会根据自己的分配所得而成为所有者,这样就又出现了"你的"和"我的"之分。因此,共产主义最终必然不可避免地回到私有财产的道路上去。概言之,如果共产主义将"一致性"视为平等,那也是一种"暴虐",这不过是另一种意义上不平等的实现。他认为共产主义的实质是一种"贫困的宗教",它做着自己的宗教迷梦,置身于一种虚幻的未来之中。他认为如果资本主义的私有制是强者对弱者的剥削,那么共产主义的公有制则是弱者对强者的剥削。既然强者需要替弱者工作,勤劳者需要替懒惰者工作,这样的结果必然是,人最终会在法律的权威下走向灭亡。

蒲鲁东总结道:"共产主义是条条大路通向自杀。如果按照家庭的模型来建立,它就和家庭一起瓦解;没有分配,它就不能存在,可是一进行分配,它就崩溃;它不得不组织起来,而组织起来又会把它扼杀。最后,共产主义要求人们自我牺牲,可是它却剥夺了人们做出牺牲的物质基础和方式;它连提出自己进化过程的第一项也办不到,更不用说建立自己存在所必须的系列了……(可见)共产主义只是从虚无中想象出来的,只与虚无相协调,只是依靠虚无而存在。"② 因而,他认为采取共产主义形式,不过是从一种行不通的办法转到另一种行不通的办法。

---

① 蒲鲁东. 什么是所有权 [M]. 孙署冰, 译. 北京: 商务印书馆, 1963: 297–298.
② 蒲鲁东. 贫困的哲学: 下卷 [M]. 余叔通, 王雪华, 译. 北京: 商务印书馆, 2010: 788.

（二）资本主义违反"平等"

资本主义制度的积极意义在于它强调"独立性"和"对称性"，消极意义在于它强调"专制性"和"侵占性"，所以这样的社会必然是极具压迫和不自由的。蒲鲁东认为，"自由的精髓"就在于自由支配自己的劳动成果和财产的权利。在资本主义经济结构中，财产权表现为地租、房租、利息等，是一种"自由享受和支配他人财富、企业成果和劳动果实的权利"。这是被蒲鲁东所谴责和批判的，因为这种财产权是不公正的、不道德的、不平等的。

蒲鲁东指出，现代贫困之所以会在资本主义社会产生，是由于交换的不公平。在市场上，资本家出售的商品价值高于其真实价值，因而才有了剩余价值，而只能维持工人基本生活的工资是负担不起他应有的劳动产品的。针对资本主义经济关系在运行过程中所产生的贫困问题及不平等现象，以往的国民经济学家提出了在分配领域进行调节，即增加工人福利的解决方案。对此，蒲鲁东提出疑问：既然要对贫困进行福利政策的支持，为什么不直接生产出平等呢？这和国民经济学家提倡的自由平等不是自相矛盾吗？根据以往国民经济学家的观点，资本主义市场经济以自由主义理论为指导，但是在这种理论指导下的结果却是与之矛盾的现代贫困和不平等，这种结果是对自由主义理念的否定。"有利于弱势群体或者向弱势群体倾斜的自由原则，是以生产出弱势群体为前提条件的，这本身就是一个悖论"[1]。国民经济学家无法解释这种现象，所以只能借助公共福利政策，而公共福利的增加并不能使不平等问题得到解决，所以公共福利政策不过是资本主义经济方式的一种"自我谴责"罢了。

蒲鲁东憎恨资产阶级的穷奢极欲，也怜悯无产阶级的贫困不堪。他对国民经济学家进行了批判，并指出，社会的不平等可以用平均主义的方式来纠正，即把剩余劳动在工人中间进行平均分配，"过渡到越来越平均地分配知识、劳务和产品。这是最伟大的，也可以说是唯一的平衡规律"[2]。接着，蒲

---

[1] COHEN G A. Rescuing Justice and Equalit [M]. Cambridge, Mass. London: Harvard University Press, 2008: 166-207.

[2] 中共中央马克思恩格斯列宁斯大林著作编译局. 马列著作编译资料：第9辑 [M]. 北京：人民出版社, 1980: 35.

鲁东提出了工资平等，即每个工人应当得到相等的报酬，因为这是合乎社会正义的，他反对按劳分配的原则，因为如果一个人的报酬多于另一个人的报酬，就会变成弱肉强食的斗争，这是不符合平等和正义原则的。因此，在任何情况下，不论是雕刻家和石匠、建筑师和泥瓦匠、化学家和炊事员，他们都应当得到同样的工资，坚决"不能接受按劳分配的原则"。

在蒲鲁东看来，生产与消费应当协调起来，也就是说，社会的生产不能超过全体社会成员的需要，劳动者通过劳动所得的正好等于他们的肉体和精神文化所需要的。因为如果一个人太富裕，他的精神就会腐化，而一个人如果能经常感到贫苦的折磨，他的肉体和精神都会感到痛苦。所以，社会最好的状态是家家够吃够用、人人不富不穷。所以，蒲鲁东对资本主义的社会化大生产持批判的态度，因为巨大的生产力，创造了超过人们需要的社会财富，从而打破了生产与消费的平衡，这才导致了社会的危机与崩溃。

（三）第三种社会形式："自由"

在蒲鲁东看来，既然公有制和私有制都行不通，那么就需要在两者之间找到一种新的社会形式，这种新的社会形式既克服了它们的缺点，又吸收了它们的优点。他指出："在私有制或共产制以外，谁也没有认为可能有其他的社会。私有制之所以存在，正是由于这个永远是可悲的谬误。共产制的缺点是这样明显，以致那些批评家为了使人们厌恶它，从来也不必施展很多的辩才。"[①] 因而，人们必须协调两者的主张，使二者互取所长，吸收积极面，克服消极面，从而"避免陷入任何乌托邦的迷途"中。"科学已经得出这样一个结论：不论是自然界或者是观念形态上的对立，都必须在某种广泛的基础上或者说通过某种复杂的公式来解决，也就是说，使对立双方互相吸收，彼此协调。在我们期待将来一定会解决这一问题的时候，我们这些具有常识的人，为什么不能通过对斗争双方力量的分析，以及通过对它们各自的积极面与消极面的分析，为今后的巨大转变做好准备呢？我们切实和自觉地做好这样一项工作，即使不能马上奏效，起码也会有很大的好处，可以使我们了解解决

---

① 蒲鲁东.什么是所有权[M].孙署冰，译.北京：商务印书馆，1963：295.

>>> 第六章 消除贫困的"社会主义"方案

问题的条件是什么,从而避免陷入任何乌托邦的迷途"① 中。蒲鲁东深信,"把社会弊病的原因、狂热的根源和动乱的理由揭示出来以后",就可以"对症下药、根治疾病"。

从表面上看,共产主义和资本主义一样,它们所追求的是同一个目的,即人类的自由、安定和幸福,二者都存在进步的一面,但是一方"闭眼不看事实",一方"顽固拒绝进步"。为了解决这个问题,人们只要将它们双方的优劣综合起来就可以了,"就可以把祸害从地球上驱逐出去"。蒲鲁东开出的药方就是建立第三种社会形式,即自由。当然,它不是共产制和私有制的简单综合或折中主义,而是通过分析方法从它们二者之中寻求它们各自含有的真实的、与大自然和社会的规律相调和的内容,抛弃其中所含有的坏的元素,就可以得到人类社会的天然形式的适当表现,就是自由。蒲鲁东说道:"人的社会性通过思考而变成正义,通过才能的分类而变成公道。它把自由作为公式,它是道德的真正的基础和我们一切行为的原则和准则。它是哲学所追求的、宗教所加强的、自私心所排挤的、纯粹的理智所永远不能替代的普遍动力。我们的义务和权利是从需要产生出来的;如果就和外界的生物的关系来加以考虑,它就是权利,而就它和我们自己的关系来考虑,它就是义务。"② 蒲鲁东阐述了第三种社会形式即自由的基本原则。

"1. 平等仅仅在于地位的平等,就是说在于机会的平等,而不是在于生活的平等;有了平等的机会,求得美好生活就应当是劳动者的任务了,它毫不侵犯正义和公道;

"2. 从那对于事实的了解中产生出的,因而以必要性本身为依据的法律,是永远不会触犯独立性的;

"3. 从才干和才能的差别中产生出来的、个人的独立性或个人理智的自主,可以在法律范围内毫无危险地存在;

"4. 只容许在智慧和情感的范围内而不需在物质对象的范围内存在的相

---

① 蒲鲁东. 贫困的哲学:上卷 [M]. 余叔通,王雪华,译. 北京:商务印书馆,2010:52.
② 蒲鲁东. 什么是所有权 [M]. 孙署冰,译. 北京:商务印书馆,1963:319.

称性，可以被遵守而不致侵犯正义或社会平等。"①

蒲鲁东给自由下过一个定义，那就是："如果可以把人类的理性设想为开始时是一颗明亮的能起反射作用的原子，它在初生时是一个毫无形象的空虚体，可是总有一天要代表整个宇宙；那么，就同样可以把自由看作意识刚萌芽时的一个生命起点，看作一种模糊的、盲目的自发性，或者更确切地说，看作一种对一切都无所偏倚的、可以接受一切可能的印象、意向和癖好的自发性。自由是作为或不作为的能力；这种能力通过某种选择或决定（我这里使用的决定一词同时包括主动与被动两方面的含义），突破了它本身的那种无所偏倚的状态而形成意志。"② 当然，其还有一些其他的定义，如"自由就是平等"，因为自由只能存在于社会状态中，如果没有平等，就没有社会；"自由就是无政府状态"，因为它不容许有意志的统治，而只容许有法律，即必要性的权力；"自由就是相称性"，因为它给予功绩的进取心和荣誉的竞争心以一切发展为自由；"自由就是无限的多样性"，因为它在法律范围内尊重所有的意志等。

在蒲鲁东看来，所谓的自由就是不受任何行动影响的，因而能够接受任何好的或坏的、有益的或有害的决定的一种力量、机能或自发性。他将自由与理性联系起来，认为只有理性与自由协调前进的时候，才可能达到幸福的境界。与理性一样，自由也是无止境的，自由的完美程度取决于它符合理性规律的程度。"自由的决定越是符合理性的规律，亦即符合事物的规律，自由就越是完美……换句话说，充分的自由存在于完美的理性之中。法律越完善，自由越充分。"概言之，蒲鲁东从主观臆测出发，又回到了纯粹的观念领域去论证他的理想社会形式，从头脑中构造出各种原则与想象。实际上，他鼓吹的自由，就是个人的随意，就是"不容许有意志的统治，而只容许有法律，即必要性的权力"，给予"功绩的进取心和荣誉的竞争心以一切发展的自由。"③ 实际上，他鼓吹的自由，就是个人的随意，这是他追求的理想社会，

---

① 蒲鲁东. 什么是所有权 [M]. 孙署冰，译. 北京：商务印书馆，1963：291-292.
② 蒲鲁东. 贫困的哲学：上卷 [M]. 余叔通，王雪华，译. 北京：商务印书馆，2010：172-173.
③ 蒲鲁东. 什么是所有权 [M]. 孙署冰，译. 北京：商务印书馆，1963：291-292.

在这个社会,每个人都能享有相互性的自由,也就是说,美好的社会形式应当是,一个人的自由与另一个人的自由不相违背的形式。

二、政治诉求:不要国家与权威

黑格尔曾经指出,"癌症"一般的现代贫困问题是无法基于资本主义社会本身得以解决的,所以他寄望于国家领域①。与黑格尔不同的是,蒲鲁东将政治国家看作资产阶级实现对劳动者剥削和压迫,造成现代社会贫困的中介。故而,在蒲鲁东眼中,国家是一种强加于人民的外在力量,而非人民利益的代表机构。社会问题的本质在于发现并建立一个保证个体自由和独立的有秩序的平等国家。蒲鲁东的政治诉求是,国家与权威将会被由充分保证个人自由的社会组织取代,这样的社会组织是作为"人们的公仆"而存在的,而不是作为"人们的主人"而存在的,这样才可以达到自由和秩序的完美结合。

(一)"在国家的庙堂里,穷人没有发言权"

社会上为什么会出现穷人呢?蒲鲁东说,这是由于政府的存在,"你是政府的庶民,你就丧失了行动的自由,处处受监视、受指挥、受管束、受辖制;你就没有思想自由,处处受灌输、受教诲、受监督;你的一言一行始终要受那些无功、无知、无德之人的控制和限制。你是政府的庶民,你的每项生意都要登记、注册和纳税;你的每项营业都要经过批准和领取执照;你的每项活动都要受到训斥、阻拦、纠正和处分。你要接受种种苛捐杂税、巧取豪夺、敲骨吸髓和盗窃欺骗,而这一切都打着公共利益的招牌;并且,如果你稍有怨言或稍有反抗,你立即就受到镇压和处置;轻则挨骂受辱、棍棒加身、飞文追捕和银铛入狱,重则送交法庭审判、发配流放或执行枪决,总之,你成了任人摆布、羞辱和出卖的掌上玩物。这就是政府的意义,这就是政府的正义和道德!"② 在国家和政府之下,穷人备受歧视、无理可言,甚至被当作"嫌疑犯"。基督教社会主义者拉梅耐曾主张"让穷人住嘴!",对此,蒲鲁东

---

① 让-弗朗索瓦·科维纲. 现实与理性:黑格尔与客观精神[M]. 张大卫,译. 北京:华夏出版社, 2018:290.
② 中共中央马克思恩格斯列宁斯大林著作编译局. 马列著作编译资料:第9辑[M]. 北京:人民出版社, 1980:71.

愤慨地说道："有些道学家，甚至是一些拥护共和制的道学家，他们的道德就是不能容忍在群众面前讨论财富、工资、所有权、产品分配、福利等问题。如果群众去讲义务、牺牲、无私、灵魂升天和灵魂不灭的希望，他们一定鼓掌欢迎；至于物质福利，且慢！在一个共和国里，贫穷的出现是不合时宜的：让穷人住嘴！"①

在蒲鲁东看来，国家是一种纯粹的"虚构"和"臆造"，它是人类愚昧的产物，是由于没有出现符合他设想中的社会组织而"臆想"出来的。"和宗教一样，政府是社会不自觉性的表现，是人类向高级状态过渡的准备"，"人类在宗教中寻找他们自己，并称自己是上帝"，"公民在政府中寻找他自己，即寻找自由，并称之为国王、皇帝或总统"，"人类之外没有上帝，因此神学观点没有任何意义。同样，自由之外没有政府，因此政治观点没有任何意义"。② 在当时的法国条件下，当然也仅仅限于法国，蒲鲁东的这一观点，他对教会、宗教等的攻击可以说是一个非常大的进步，尽管他只是用"空谈"来战胜"空谈"，"那时法国的社会主义者都认为，信仰宗教是他们优越于十八世纪的资产阶级伏尔泰主义和十九世纪的德国无神论的地方。如果说，彼得大帝用野蛮制服了俄国的野蛮，那么蒲鲁东就是尽了最大的努力用空谈来战胜法国的空谈"③。

蒲鲁东说，即便国家有存在的必要，那它也"只是评断经济关系是否公平合理，而不是决定自由的表现方式"，而这点有限的任务，蒲鲁东也不主张交给国家。他的政治信条就是不要任何党派、任何政权，只要人和公民的绝对自由。因为国家、政府违背了自由发展的原则，与个人自由是完全对立的，人民一旦做了政府的庶民，就必然意味着他们在思想上和行动上失去了自由。所以，"劳动者的解放不可能由国家来完成"，蒲鲁东反对任何形式的国家和政党，包括充当"奴仆"的国家，因为它们都是"暴政的产物"。事实上，

---

① 中共中央马克思恩格斯列宁斯大林著作编译局. 马列著作编译资料：第9辑 [M]. 北京：人民出版社，1980：40.

② 转引自普列汉诺夫. 无政府主义和社会主义 [M]. 王荫庭，译. 北京：生活·读书·新知三联书店，1980：40. 引文请参看 Confessions d'un révolutionnaire（《革命者的自白》）第三版序言.

③ 马克思，恩格斯. 马克思恩格斯全集：第16卷 [M]. 北京：人民出版社，1964：35.

<<< 第六章 消除贫困的"社会主义"方案

不只是国家,任何组织,在蒲鲁东看来,只要违背了"相互性"原则,他都坚决反对。

当然,蒲鲁东并不否认,在一定时期国家存在的必要性。他也承认,当一个民族从君主制的国家过渡到民主制的国家时,这是一种进步。因为"把国家的元首由一个变为许多时,可以使理智有较多的机会来代替意志"①。但是,即便如此,蒲鲁东说即使是在最完善的民主制度下,依然会是"人的政治、意志和任性的统治",人们可能仍然是不自由的。以法国为例,1789 年的大革命确实是一种斗争和进步,但蒲鲁东并不认为这是一场伟大的"革命",因为"它的基础不是由于对自然和社会的规律有何深刻的了解而产生出来的"。法国尽管建立了新的共和国制度,但仍然是按照过去"所反对的原则"办事的,并且"受到过去打算消除的一切偏见的影响",从本质上来说,共和制国家和君主制国家并没有什么差别。故而,蒲鲁东指出了资产阶级民主制国家的局限性,并做出了反对任何国家组织形式的结论。

蒲鲁东说,无论是专制政府还是民主政府,不论是资产阶级政府,还是无产阶级政府,都要一律废除,想要让国家来解救穷苦阶级的苦难,是根本不可能的。王权永远是不合法的,在国家的庙堂中,穷人没有发言权,即便是"军队、法院、警察、学校、医院、养老院、救济院、感化院、公共机关、宗教团体等,社会为了保护、解放和救济无产阶级而建立的这些机构,(实际上)都是由无产阶级出资创办和维持的,然后它们又反过来反对无产阶级,或者对无产阶级毫无用处"②。所以,不论国家采取何种形式,贵族政体或是神权政体,君主政体或是民主政体,只要国家仍然高居于社会之上,不"从属于和听命于一个人人平等的社会",对人民而言,它永远是"一座地狱"。蒲鲁东说,完美的社会形式就是一种绝对的无政府状态,是一种"相互性"不受限制的自由状态。然而,蒲鲁东本人自相矛盾的地方在于,虽然他从无政府主义的立场上否定了国家,但同时他又向拿破仑第三政府阿谀逢迎,指望在拿破仑主义政体的协助下实现自己的计划。

---

① 蒲鲁东. 什么是所有权 [M]. 孙署冰,译. 北京:商务印书馆,1963:61.
② 蒲鲁东. 贫困的哲学:上卷 [M]. 余叔通,王雪华,译. 北京:商务印书馆,2010:314-315.

(二) 建立"没有权威的社会"

事实上,蒲鲁东并不是为反对国家而反对国家,他的目的在于反对权威,在于建立一个"没有权威的社会",即"排除了财产、地位、等级的任何意义"的自由平等的体系。为什么蒲鲁东否认一切权威呢?因为,在他看来,一切权威都是在维护剥削并扼杀自由,从反对国家进而反对工业管理,他反对一切权威,即任何形式的"统治与顺从"。他的口号是要求人和公民的充分自由。蒲鲁东说,自从历史进程开始以来,人类就一直在寻找平等与正义,社会也一直在寻找一种有序状态,而这种有序状态就是无政府状态。他直言,所谓的无政府状态,就是没有统治者和元首的社会,在这种状态下的自由,既不是立宪君主制下那种隶属于秩序的自由,也不是临时政府所想要的那种禁闭在秩序中的自由,它摆脱了一切权威束缚,它不从属于秩序,而是"秩序的母亲"①。

从自由与权威的关系来看,二者是社会机制中势不两立的因素,任何形式的组织和纪律都是对自由的违背,因而要获得自由必须取消权威。具体来说,蒲鲁东的"不要权威"有着明确的内容,即取消地役、地租、债务与典押,实行平等交换、自由协作与无息贷款,保障教育、劳动、财产、住宅与价格平稳,废除政府、集体、司法、国家开支与警察,取消信仰与教士……权威作用的大小与社会的发展程度是相关的。蒲鲁东指出,文化发展程度越高的社会,权威的作用越小,二者呈反比的关系,"这种权威的大致的存续期间是可以按照要求得到一个真正的政府,即符合那门科学的政府,是比较普遍的愿望而计算出来的。正如强权和诡计权在越来越扩大的正义面前缩小而最后一定会在平等中消灭那样,属于意志的主权同样也要向那属于理智的主权让步,并且最后必将在科学社会主义中消灭"②。所以,在他看来,越是文明的社会,越是不需要权威,权威发挥的作用也就越小,如果说权威必须存在,那么这种权威也必须是法律本身,而决然不是滥用法律、玩弄权术的人。

蒲鲁东把自己的"社会契约"同国家的政治结构以及权威对立起来,把

---

① 蒲鲁东的《社会问题的解决》,转引自徐觉哉. 社会主义流派史 [M]. 上海:上海人民出版社,1999:98.
② 蒲鲁东. 什么是所有权 [M]. 孙署冰,译. 北京:商务印书馆,1963:314.

"绝对自由"看作同"秩序"相等的东西，以此来建立自己的"无政府状态"的社会。在蒲鲁东那里，"不要权威！就是让自由的契约代替专制的法律，让自愿的协商代替国家的仲裁，让公道和平等的正义代替铁面无情和至高无上的司法；让理性的伦理代替启示的伦理；让力量均衡代替权力均衡；让经济统一代替政治集权"①。他说，要实现个人的自由并维护社会的平等与公正，必须坚持契约观念，重建社会的基础，个人之间自由订立的"契约"将全面取代政府和国家的作用，社会契约将成为至高无上的证书，每个公民可以用它来抵押他的爱情、智慧、劳动、产品、任务、财富的报酬。什么叫契约呢？蒲鲁东说，契约就是两个主体有义务对对方做或不做某件事情而签订的一种协定。每个社会成员能够依照自己的意愿，自由地与他人订立契约，全部社会成员将遵循自由社会中的"契约"来自由生活，人人都可以自由地进行磋商，完全不用担心权力或者是财富垄断造成的灾难。"社会契约（the Social Contract）成了至高无上的证书，每个公民用它来抵押他的爱情、智慧、劳动、产品、任务、财富的报酬"②。

对于蒲鲁东的这一设想，柯尔说道："蒲鲁东把'契约'这一概念拓展得如此深远，以致他对任何一种协作都表示怀疑，只要这种协作要求人们放弃以个人身份采取的直接行动，而代之以摆脱个人责任的集体机构或代表机构的行动，他都表示不信任。"③ 按照蒲鲁东的设想，协作其实是不必要的，或者说协作的作用应当被限制到最低，因为在他看来，社会中的大部分工作完全可以由个人来完成，即便是有协作的需要，那么它也只能在不妨碍个人自由的基础上发挥作用。可见，蒲鲁东显然是把"契约"这一概念泛化了。

（三）敌视一切政治运动

怎样实现这种"无权威社会"呢？蒲鲁东说，无产阶级的一切阶级斗争和政治运动，他都是坚决反对的，"我认为，为了取得胜利根本不需要这样，因此我们也就用不着提出革命的行动作为社会改革的手段，因为，这个轰动

---

① 中共中央马克思恩格斯列宁斯大林著作编译局. 马列著作编译资料：第9辑 [M]. 北京：人民出版社，1980：69.
② 蒲鲁东. 十九世纪革命的总观念 [M]. 伦敦，1989：114.
③ G.D.H. 柯尔. 社会主义思想史：第1卷 [M]. 何瑞丰，译. 北京：商务印书馆，1977：210.

一时的手段并不是别的,而是诉诸暴力、诉诸横暴"①。为什么呢？因为工人阶级并不具备应有的政治能力。那么,何为政治能力？蒲鲁东指出:"任何人或个人、团体或集体要有政治能力,必须具备三项基本条件:1. 这个人要有自我意识,要意识到自己的尊严、价值,以及自己在社会中所占的地位、所起的作用、有权要求担任的职务和自己所代表或体现的利益;2. 作为这种自我意识充分发挥作用的结果,这个人应该确认自己的思想,就是说,要善于把自己存在的法则从原理到结果用思维去意会,用语言去表达和用道理去说明;3. 这种思想一旦作为主张而提出,这个人还必须能够根据情况的需要和变化,从这种思想中推导出实际的结论。"② 这三条缺一不可。

蒲鲁东认为,工人阶级具有政治能力则取决于这三点。1. 从工人阶级同社会和国家关系来看,它是否具有了自我意识；它作为一个道义的和自由的集体存在,是否独立于资产阶级；它是否在利益方面同资产阶级相脱离；它是否决心不再同资产阶级相结合。2. 它是否具有一种观念,即它对自身的结构是否创造了一种概念；它是否认识到自己存在的形式、条件和规律；它是否预见了这种存在的命运和终结；它在它同国家、民族和世界秩序的关系中是否能认识到自己的作用。3. 最后,工人阶级是否能从这一观念中为如何组织社会得出自己特有的实际结论,并且在资产阶级垮台或引退的情况下,创造和发展一种新的政治秩序。

对照这些条件,蒲鲁东认为,工人阶级并不具备真实的政治能力。"工人阶级在政治生活中只是刚诞生的婴儿；虽然由于他们人数众多,他们一开始采取主动行动,就使政治秩序转移了中心并使社会经济发生了动摇,但是由于他们处于思想混乱之中,由于他们从垂死的资产阶级那里接受了种种政治幻想,他们还没有能确立自己的优势,他们甚至推迟了自己的解放,并在某种程度上危害了自己的前途"③。无产阶级既软弱又盲从,并不具备解放自身

---

① 卢森贝.政治经济学史:第3卷 [M].北京:生活·读书·新知三联书店,1960:218.
② 中共中央马克思恩格斯列宁斯大林著作编译局.马列著作编译资料:第9辑 [M].北京:人民出版社,1980:108.
③ 中共中央马克思恩格斯列宁斯大林著作编译局.马列著作编译资料:第9辑 [M].北京:人民出版社,1980:111.

的能力。如果工人参与政治斗争，只"会使法国卷入内战的漩涡，而这场内战最显著的结果，则是使巴黎失去一切社会主义分子，而且也许会使无产阶级的解放推迟一个世纪"。所以，无产阶级采取的一切政治行动，蒲鲁东都认为是不明智的和无效的。

对工人阶级争取提高工资的政治罢工行为，蒲鲁东表示非常愤怒，他认为这种斗争是有害的，这种有害性就体现在它可能造成生活资料价格的上涨。如果工人的工资真的得到提高了，工人的物质福利真的得到改善了，那么结果也不会使工人的贫穷处境得到改善，因为此时的工人将和坐拥天下财宝而愚钝不堪的罗马人一样，不知道如何使用手中的财富，这样的结果只能是助长工人的"懒惰"，"辱没他们的尊严"，"败坏他们的良知"。因此，工人阶级提高工资的任何行动都只会加剧贫困，而不会取得其他成效。"罢工所争取到的工资提高，不能不引起价格的普遍上涨，这同 $2+2=4$ 一样确定无疑"①，工人在这种斗争中什么好处也得不到，应当把工人拒绝罢工看作由提高工人经济教育而产生的不容置疑的进步表现。工人组织工会进行罢工，是违背社会道德准则的，他说："工人罢工是违反的。不仅刑法典上如此规定，而且经济体系、现存制度的必然性也说明了这一点……每一个工人有单独支配自己的人身和双手的自由，这是可以容忍的，但是社会不能容许工人组织同盟来压制垄断。"② 不只是罢工不被支持，暴力革命更是不被允许的，因为用"文火把私产烧掉"，比实行暴力革命"要好些"。事实上，蒲鲁东认为资本家和工人的矛盾是可以调和的，不需要阶级斗争、流血和牺牲，"和解就是革命"，无产阶级和资产阶级的和解可以使革命在"清醒和快乐中完成"。

可以说，蒲鲁东是一切政治运动的露骨的敌人，他责难共产主义者不应该鼓动工人夺取政权建立工人自己的国家，他说道："不去进行消灭政权和政治的社会改革……而想恢复政权和政治……对劳动者阶级来讲——他继续说——问题不在于夺取政权，而是在于不仅要打碎政权，并且要打碎垄断组

---

① 蒲鲁东. 贫困的哲学：上卷 [M]. 余叔通，王雪华，译. 北京：商务印书馆，2010：144.
② 马克思，恩格斯. 马克思恩格斯全集：第4卷 [M]. 北京：人民出版社，1958：194.

织。"① "唉，工人们哪！……你的命运是一个谜，是任何物质力量，任何精神实质，任何热情的愤慨，任何狂热的情感都不能解的谜。"② 蒲鲁东攻击共产主义者，因为他们想从夺取政权开始来实现自己的思想，他们怀抱专政的思想甚于一切。按照蒲鲁东的意见，社会主义的建设如果需要无产阶级专政，那就和资本主义摆脱封建专政实行资产阶级专政一样，没什么本质差别，只是一种"雅各宾党人的幻想"罢了。将蒲鲁东视为"敬爱导师"的拉法格曾对蒲鲁东的这一观点表示了赞同，他指出："我们需要无政府状态，我们不需要新的政权来消灭它。"③ 恩格斯表示，拉法格思想中的蒲鲁东主义曾折磨着他，"我要是不用一根结实的棍子揍他的克里奥洛人的脑袋，想必他是不会安静下来的"④。

蒲鲁东崇拜自发性的力量，反对任何政党的领导，他说道："政府始终可以成为革命的，而这又是单纯地因为它是政府的缘故。其所以只有社会、自觉的群众才能自动起来革命，是因为只有它才能合理地表现自己的自发性。……一切的革命……都是靠着人民的自发性完成的。"⑤ 蒲鲁东把人民的自发性建立在神秘主义的基础之上，把被压迫群众的"自发性"说成某种类似神秘的和出于天意的力量。"我把凌驾在任何政治制度之上、凌驾在任何国家组织之上而构成社会内部历有数世纪的结构了解为有机的。……凡是改变可以改变的事物，进行时代所要求的改革，都应该是我所称为人道的这种普遍文明道德的自发性发展"⑥。

由此可见，蒲鲁东赋予工人阶级的阶级本能是一种非理性主义的色彩，但是，正如列宁所指出的，对自发性的任何崇拜，都不过是加强资产阶级思想体系对工人的影响。因为工人不可能自发地产生社会主义意识，从而有组

---

① 艾思奇. 艾思奇全书：第4卷 [M]. 北京：人民出版社，2006：345.
② 艾思奇. 艾思奇全书：第4卷 [M]. 北京：人民出版社，2006：347.
③ 拉法格. 宗教和资本 [M]. 王子野，译. 北京：生活·读书·新知三联书店，1963：119.
④ 马克思，恩格斯. 马克思恩格斯全集：第31卷 [M]. 北京：人民出版社，1972：510.
⑤ 见蒲鲁东的《一个革命者的自白》，转引自加罗蒂. 马克思主义的人道主义 [M]. 刘若水，惊蛰，译. 北京：生活·读书·新知三联书店，1963：229.
⑥ 见蒲鲁东的《一个革命者的自白》，转引自加罗蒂. 马克思主义的人道主义 [M]. 刘若水，惊蛰，译. 北京：生活·读书·新知三联书店，1963：230.

织地开展政治斗争，而要有序有组织地进行政治斗争，工人就必须有"实现社会主义和工人运动的合一"的无产阶级政党的领导，通过党来认识自己本身和自己的作用，才能成为"自为"的阶级。可见，蒲鲁东的批判非常迎合资产阶级的口味，他维护了资本家的利益，对正在组织起来的工人阶级起着涣散的作用，他所主张的东西，不过"是想从理论上拯救资产阶级的最后尝试"。

三、经济诉求：建立劳动互助组织

那么，从经济关系上来看，新社会是什么样的呢？在未来社会的结构上，蒲鲁东主张依靠自然力的均衡维系，建立一个由自由和自愿合作组成的无政府主义社会，无政府主义将成为社会发展的最终状态。蒲鲁东宛如一个"社会魔术家""社会联结者"，他给自己提出了这样几个任务，那就是通过经济联合，建立"自由社会"，把社会上被剥削的财富归还给社会。自由社会是一个工商业自由发展、个人财产能够得到保护、由工人共同负责企业盈亏的社会，它建立在"个人占有"的互助制原则基础之上。

（一）互助联合的组织形式

蒲鲁东深信，资本主义制度产生的剥削和贫困问题，只能通过互助主义来解决，取代资本主义制度的将是他称之为的"互助社"系统，这是一种全人类性质的自由大同，其基础是利他式、互助式的个人自由。蒲鲁东主张建立一个巨大的生产者和消费者合作社，他深信，社会是为生产而不是为政治而组织起来的，有一种以互相交换为基础的"自然"经济的存在，只要不受国家行动或垄断制度的干扰，这种"自然"经济就能保证利益得到平衡，"我们现在所需要的，我以全体劳动者的名义所要求的，是相互原则、公平交换和信贷组织"[1]。

蒲鲁东是互助论的坚定拥护者，在他的主要著作中，"联合"一词用来表达劳动互助的思想，互助可以看作联合的一种形式。联合与竞争是什么关系呢？蒲鲁东首先批判了以路易·勃朗为代表的社会主义者所主张的以联合消灭竞争的做法，在他看来，竞争与联合并不互相排斥，它们基于同一种社会

---

[1] G.D.H. 柯尔. 社会主义思想史：第1卷 [M]. 何瑞丰，译. 北京：商务印书馆，1977：206.

基本单元而产生。自工业革命以来,雇主与工人、工场与工厂、资本与资本之间的关系就是一种竞争与联合的关系,所以竞争非但与联合不存在分歧,而且是将一切人联合起来的形式,是个人自由的保证。互助联合该采取什么样的形式呢?蒲鲁东以股份公司的组织形式来说明互助联合的组织形式,但是二者存在一个根本的区别,那就是互助联合是以平等而不是利润为原则建立起来的,即参加人以企业主的身份参加,他们都享有表决权,并有表达他们想法的权利,总之一切规定都是以平等为依据的,这也是劳动组织起来的条件。

在蒲鲁东看来,贫困之所以会产生,原因就在于生产者得不到自己产品的全部价值,但是通过劳动互助联合,每个自由个体之间是均衡的,一个人履行义务的同时也享有同样的权利,每个人都能够"用劳务来换取相应的劳务","互相效劳,互换产品,彼此贷款,互提信用,互相保证,彼此担保,等等——这就是(互助制的)法则"①。这就是各行各业的手工业者所组成的"大货栈",在这个"大货栈"里,所有产品的价格都是由生产原料费用加上劳动费用决定的,产品与产品之间直接进行交换,超出"大货栈"需要的产品,可以在世界市场上销售,所取得的收入则由生产者享有。在这里,生产者同时也是"资本家",这样一来,就不存在所谓的中间商人的利润,一切人,不管是成年人还是小孩、聪明的人还是愚钝的人、富裕的人还是贫苦的人,都可以"在一种难以形容的友谊中团结起来",这就是蒲鲁东的"拯救世界的宏伟计划"。

蒲鲁东深信,只要劳动者以互助的形式联合起来,整个社会就会"脱胎换骨",得到真正的改造。互助主义的形式多样,包括合作会社、劳工银行、行业会社等,从这些互助形式中,人们可以发现一个没有阶级、没有政府的"个人自由""自愿合作"的新社会的萌芽。从个人自由的观点来看,社会就是一个各种自由力量之间的平衡体系,社会中除了自由以外没有别的特权,唯有公民的权利才高于一切。在新的社会形式中,每个人生产的产品如果都能以别人生产的产品来补偿自己劳动产品的全部价值,那么永恒公平就实现

---

① 蒲鲁东的《论各工人阶级的政治能力》,转引自凯尔任策夫. 巴黎公社史 [M]. 中国人民大学编译室,译. 北京:生活·读书·新知三联书店,1961:16.

<<< 第六章 消除贫困的"社会主义"方案

了,最好的世界也就建立起来了。

(二) 发明"无息信贷"

新社会将采用会计核算方法。所谓的会计核算,就是建立一个社会账簿,每天都需要记账,要精确地确定盈亏状况,"在社会账簿的总分类账和明细账上,所用的术语将不是资金、现金、一般商品、本票和期票等一般会计学的用语,而是竞争和垄断、私有制和公有制、公民和国家、人和上帝等哲学、法律和政治的语汇。总之,我用最后一次比喻,我们应该每天记账,就是说,要精确地确定盈亏状况,以便随时看出社会究竟有秩序还是无秩序,并报告衡量的结果"①。蒲鲁东想通过建立"人民银行"实现这一点。"人民银行是所有这样一些公民的财产,他们自愿享受人民银行的服务,并且他们既然承认在一定时期内人民银行仍需以货币为基础,所以他们怀着上述目的用自己的资本来供应它,他们总是尽早在人民银行办理清算并接受其支票做支付"②。

从历史的角度来看,人民银行的产生有其历史必然性,"这一天迟早会到来,人们将让这一前程远大的机构来援救负债累累和灰心丧气的国家;我们不妨试试,看商业界和金融界的那些因循守旧的人能有什么办法避开人民银行,看那些所谓的社会主义者能有什么办法代替人民银行。不过那时候,我们已经花费了几亿法郎,用于救济、军费和运费,用于开办农垦区,以及用于镇压和囚禁;那时,我们已经尝到了最可笑、最可气和代价最大的各种经济幻想的苦头:典当、虚假流通、高利贷,包括累进税、奢侈税、所得税、遗产税,乃至破产税在内的各种苛捐杂税"③。"人民银行"不仅是劳动产品的交换场所,而且是信贷机构,对小生产者和工人实行长期"无息贷款",从而使劳动者摆脱货币的奴役。建立人民银行的目的是摧毁国家与权威,使人民通过互助得到更多的自由。

蒲鲁东说,人民银行使一切经济问题都变得简单化了,"剩下的问题仅仅是:价值流通是否能无偿地进行?这种流通是合法还是非法的?资本是否有

---

① 中共中央马克思恩格斯列宁斯大林著作编译局. 马列著作编译资料:第9辑 [M]. 北京:人民出版社,1980:94.
② 蒲鲁东. 一个革命者的自白 [M]. 1929:248.
③ 中共中央马克思恩格斯列宁斯大林著作编译局. 马列著作编译资料:第9辑 [M]. 北京:人民出版社,1980:76.

171

权对互助同它竞争提出非议？劳动者（不论他们在组织的问题上有何理论分歧）究竟会接受还是会拒绝新的信贷方法？这种方法一下能使劳动者免除60亿的额外支出。从此，反动派关于家庭和所有权的动人演说将无逞其伎；协作社、法伦斯泰尔、农垦区等计划将相形见绌：问题仅限于实行低息贷款和无息贷款。农民懂得：废除高利贷，通过流动资本和不动资本之间的竞争逐步降低地租，这是一回事；而无偿地和无益地剥夺工厂主和地主的财产，那是另一回事。实行无息信贷，问题就能和平地合法地得到解决，革命可以在不伤害任何人，也不引起任何人惊慌的情况下进行"①。人民银行建立后，公民和国家都将从中受益。那么，人民银行的建立资金来自哪里呢？蒲鲁东希望，由资产阶级、地主阶级缴纳税款，公职人员缴纳所得税，来提供这笔资金，建立人民银行。

"人民银行"属于一个自治机构，为个人提供无息信贷，当然在最开始时并不是完全的无息，而是收取比较低的利息，等到"互助主义"制度成熟之后，利息就逐渐降低并趋近零。蒲鲁东说，只受生产力限制的无息信贷能保证市场的充分供应，也能保证每个生产者都得到符合其产品的社会价值的报酬。这一点做到了，国家或任何其他掌握强制权力的当局就再也没有什么事情可做了。至于其余的事务，个体生产者可以利用生产条件所必需的自愿协作组织自行办理。

蒲鲁东曾经有过建立人民银行的实践，他对此非常满意，并把这段时期看作他人生中最美满的时刻，看作他参加的"最光荣的一场战役"。事实是这样的，1849年1月31日，蒲鲁东签订了合股文书。1849年2月11日，人民银行开业，引起了比较大的反响，仅在两天之内，就有862人认购了1897张股票，计9485法郎。6周以后，认购股票的人接近2万，预定的资本高达10万法郎。这时蒲鲁东却因违反出版法被判处3年监禁和3000法郎罚款，人民银行随之迅速垮台。恩格斯曾嘲讽说，工人们"口袋里连晚上在酒铺聚会时喝酒用的六个苏都没有，却想用他们的储金来购买整整一个美丽的法国！"②

---

① 中共中央马克思恩格斯列宁斯大林著作编译局. 马列著作编译资料：第9辑 [M]. 北京：人民出版社，1980：75.
② 马克思，恩格斯. 马克思恩格斯全集：第27卷 [M]. 北京：人民出版社，1972：58.

在资本主义条件下，无产阶级连维持最低的生活水平都很困难，怎么可能依靠自己的经济力量来购买整个国家呢？这真是"一件超出一切范围的荒唐事"。

(三) 对小手工业生产方式唱赞歌

蒲鲁东对法国的贫穷发出感叹："只要人类仍旧受到偏见的支配，只要世界依然受到偏见的支配，只要世界继续由那些鉴貌辨色和危言耸听的人消除，人类便无法摆脱如此的命运：我们不幸的国家只能……受苦、受苦、再受苦。"① 蒲鲁东也承认，机器的使用，一下子就使自由"突飞猛进"，资本主义大工业的发展是有助于提高工人的普遍福利的。蒲鲁东说到，在现存的社会经济制度下，机器和分工一样，既是财富的一个源泉，又是产生贫困的一个永久性的、无可幸免的原因，更深层次来看，大工业本身并不是解放的力量，而是苦难的根源。

"1836年，在曼彻斯特的一家工厂里，4名工人操纵着9台各有324枚纱锭的纺纱机；后来，由于机身加长了一倍，每台增加到680枚纱锭，便只要两个人就能管理了"。"事情并不止于此。很快，机器的某项新改进又将使1个工人能完成过去4个工人担负的工作"。"1841年，制造厂中13岁以下的童工减少了，因为他们被13岁以上的童工取代了"。……诸如此类的事情不胜枚举，随着工业的改进，工人的质量也相应地降低了。"即使幸免贫困，也难逃地位卑微——这是机器给工人带来的最后一个恶果。因为一部机器和一门大炮一样，大炮除了长官之外，还必须配备一批炮手，机器也需要一批奴隶来侍候它"②。由此可见，自从建立了大工业，大批小型手工业便被淘汰了，小宗法制的基础被击垮了。大工业在挤垮小手工业之外还制造出了大批卑微的劳动者，"大工业剥夺了劳动者的人格"，如"四千公里的铁路将给法国增加五万名奴隶"。总之，现代大城市的大多数居民都处于非常悲惨的境地。

蒲鲁东以他自己的亲身经历来说明工业的改进给工人命运带来的影响，他亲身经历了改用印刷机的过程，目睹了印刷工人在这一过程中所遭受的苦

---

① 蒲鲁东. 什么是所有权 [M]. 孙署冰, 译. 北京: 商务印书馆, 1963: 37.
② 蒲鲁东. 贫困的哲学: 上卷 [M]. 余叔通, 王雪华, 译. 北京: 商务印书馆, 2010: 180, 181, 183, 195.

痛。在安装了印刷机以后的 15 到 20 年里,一部分工人改当排字工,另外一些工人脱离了这个行业,还有一些因贫穷而死去了。这种情况并不少见,每当工业革新之后,工厂都是这样"谢绝"工人的。可见,工业的发展是财富与灾难同行的,这种灾难不但表现在造成了工人的物质贫穷上,而且还把"精神"装进了机器,使劳动者变得越来越愚昧无知。蒲鲁东说:"不论机械的进步多大,即使发明了比绵纺机、织袜机、圆筒印刷机还要精良百倍的机器,找到了比蒸汽还要强大百倍的动力,也远远不能解放人类,不能为人类创造舒适的日子,不能无代价地从事一切生产,而只能无止境地增加劳务,刺激人口增长,加重奴役,使生活费用愈来愈高,使统治和享受的阶级与被统治和受苦的阶级之间的鸿沟越来越深。"① 显然,蒲鲁东并不认为资本主义发展是历史上进步的和必然的结果,相反,他把资本主义大工业所创造的条件看作过去似乎完美健全的社会机构上的一种"病态的毒瘤"。他高度赞扬小手工业的生产方式,想要保存小资产阶级的私有制形式,因为这样不仅可以使小资产者免于在竞争中被大资本吞噬,而且又不至于导致无产阶级的赤贫化。

蒲鲁东是出身于小工厂的工人,对他而言,大工业发展带来了分工的细化和专门化,使工人成为一个片面的人和不完整的人,相较而言,小手工业者则是完人,回到小手工业的生产方式上去才是一种最完美的社会状态,在这种社会之下,工人将没有任何外在压迫地经营自己的事务。在蒲鲁东与若尔日·度申②合著的《交易所投机者手册》一书中,他提出了成立小手工业者的协作社。我们可以看到,蒲鲁东始终是以小手工业者的立场来进行活动的,对现代大工业,他始终有所保留。

---

① 蒲鲁东. 贫困的哲学:上卷 [M]. 余叔通,王雪华,译. 北京:商务印书馆,2010:200.
② 若尔日·度申,生卒年不详,印刷工人,1848 年二月革命后代表本行业参加卢森堡宫委员会工作,1870—1871 年与茹尔·瓦莱士合办《人民呼声报》。据瓦莱士说,度申后来背叛了公社的事业。

第二节　马克思对蒲鲁东理论实质的揭露

马克思指出，共产主义必须首先摆脱这个"假兄弟"，因为蒲鲁东的理论存在根本性的错误，他心里"藏着一个和平的药方"，"信仰蒲鲁东的人（我这里的好友拉法格和龙格也在内）竟认为整个欧洲都可以而且应当安静地坐在那里等待法国老爷们来消灭'贫穷和愚昧'，而他们自己愈是厉害地叫喊'社会科学'，就愈加陷入贫穷和愚昧的统治之下，他们简直太可笑了"①。显而易见，蒲鲁东式的法兰西社会主义"患病"了，他的社会主义不过是对"庸俗空想的描绘"。虽然尽力地站在现实的基础之上，但他仍归根结底是一个形而上学者和唯心主义者，他以为稍微为无产阶级悲叹几声，稍微谈一下劳动组织，组织几个改善下层阶级人民状况的可怜团体，就可以改变社会的现实状况。然而，这种社会主义，"由于在自己领域中没有党性，由于自己的'思想绝对平静'而丧失了最后一滴血、最后一点精神和力量"②。如果他的这套方法公开出来，他就一定会使自己，"使所有法国的社会主义者和共产主义者都在资产阶级经济学家面前永远地丢尽脸皮"。所以，蒲鲁东的社会主义"连首创的功绩也没有"。

一、对共产主义的错误定位

蒲鲁东说共产主义是"乌托邦"的幻想，这是因为他对共产主义的理解还停留在片面、粗浅的层面上，当然他理解的共产主义还不完全等于马克思所说的共产主义，所以既然前提是错误的，那么结论自然也是错误的。

（一）简化共产主义的内涵

在蒲鲁东的视域中，共产主义是一种与所有权相对立的形式，这里所说的共产主义并非马克思所追求的理想社会形式，而是人类文明开始初期，以一种简单形式联合起来的"消极的共产主义"，这种共产主义是人类文明发轫

---

① 马克思，恩格斯. 马克思恩格斯全集：第31卷 [M]. 北京：人民出版社，1972：224.
② 马克思，恩格斯. 马克思恩格斯全集：第2卷 [M]. 北京：人民出版社，1957：659.

时期的一种简单形式的联合。在蒲鲁东看来,"共产主义"主张绝对的公有化,在这种社会形式下,强者为弱者服务,社会懒惰成风,"最后,人抛弃了他的个性、自发性、天才、情感以后,就不得不在公共'法律'的权威和严格性面前低首下心地自趋灭亡"。① 在他眼里,共产主义被简化为一种以"集体的人"来替代利己主义的学说。蒲鲁东说,尽管共产主义与资本主义的"利己主义"相对立,但这并无助于矛盾和贫困问题的解决,反而意味着贫困是一种命定的贫困。

对这种错误定位,我们有必要进行澄清。事实上,马克思在使用共产主义和社会主义的概念时并没有进行严格的区分,有时候甚至是并列使用的。这并不影响马克思对共产主义概念的界定,在对资本主义基本矛盾分析的基础上,马克思洞察到共产主义运动是作为资本主义私有制的对立面发展起来的,也就是说,共产主义是现实本身的产物,是对私有财产的扬弃,是对人的社会异化的扬弃。恩格斯曾经写到,共产主义有以下几点规定:(1)维护无产者的利益;(2)消灭私有制,代之以财产公有;(3)进行暴力的民主革命(这是1848年革命前一年半写的)。这里把共产主义的现实性、主体性、目标性、实现路径都说得非常清楚了。

马克思理论中的共产主义当然不是蒲鲁东笔下粗陋原始的"共产主义",而是在资本主义之后的一种社会形态。在《哥达纲领批判》中,马克思把共产主义看作未来社会的发展阶段,说明了在资本主义社会之后的社会发展阶段。马克思不仅将共产主义社会分成第一阶段和高级阶段,而且指出在进入共产主义社会之前,将会有一个过渡时期,这个过渡时期就是无产阶级掌握政权,实行无产阶级专政的时期。根据社会形态的发展规律,马克思设想了未来共产主义社会的基本原则,那就是由社会占有生产资料,劳动本身成为人的第一需要,在生产力高度发展的基础上,由"按劳分配"过渡到"按需分配"的一种社会形式。

(二)将共产主义的基本原则归结为博爱

蒲鲁东从人道主义、人本主义层面去定位共产主义,也就是伦理共产主

---

① 蒲鲁东.什么是所有权[M].孙署冰,译.北京:商务印书馆,1963:297.

义或人本主义的共产主义,他粗暴武断地把共产主义的基本原则归结为博爱和一种献身精神,并批评说这是一种"伪善"。在蒲鲁东笔下,共产主义的实质是宣扬一种新的"爱"的贫困的宗教,共产主义既与虚无相协调,又依虚无而存在。共产主义只是热衷于玩弄博爱的"文字游戏",却不实际行动,从共产主义美妙的格言中演绎出来的实践公式是,每个劳动者都应该向社会无私奉献自己的全部时间,社会也应该向每个公民提供所能提供的一切资源。然而,这并不是问题的关键所在,问题不在于不要彼此征战、彼此对抗,而在于要联合起来,"从天性上的兄弟变为情感上的兄弟"。因此,仅仅凭借博爱和献身精神根本无法解决社会的贫困问题,他将共产主义看作阻碍社会进步的最大障碍。

这种理解与马克思、恩格斯笔下社会主义、共产主义的内涵相去甚远,如果仅仅像蒲鲁东那般用以偏概全的方式对共产主义做概念阐释,必然是错误的。当然,共产主义也提倡爱与和谐,从本质上来讲,共产主义不是与人道主义相对立的一种斗争哲学。从"现实的个人"出发,马克思反复确证,共产主义是现存社会引发社会变革的产物,是诉诸实践的"消灭现存状况"的最实际的运动。马克思指出,共产主义是从资本主义社会有产者和无产者的对立矛盾、资本和劳动的对立矛盾中产生的,贫困现象之所以层出不穷且无法根除,根本原因在于资本主义私有制的存在,而共产主义本身就是建立在消灭一切私有制的基础之上。共产主义并不是纯粹诉诸原则而与现实状况相适应的理想的"乌托邦",而是从现实中产生并致力于消灭现实状况的现实的运动。为了清除蒲鲁东造成的理论上的混乱,恩格斯曾这样说道:"(共产主义)用财产公有排斥了对资产者和施特劳宾人采取和解、温情和尊敬的态度,最后也排斥了蒲鲁东的股份公司及其所保留的私人财产以及与此有关的一切"[1]。

二、蒲鲁东的政治冷淡主义

蒲鲁东否认工人阶级的政治能力,否认工人一切政治运动的有效性,认

---

[1] 马克思,恩格斯. 马克思恩格斯全集:第27卷 [M]. 北京:人民出版社,1972:71.

为工人应该"像牧师等待天堂一样",等待"社会清算"。马克思把蒲鲁东的理论定性为"政治冷淡主义",他曾写《政治冷淡主义》一文对蒲鲁东所代表的政治冷淡主义进行全面的清算。关于政治冷淡主义的表现,列宁曾有过一个经典的概括,那就是他们认为"工人不应该进行政治斗争,因为这意味着承认国家不应该举行罢工,不应该'争取让步',不应该争取缩短工作日和争取工厂立法!这意味着'妥协'!!如此等等"[①]。

(一)没有看到无产阶级的历史使命

蒲鲁东一直以"劳动者"的代言人形象进行理论创造和实践活动,但是在他眼里,群众不过都是一些作为理性观念实现自身工具的平凡的人。具体来看,他心目中的劳动者主要是指耕种自己的一小块土地的农民和从事个体生产的手工业者,而不是雇佣工人,他始终把小作坊主和经商者看作生产阶级的成员。"他说,法国是由三个阶级构成的:(1)资产阶级;(2)中等阶级(小资产者);(3)无产阶级。历史的目的,特别是革命的目的,就在于把两极——第一个和第三个阶级——溶解在第二个阶级之中,即中庸之中"[②]。也就是说,蒲鲁东制造了把"无产阶级反过来纳入资产阶级中去的假象"。他说:社会主义不只是消灭贫困、废除资本和雇佣劳动、改变所有制等,同时还是中等地位的确立、中层阶级的普遍化。在他看来,社会问题的真正解决就是要把下层阶级提高到中层阶级的水平,中层阶级才是蒲鲁东眼中最革命的阶级,而中层阶级就是除资产者和无产者之外的一切社会阶层。这充分暴露了蒲鲁东想要以小资产阶级的方式来改良资本主义社会的企图,也暴露了蒲鲁东看不到也不愿意承认资本主义社会的贫困主体,即无产阶级所具有的巨大能量。

无产阶级,对剥削阶级来说,不过是社会的"溃疮",是需要他们来养活的"无用之人",是社会健康发展的"巨大威胁"。对空想社会主义者来说,无产阶级只是受苦最深、值得同情的阶级,是需要"社会天才"来解救的一个群体。对蒲鲁东来说,无产阶级缺乏头脑和思想,是社会的低能儿,而这正是无产阶级陷于贫穷的主要原因。与蒲鲁东寄希望于小资产阶级,否认工

[①] 列宁. 列宁全集:第31卷 [M]. 北京:人民出版社,2017:202.
[②] 马克思,恩格斯. 马克思恩格斯全集:第28卷 [M]. 北京:人民出版社,1973:565.

人阶级具有政治能力截然相反，马克思把自己的理想诉诸无产阶级，将无产阶级看作反贫困的主体，发现了根除现代贫困的可能性。他指出，变革社会的力量就在于无产阶级，这个阶级只有通过政治手段，只有消灭现代社会的一切反人性条件，才能捍卫自身。对马克思来说，无产阶级作为社会主义社会的创造者，正是变革现存社会、建立新社会秩序的主要力量，列宁曾经指出，"马克思学说中的主要的一点，就是阐明了无产阶级作为社会主义社会创造者的世界历史作用"[①]。这是以往的一切思想家都没有发现的。

现存制度下，在与资产阶级对立的一切阶级中，只有无产阶级是真正革命的阶级。无产阶级是这样一个阶级，它本身不占有任何生产资料，只有可供出卖的自由劳动力，他们受剥削、受压迫最深，是资本主义社会中受苦最深的阶级。同时，他们也是与最先进的生产工具保持最密切联系的一个阶级，是实现社会变革最先进的社会力量，革命性与先进性并存，是这个阶级的典型特征。因而，只有无产阶级自身才能改变自身穷苦的命运，他们"必须自己解放自己"。无产阶级只有"炸毁官方社会的整个上层"，才能"抬起头来""挺起胸来"。蒲鲁东只是观察到了无产阶级在夹缝中生存的处境，而没有看到这个阶级的先进性和革命性，对无产阶级的反抗，他反而持一种反对和惧怕的态度。由于蒲鲁东的阶级特性，他寄希望于资产阶级与无产阶级的调和方面，这就更加陷入空想和宿命论的陷阱而不能自拔了。他完全没有看到，无产阶级成为变革社会的力量并不是主观臆造的，而是社会物质条件的必然产物。

马克思指出，无产阶级受奴役、受剥削、陷入贫穷的根源就在于资本主义的生产关系，要改变这种状况，就必须炸毁与生产力发展日益不相容的资本主义"外壳"，"随着那些掠夺和垄断这一转化过程的全部利益的资本巨头不断减少，贫困、压迫、奴役、退化和剥削的程度不断加深，而日益壮大的、由资本主义生产过程本身的机构制所训练、联合和组织起来的工人阶级的反抗也不断增长。资本的垄断成了与这种垄断一起并在这种垄断之下繁盛起来的生产方式的桎梏。生产资料的集中和劳动的社会化，达到了同它们的资本

[①] 列宁.列宁全集：第23卷[M].北京：人民出版社，2017：1.

主义外壳不能相容的地步。这个外壳就要炸毁了"①。炸毁这个外壳的革命任务必然只能由无产阶级来完成,"劳动阶级在发展进程中将创造一个消除阶级和阶级对立的联合体来代替旧的市民社会,从此再不会有原来意义的政权了。因为政权正是市民社会内部阶级对立的正式表现。在这以前,资产阶级和无产阶级之间的对抗仍然是阶级反对阶级的斗争,这个斗争的最高表现就是全面革命"②。无产阶级和资产阶级的斗争,其最高表现就是全面革命。无产阶级肩负着进行全面革命的历史使命,这其中包含着两层意思:一是无产阶级不能坐以待毙,必须起来反抗,进行社会革命,推翻资本主义制度;二是推翻旧社会制度之后,不能立即进入共产主义社会,中间必须有一个无产阶级专政的时期。

(二) 没有看到政治革命的必要性

蒲鲁东的逻辑就是一切东西都可以调和,"社会问题就是要知道如何把一切垄断予以调和"。他否认无产阶级和资产阶级之间的根本矛盾、对立和斗争,把劳动和资本的关系说成是"平等关系""从属关系""连带关系",即"互相依赖的关系,一个是共同财富的主动力,一个是共同财富的促进者和保管者"。故而,他寻求两个阶级的和解,"两个阶级应当提高认识携手合作"。蒲鲁东以一个"革命者"的形象示人,但本质上,他反对任何形式的暴力革命,因为这只会带来流血和灾难,在他看来,一切政治运动不仅无效,而且非法,"这点不但刑法典上有明文规定,而且是经济制度和现有秩序的必然性所要求的。劳动只要还没有主宰一切,就理应遭受奴役,社会只有以此为代价才能生存下去……如果工人依靠同盟来对垄断施加暴力,社会就不能容许了"③。从根本上来说,他认为,政治革命是同任何社会和制度相抵触的,是极端反经济学和法学的,所以他将一切政治运动视为工人阶级在对抗贫困现实时采取的激进措施。

蒲鲁东指责工人罢工和工人同盟,法国已经在有限的范围内给工人结成

---

① 马克思,恩格斯. 马克思恩格斯全集:第23卷 [M]. 北京:人民出版社,1972:831.
② 马克思,恩格斯. 马克思恩格斯选集:第1卷 [M]. 北京:人民出版社,1995:194.
③ 蒲鲁东. 贫困的哲学:上卷 [M]. 余叔通,王雪华,译. 北京:商务印书馆,2010:349.

第六章 消除贫困的"社会主义"方案

同盟以权利的时候,他写了《论工人阶级的政治能力》,重复了他在《贫困的哲学》中评价里沃-德日耶事件的论断。① 对蒲鲁东的指责,马克思指出,事实上,罢工和工人同盟在某些国家是议会的法令所认可的行为,"现代工业和竞争越发展,产生和促进同盟的因素也就越多,而同盟一经成为经济事实并日益稳定,它们也必然很快地成为合法的事实"②。因为工人同盟的发展是随着现代大工业的发展而成长壮大的,工业和竞争的发展,催生了同盟产生的因素,只要同盟不威胁到统治阶级的政权,它们也就成为合法的经济事实了。比如,英国有最大且组织最好的同盟:所有的地方工联已经结成了一个拥有8万名成员的全国职工联合会,中央委员会设在了伦敦,工人们在宪章派的名义下形成了一个巨大的政党。工人同盟的发展是随着现代大工业的发展而成长壮大的。"产业工人的起义不管带有怎样的局部性,总包含着恢宏的灵魂,而政治起义不管带有怎样的普遍性,在其最庞大的形式中却隐藏着狭隘的精神"③。

历史地来看,资本主义社会也是阶级斗争的产物,在封建主义制度下,资产阶级已经形成了阶级,它们的任务就是推翻封建制度,建立资本主义社会。资本主义社会的形成分为两个阶段:"第一是资产阶级在封建主义和专制君主制的统治下形成阶级;第二是形成阶级之后,推翻封建主义和君主制度,把社会改造成资产阶级社会。第一个阶段历时最长,花的力量也最多。"④ 可见,阶级斗争是每一个阶级社会不可避免的现象,现代社会是建筑在阶级对立上的社会,阶级矛盾和冲突不可避免,阶级斗争是以阶级对抗为基础的社会的必然结果,被压迫的阶级想要将自己从剥削处境中解放出来,就必须使现存的生产力和生产关系不再相容,而革命阶级作为最强大的一种生产力,就肩负着这样一种历史使命。所以只要阶级与阶级对抗的社会现实存在,政治革命就是必要的,就必然有革命和斗争,"不是战斗,就是死亡;不是血

---

① 蒲鲁东在《论工人阶级的政治能力》一书中疾呼道:"枪杀里沃—德日耶的采煤工人的当局已处于十分尴尬的境地。但是,它是像古人布鲁土斯那样行动的。布鲁土斯不得不在父爱和自己的执政官的职责之间做出选择:必须牺牲自己的儿子,来拯救共和国。布鲁土斯没有犹豫,而后世也不敢谴责他。"
② 马克思,恩格斯. 马克思恩格斯全集:第1卷[M]. 北京:人民出版社,1995:191.
③ 马克思,恩格斯. 马克思恩格斯全集:第3卷[M]. 北京:人民出版社,2002:394.
④ 马克思,恩格斯. 马克思恩格斯全集:第4卷[M]. 北京:人民出版社,1958:196.

181

战，就是毁灭。问题的提法必然如此"①。

毫无疑问，马克思和蒲鲁东都发现，资本主义社会"病了"，而要治病就需要新的药方，推翻旧社会制度而不是改良旧社会制度，这是马克思与蒲鲁东的根本区别。蒲鲁东说，经济革命优先于政治革命，这里他所谓的经济革命就是构建他的经济矛盾体系来调和资产阶级和无产阶级的矛盾。他想要保留商品经济，以"自由或竞争"为保障，单纯地以为只要实行"以产品交换产品"的原则，剥削就不存在，贫困问题就能得到解决。也就是说，蒲鲁东既不明白商品经济与资本主义生产方式的内在联系，又不明白剥削究竟是如何产生的。他想让工人阶级适应旧社会的秩序，来更好地进入他构想的"自由"社会中。马克思指出，这是绝对错误的。蒲鲁东不懂得，资本主义就是在小商品生产的基础上建立起来的，商品按其价值的交换，在资本主义社会条件下就包括资本家对剩余价值的占有，即意味着剥削的存在，贫困产生的基础既然没有根除，那么贫困问题自然也不能得到根本的解决。

三、小资产阶级的"救世"药方

"蒲鲁东先生彻头彻尾是个小资产阶级的哲学家和经济学家"，他希望充当"科学泰斗"，但却始终无法超出资产阶级的眼界，结果只是作为小资产者的代表，摇摆徘徊于政治经济学和共产主义之间。他的整个理论浸透着一种反动的特性，被马克思界定为小资产阶级的"药方规定"，"如果这个蒲鲁东主义的反革命一般真能实现，世界是要灭亡的"。

为什么蒲鲁东被看作小资产阶级的"救世主"呢？这里首先需要阐明马克思划分阶级的标准和思路。以唯物主义历史观为指导，马克思指出，阶级是生产关系和交换关系的产物。资本主义社会直接以分工和生产工具为基础，划分为两大阶级。这里所说的两大阶级指的是资产阶级和无产阶级。马克思没有明确界定过阶级是什么，但对资产阶级和无产阶级的概念，他是有过直接表述的。资产阶级，就是"占有社会生产资料并使用雇佣劳动"的一群人；无产阶级，就是不占有生产资料，靠出卖自己的劳动力为生，并且这种出卖

---

① 马克思，恩格斯．马克思恩格斯全集：第4卷［M］．北京：人民出版社，1958：198.

能给资本家带来剩余价值的一群人。与马克思的思路相一致,列宁在《伟大的创举》中给阶级下了一个定义,即"所谓阶级,就是这样一些大的集团,这些集团在历史上一定的社会生产体系中所处的地位不同,同生产资料的关系(这种关系大部分是在法律上明文规定了的)不同,在社会劳动组织中所起的作用不同,因而取得归自己支配的那份社会财富的方式和多寡也不同"[①]。简言之,是否占有生产资料,是划分阶级的根本标准,对阶级的划分主要以是否占有生产资料、劳动组织方式、社会财富分配为依据。

除了资产阶级和无产阶级这两个主角之外,还有小资产阶级的存在,小资产阶级是这样一类人,他们摇摆于无产者和资产者之间,并且作为资本主义社会的补充部分不断地重新组成。农民、小商贩、手工业者等人都可以归入小资产阶级这一类。随着大工业的发展,这部分人有些已经掉入无产阶级的队伍中,呈现出半无产阶级化和无产阶级化的趋势,已经失去了在社会中的一个独立地位。马克思曾对小资产阶级做过一个概括,他说,小资产者是由"一方面"和"另一方面"构成的,这个特点不仅表现在经济利益上,而且在政治、宗教、科学、艺术、道德上也是这样的,"在一切事情上都是如此,他是活生生的矛盾"。在资本主义社会中,小资产阶级的特性,决定了他既迷恋于资产阶级的奢华生活,又同情无产阶级的苦难;既希望保留资本主义制度,又不想要资本主义制度的一切弊端;既想改善无产阶级的贫困生活,又惧怕无产阶级革命的彻底性。总之,小资产阶级,从来不能作为一支独立的政治力量而存在,它或者同资产阶级联合,或者同无产阶级联合,它既是资产者又是人民。法国是一个农业人口占多数的国家,即一个典型的小资产阶级人口占多数的国家。一定的思想文化产生一定的经济基础,与小农经济相适应的是小资产阶级的思想、观念和文化。从蒲鲁东的出生及其经历来看,他是一个典型的小资产者,他的思想"不能越出小资产者的生活所越不出的界限,因此他们在理论上得出的任务和做出的决定,也就是他们的物质利益和社会地位在实际生活上引导他们得出的任务和做出的决定。一般说来,一个阶级的政治代表和著作方面的代表人物同他们所代表的阶级间的关系,都

---

① 列宁. 列宁全集:第37卷 [M]. 北京:人民出版社,2017:15.

是这样的"①。他的理论没有超越小资产者的生活界限，而是集中反映了小资产阶级的政治诉求和经济愿望。

在机器大工业迅猛发展的背景下，小生产者的处境十分艰难，他们非常仇视大工业，拼命挣扎着想要保持小生产者的经济地位，蒲鲁东以小资产阶级"救世主"的面貌出现在人民面前，他的理论就是在这样的历史条件下产生并蔓延开来的。"整个蒲鲁东主义都渗透着一种反动的特性：厌恶工业革命，时而公开时而隐蔽地表示希望把全部现代工业、蒸汽机、纺纱机以及其他一切坏东西统统抛弃，而返回到旧日的规规矩矩的手工劳动中。"②他的妙方就是"能够凭空弄到钱，使所有工人早日进入地上天堂"。在他看来，这样就可以废除中间商业资本的剥削，逐步消除工人的失业和贫困，从而保证小生产者的独立和平等，进而用小生产者自己的财力去购买生产资料，乃至整个国家的生产力，最后废除资本，实现他的理想社会。这是典型的手工业时代的小资产者的幻想，"这位大聪明人"没有想到，"可是这样一来他连他的协作社的资本的利润也废除了，这种资本及其利润同被他废除了的中间商人的资本及其利润恰好是一般多，因此，他用左手得到的东西，又用右手抛出去了"③。他完全忘记了"工人根本筹集不了足够的资本，否则他们就能同样成功地独自创业了；在协作社所能提供的费用上节约，与巨大的风险相比根本不算一回事；整个这一套办法无非是希望用魔术把利润从世界上清除而把利润的生产者保留下来；这一切完全是施特劳宾人的田园诗，它一开始就完全排斥大工业、建筑业、农业等等。这些生产者不分享资产者的利润，却不能不承担资产者的亏损，——所有这一切，以及其他成百个自然产生的异议，他由于沉醉于他那自以为是的幻想中，都完全忘记了"④。

蒲鲁东是小资产阶级的典型代表，但是在《共产党宣言》中，马克思把蒲鲁东的理论定性为"保守的或资产阶级的社会主义"，为什么呢？这是因为，从本质上来讲，蒲鲁东的理论不仅没有真正戳中资本主义的"要害"，反

---

① 马克思，恩格斯. 马克思恩格斯选集：第8卷[M]. 北京：人民出版社，1961：152.
② 马克思，恩格斯. 马克思恩格斯选集：第3卷[M]. 北京：人民出版社，2012：200.
③ 马克思，恩格斯. 马克思恩格斯全集：第27卷[M]. 北京：人民出版社，1972：47.
④ 马克思，恩格斯. 马克思恩格斯全集：第27卷[M]. 北京：人民出版社，1972：48.

而不自觉地成为资产阶级的"辩护士"。关于蒲鲁东理论的实质,列宁曾写道:"不是消灭资本主义和它的基础——商品生产,而是使这个基础免除各种弊病和赘瘤等;不是消灭交换和交换价值,而相反地,是使它'确立',使它成为普遍的、绝对的、'公允的',没有波动、没有危机、没有弊病的东西,——这就是蒲鲁东思想。"① 可见,蒲鲁东提出的小资产阶级改良性消除贫困方案,非但无助于问题的实质性解决,反而使贫困问题成为一个资本主义社会无法解决的问题。

第三节 马克思消除现代贫困的方案

马克思不仅揭露和批判了蒲鲁东消除贫困方案的改良主义实质,彻底驳倒了蒲鲁东,而且实现了对蒲鲁东的全面超越,从制度变革、生产实践、价值目标上提出了消除现代贫困的方案。消除贫困并不是减少贫困或减轻贫困,而是从根本上摆脱贫困。在马克思看来,消灭贫困的目的是将人从悲惨的处境中解放出来,更深层次一点讲,就是要实现人的自由全面发展。这种自由发展绝非蒲鲁东意义上的自由,而是实质性的自由,用现代印度经济学家阿马蒂亚·森的话来说,就是:"实质自由包括免受——诸如饥饿、营养不良、可避免的疾病、过早死亡之类——基本的可行能力,以及能够识字算数、享受政治参与等的自由。"②

一、制度变革:消灭劳动者贫困化的根源

科学社会主义的根本任务之一,就是指明工人阶级受到剥削的根源。马克思认为,贫困实际上起源于私有制,是制度本身导致了贫困的产生。资本主义社会条件下的贫困并不是自然偶发意义上的贫困,而是由社会制度本身的内在矛盾导致的必然性问题。格扎维埃·格雷夫也说:"发展与富裕的障碍

---

① 列宁. 列宁全集:第20卷[M]. 北京:人民出版社,1958:17.
② 阿马蒂亚·森. 以自由看待发展[M]. 任赜,于真,译. 北京:中国人民大学出版社,2013:3.

与其说应该从贫困和不合理的调拨方面去寻找,不如说应该从行为、制度和结构方面去寻找。"① 所以,最根本的还是要从资本主义制度和生产方式中去寻找,通过对资本主义生产方式的剖析,马克思完成了这一任务。

(一)贫困扎根于劳动的异化

马克思洞察到,贫困问题的病灶在于雇佣劳动制度,这是资本主义特有的一种剥削制度,是无产阶级贫困化的根源,只有推翻导致贫困的剥削制度,才能从根本上改变劳动者的贫困命运,寻找到消除贫困的有效方案。

马克思说,工业文明社会是极度异化的社会,虽说劳动者的贫困和苦难本身不是异化,然而劳动者的痛苦却深深扎根于劳动的异化。"在社会财富增进的状态中,工人的沦亡和贫困化是他的劳动的产物和他生产的财富的产物。就是说,贫困从现代劳动本身的本质中产生出来"②。在资本主义市场环境下,工人也沦为一种商品,劳动所生产出来的对象,成为一种与生产者相对立的力量,已然成了一种异己的存在物。这种现象的实质就是,劳动的现实化表现为工人的非现实化,资本主义生产方式,使工人自己生产出来的产品统治了自身,工人亲手创造了奴役自身的力量。

在这种条件下,劳动从本质上来说是一种"折磨"和"煎熬",工人在两个方面成为自己生产对象的奴隶:一方面是得到劳动对象,即得到工作;另一方面是得到生活资料,即维持工作的肉体生存的手段。因此,他首先是作为工人,其次是作为肉体的主体,才能够生存。在雇佣劳动制度下,工人变成了一种简单的、单调的生产力,不仅在肉体上饱受折磨,在精神上工人也受制于资本的权威和意志,沦为一种"单向度的人"。工人在肉体上和精神上的彻底贫困使他缺乏实现劳动能力的客观条件,显然工人不能掌握和合理地使用自己的劳动。不仅如此,这种非自主性也就是异化还深深地渗透到政治、文化以及日常生活当中,极大地影响了人们的思维方式和行为模式。总而言之,一切都被异化了,包括有产阶级,同样也被异化了,但是有产阶级

---

① 格扎维埃·格雷夫. 经济学与内源发展 [M]. 北京: 中国对外翻译出版公司, 1988: 26.
② 马克思, 恩格斯. 马克思恩格斯全集: 第42卷 [M]. 北京: 人民出版社, 1979: 55-56.

的异化又不同于无产阶级的异化,因为有产阶级的异化是"被满足的"和"被巩固的",而无产阶级的异化则是"被毁灭的"。

正是通过对异化劳动的考察,马克思把对异化劳动的批判精确地定位于资本主义制度及其所造就的工业文明社会中。后来,马克思进一步考察了货币异化与劳动异化之间的内在联系,并由此全面深入地揭示了异化劳动的经济根源,从而最终把异化劳动理论铸造成对资本主义制度进行批判的科学武器。

(二) 资本主义独特的剥削形式

不触及过程,想用空话来摆脱它的结果,这是十足的"蒲鲁东式"的聪明,具体来看,"蒲鲁东式"的聪明主要表现在,只反对过程的结晶,而不触及它的根源——雇佣劳动制度。他没有看到,工人遭受的贫困正是内在地包含在资本主义生产的前提,即雇佣劳动制度之中,是资本家从经济上不断剥夺受雇从事生产的工人的劳动成果这一过程的产物和后果。这个过程就是剥削,劳动异化在这里也得到了最本质的体现。剥削就是对剩余价值的无偿占有,"直接向工人榨取这剩余价值的正是企业资本家,不论最终他能把这剩余价值中的哪一部分留归自己。所以,整个雇佣劳动制度,整个现代生产制度,正是建立在企业资本家和雇佣工人间的这种关系上面"①。

这正是资本主义独特的剥削形式,生产力的发展是服从资本增殖的需要的,资本"使生产力守纪律"。透过表象,马克思洞悉到,资本实质上体现的是一种人与人之间的生产关系,具体来讲,就是资产阶级对无产阶级的剥削关系,这是造成被雇佣的劳动者日益贫困化的根本原因。不可否认,从历史的发展来看,资本主义的发展在一定意义上确实改善了劳动者的处境,但是工人阶级稍微吃得好一点或者是稍微穿得好一点,并不能改变被剥削的处境,也不会消除生产中的雇佣与从属关系,更不意味着资本主义的危机有所减轻、矛盾有所减弱。从根本上来讲,资本主义"创造了经济的增长、繁荣和作为副产品的就业。它也以自己不断变化的趋势造成了大量的痛苦和破坏"②。

---

① 马克思,恩格斯. 马克思恩格斯全集:第16卷 [M]. 北京:人民出版社,1964:152.
② 梅格纳德·德赛. 马克思的复仇 [M]. 汪澄清,译. 北京:中国人民大学出版社,2006:338.

劳动者的贫困，并不是由于社会财富的不足，也不是由于工人阶级的懒惰或无知，更不能简单地归咎于劳动力的供大于求，事实上资本主义创造的巨大生产力足以满足所有社会成员的生存需要，工人阶级与机器大工业的生产方式联系最密切，兼具先进性和革命性。造成劳动者贫困的原因，我们应该从深层次的制度根源上去寻找，那就是资本对劳动的剥削制度。马克思指出，工人出卖劳动力给资本家，给资本家带来了剩余价值，这就是这样一种制度存在的基础，这是历史上一种最隐蔽且残酷的剥削方式，它超过了以往一切"以直接强制劳动为基础的生产制度"，"这个制度使文明社会越来越分裂，一方面是一小撮路特希尔德们和万德比尔特们，他们是全部生产资料和消费资料的所有者，另一方面是广大的雇佣工人，他们除了自己的劳动力之外一无所有。产生这个结果的，并不是这个或那个次要的弊端，而是制度本身"[①]。

(三) 消灭旧制度，在新制度中实现反贫困目标

马克思曾经借用古希腊神话的故事，来描述无产阶级的贫困与资本的关系，他说，"比赫斐斯特司的楔子把普罗米修斯钉在岩石上钉得还要牢"，普罗米修斯把神火带到人间，造福人类，却被锁在岩石上遭受饿鹰啄食肝脏的折磨。同样的道理，做面包的人却吃不起面包，建造房子的人却没有房子住，无产阶级创造了大量的财富，却属于资本家自己遭受贫穷的折磨，日益陷入贫穷的深渊中。最勤劳的劳动者的贫困痛苦与资产者的奢华浪费形成鲜明的对照，整个社会处于极度分裂的状态中，它被自己的富有所"窒息"，而同时，它的绝大多数成员"却几乎得不到或完全得不到保障去避免极度的贫困"。

当这种贫困、奴役积累到一定程度时，人们就必然爆发推翻资本主义制度的革命。"现代资本主义生产方式所造成的生产力和由它创立的财富分配制度，已经和这种生产方式本身发生激烈的矛盾，而且矛盾达到了这种程度，以致于如果要避免整个现代社会灭亡，就必须使生产方式和分配方式发生一个会消除一切阶级差别的变革"[②]。要从贫困中解脱出来，唯一的出路就是剥夺剥夺者，从根本上变革不合理的生产关系，只有这样，"人类的进步才会不

[①] 马克思, 恩格斯. 马克思恩格斯选集: 第1卷 [M]. 北京: 人民出版社, 2012: 67.
[②] 马克思, 恩格斯. 马克思恩格斯全集: 第20卷 [M]. 北京: 人民出版社, 1971: 172.

再像可怕的异教神怪那样，只有用被杀害者的头颅做酒杯才能喝下甜美的酒浆"①。所以，唯有变革生产关系，对资本主义生产方式进行全部根本的改造，才能消除千百年来困扰着人类历史的贫困现象。

"剥夺剥夺者"就是要与资本主义私有制实现彻底的决裂，这里的私有制特指那种利用财产的私人占有去奴役他人劳动的私有制，即以剥削他人劳动为基础的私有制。这种社会占有形式是少数剥削者对生产资料和社会财富的独占，这种独占使剥削者具备进行剥削的条件。消灭私有制后，马克思的设想是建立一种生产资料的社会所有制，在新的所有制条件下奠定实现反贫困目标的基础。这种社会所有制将实现生产资料与劳动的直接结合，从而在根本上消灭剥削，消灭劳动的异化，恢复劳动的自主性，从根本上改变劳动的性质和结果，实现劳动目的、劳动条件和获取劳动产品等的统一。所以，所谓的资本主义生产方式下的贫困是"不可抗拒的""不可避免的"诸类说法，这是站不住脚的，因为随着产生现代贫困的旧制度的消亡，这种贫困也会随之消亡。

二、政治诉求：无产阶级专政与国家消亡

不可否认，在消灭国家这个社会主义的最终目标上，马克思与蒲鲁东是有共通之处的。列宁曾说道："马克思和蒲鲁东相同的地方，就在于他们两人都主张'打碎'现代国家机器。"② 二人都认为，国家是一切祸害的根源，是造成贫困的"帮凶"，所以要消除贫困就必须消灭国家。不同的是，蒲鲁东想要破坏现有的国家形式，立即消灭国家，而马克思强调，国家将在共产主义阶段"自行消亡"，在此之前，建立无产阶级专政的国家是非常必要的，而且在很长一段时间内巩固无产阶级的国家政权也是非常有必要的。因此，在国家问题上，马克思所持的观点与蒲鲁东的观点存在原则性的对立。

（一）过渡阶段：无产阶级专政

出路就是无产阶级本身，破解资本主义社会贫困的根本路径在于无产阶

---

① 马克思，恩格斯. 马克思恩格斯选集：第1卷 [M]. 北京：人民出版社，2012：862.
② 列宁. 列宁全集：第31卷 [M]. 北京：人民出版社，2017：50.

级的革命实践。无产阶级作为社会主体，随着阶级意识的觉醒，将看到"自己的无力和非人的生存的现实"，因此，无产阶级必须以革命斗争的方式解决自身贫困问题，必须推翻资产阶级的统治，消灭雇佣劳动制。消灭资本主义的统治后，国家并不是就消失了，继而建立的是无产阶级的统治，这是蒲鲁东远远没有想到的。为什么无产阶级专政是必要的呢？这是因为，旧社会的崩溃，并不就意味着贫苦群众马上就能摆脱窘境获得解放，与"资产阶级专政"时期相对应的，还有一个"无产阶级专政"的时期，这个时期是达到真正无阶级社会、真正消除贫困的必然的过渡阶段。

"社会主义者主张在争取工人阶级解放的斗争中利用现代国家及其机关，同样也主张必须利用国家作为从资本主义到社会主义的特殊的过渡形式。无产阶级专政就是这样的过渡形式，它也是一种国家"①。这里所说的无产阶级专政，已然不是"原来意义上的国家"，而是一种有别于一切剥削者国家的新型国家。以往的剥削型国家，不论是封建制还是民主共和制，就其本质而言，都是富人统治穷人的工具，而无产阶级专政的新型国家，在对待贫困问题上，与以往的剥削型国家相比，已经存在原则上的不同。因为广大劳动群众已经掌握政权，无产阶级专政的目标在于彻底消灭任何形式的剥削和压迫，维护劳动者的利益。

无产阶级之所以还需要国家，是为了镇压自己的阶级敌人，巩固来之不易的政权。具体而言，无产阶级专政，指的就是工人阶级不折不扣地掌握全部国家政权。② 无产阶级掌握政权后，阶级与阶级的对抗仍然存在，不甘心退出历史舞台的资产阶级仍会拼死挣扎，而且在一定时期，他们还有一定的力量。所以无产阶级专政时期，无产阶级不仅肩负着按照人民大众的利益改造经济和社会关系的任务，而且还必须用好"专政"的职能来维护自己的统治。毫无疑问，马克思和蒲鲁东一样致力于解决贫困问题，从某种程度上来说，他们都看到了要实现这一点，必须将国家由高居于社会之上的机关变成服从于社会的机关。不同的是，马克思认为，要促使这种颠倒得以发生，无产阶

---

① 列宁. 列宁全集：第28卷 [M]. 北京：人民出版社，2017：289.
② 不破哲三. 科学社会主义和执政问题：马克思、恩格斯研究 [M]. 张碧清，等译. 北京：人民出版社，1982：26-30，17.

级专政正是不可缺少的过渡条件,无产阶级专政同民主的深化、同国家的衰亡是相吻合的。① 在无产阶级专政时期,一切政治的、剥削人的因素都在消失,人民群众物质上、精神上的需要不断得到满足,从而为最终消灭贫困创造条件。

(二) 国家消亡

经过无产阶级专政这个过渡阶段,接下来就是无产阶级国家自行消亡的阶段。同不消灭阶级而直接废除国家的蒲鲁东全然不一样的是,马克思指出,国家对消除贫困的确是一种"祸害",但是要从根本上消除贫困,人们要从贫困问题产生的始源入手,推翻资本主义制度,打破"虚幻共同体"。人们不仅要打碎现有的资产阶级国家机器,而且在无产阶级专政后,阶级和国家机器将会自行消亡。这里需要指出的是,资产阶级国家是被消灭的,无产阶级专政的国家是自行消亡的。

国家是阶级斗争的产物,是进行阶级统治的"虚幻共同体",是"普遍利益"的化身,它表面上是代表着全体人民的利益,但从本质上讲,国家却只是少数统治阶级实现利益所采取的一种组织形式。国家的消亡则意味着这种本质的消失,具体来讲,当阶级对立和阶级差别消失以后,政治统治职能意义上的国家将消亡,阶级统治意义上的国家将消亡,工农之间、城乡之间、体力劳动者和脑力劳动者之间的本质性差别将不存在,这造成人们之间在事实上不平等的根源已经不存在。也就是说,公共职能将失去其政治性质,只具有维护真正社会利益的简单的管理职能。国家不再是社会公共权力的委托者,不再是"和人民大众分离的公共权力",国家政权不再能"侵占和粗暴地毁灭经济资源"。正如恩格斯所说的,整个国家机器将被"放到古物陈列馆去,同纺车和青铜斧陈列在一起",成为历史的陈迹了。

列宁指出,国家消亡将经历三个阶段:一是政治国家,即从资本主义到社会主义过渡时期的无产阶级专政;二是非政治国家,即社会主义社会的国家,其社会职能逐渐失去政治性质,但仍需保留强制性权力;三是国家完全消亡,进入《共产党宣言》说的自由人联合体的共产主义社会。权力将真正

---

① 亨利·列菲弗尔.论国家:从黑格尔到斯大林和毛泽东[M].李青宜,等译.重庆:重庆出版社,1988:131,137.

地回归社会，为社会服务，为人民造福。到这个时候，社会将在自身范围内实现社会生活的民主化，社会资源将得到合理利用，社会生产的各种关系比例平衡，各种合理的日益增长的社会需求得到满足。当然，这是一个非常漫长的过程，这个过程是走向共产主义的过程，也是根除贫困的过程。

三、经济诉求：自由劳动的实现

反贫困和自由劳动的实现，与社会财富的"充分涌流"相对应，而社会财富的创造建立在高度发展的生产力基础上，"人们每次都不是在他们关于人的理想所决定和所容许的范围之内，而是在现有的生产力所决定和所容许的范围之内取得自由的"①，也就是说，劳动自由是与生产力的发展程度分不开的，从来也没有超越生产力发展水平的自由。生产力的高度发展是劳动者摆脱贫穷渊薮的先决条件。

（一）高度发展的生产力是消灭贫困的物质基础

一般来说，财富生产处于较低水平，劳动者生活状态贫穷潦倒，就在于生产力的落后，无论在任何社会形态下，生产力都起着决定性的作用，如果没有生产力的发展，连消除贫困的可能性都没有，所以生产力的发展从根本上制约着贫富问题。

在原始封建社会，生产力发展水平低下，尽管也存在贫富差距，但贫困是一种普遍化的现象。在科学社会主义诞生以前，各种形式的空想社会主义都在生产力水平非常低下的基础上来思考消灭贫困的问题，然而他们思考的理想社会主义普遍是贫穷的社会主义。随着资本主义大工业的发展，巨大的生产力被创造出来，马克思说，"生产力的巨大增长和高度发展"是消除贫困问题的"绝对必需的实际前提"。因为如果没有生产力的发展，就意味着物质依旧贫乏，物质财富无法满足所有人的需要，那么贫穷现象只会更加普遍化，争夺必需品的斗争将重新开始，一切陈腐污浊的东西就又出现了。

与蒲鲁东敌视大工业的发展截然不同，马克思以历史的眼光来审视资本主义的进步性及其作为一种社会形态的暂时性。马克思将资本主义所带来的

---

① 马克思，恩格斯．马克思恩格斯全集：第3卷 [M]．北京：人民出版社，1960：507.

生产力的飞速发展视为社会历史的一种进步，尽管这种进步带着"血腥"和"残忍"，但不可否认，资本主义的确创造了超过过去几个世代的巨大生产力，也创造了数倍于此前整个人类历史上所创造和积累的财富，资本主义为消除贫困准备了必要的物质基础。恩格斯曾说："正是由于这种工业革命，人的劳动生产力才达到了这样高的水平，以致在人类历史上破天荒第一次创造了这样的可能性：在所有的人实行合理分工的条件下，不仅进行大规模生产以充分满足全体社会成员丰裕的消费和充实的储备，而且使每个人都有充分的闲暇时间从历史上遗留下来的文化——科学、艺术、交际方式等——中间承受一切真正有价值的东西，并且不仅是承受，而且还要把这一切从统治阶级的独占品变成全社会的共同财富来促使它进一步发展。"[1] 生产力是社会形态更替的最终决定力量，新的社会形态将建立在对资本主义扬弃的基础上，弃的是资本主义的剥削制度，扬的是资本主义创造的巨大生产力。显然，蒲鲁东设想的回归小生产所有制的社会不过是痴人说梦罢了，事实上他眼里的那个自由社会"在萌芽状态就已经被不断前进的工业发展的进程摧毁了"。

以历史唯物主义观照人类社会的发展，生产力和生产关系的矛盾推动着社会形态由低级向高级发展。资本主义不可克服和不可解决的贫困问题，反映着生产力和生产关系的矛盾，它意味着当生产力发展到一定阶段时，炸毁旧制度的物质条件成熟了，资本主义生产关系的外壳就再也容纳不了生产力的继续发展了，反而成了生产力进一步发展的阻碍。生产力和社会关系"对资本来说仅仅表现为手段，仅仅是资本用来从它的有限的基础出发进行生产的手段。但是，实际上它们是炸毁这个基础的物质条件"[2]。因此，资本主义的灭亡本身也是生产力发展的必然结果。资本主义的灭亡，同时也就意味着，生产力的发展将不再受资本的束缚，社会分裂以及贫富矛盾赖以存在的基础消失了。

（二）共同富裕是反贫困的目标所向

消灭贫困的实质性内容就是要实现"共同富裕"，所谓的"共同富裕"，

---

[1] 马克思，恩格斯. 马克思恩格斯全集：第18卷 [M]. 北京：人民出版社，1964：246.
[2] 马克思，恩格斯. 马克思恩格斯全集：第46卷：下册 [M]. 北京：人民出版社，1980：219.

是指在社会生产力极大发展的基础上，全体人民在特定历史条件下，按照公平正义的原则来共同分享发展的成果。这是自马克思主义诞生以来人们关于社会主义的共同理想，也是社会主义追求的核心目标。① 实现共同富裕、消除贫富两极分化是马克思消除贫困思路的目标所向，到了共产主义社会，物质财富将充分涌流，"社会生产力的发展将如此迅速，以致尽管生产将以所有的人富裕为目的，所有的人的可以自由支配的时间还是会增加。因为真正的财富就是所有个人的发达的生产力"②。换言之，贫困的消灭就意味着要实现所有人的富裕，虽然说富裕不一定就意味着贫困问题的解决，但贫困的根本解决就一定意味着一种共同富裕的实现。

当然，这里说的共同富裕不能和平均主义的富裕画等号，所谓平均主义的富裕，本质上是忽视个体与个体之间劳动差异、主张绝对平均化的富裕，这实际上是在鼓励懒惰，最终必然导致社会贫穷的普遍化。共同富裕不仅内含着社会财富的充分涌流，而且还要让全体社会成员都能够分享这些社会财富，社会财富的创造建立在一切人的自由劳动基础之上，劳动将成为人的第一需要，每个人将各尽所能，从而各领所需，人不再被劳动束缚，摆脱了所有外在的必然性压迫，获得了广阔的自由发展空间和条件。由此，贫困已经不再是一种现象，已经实现了人的"自由发展"，这样所有劳动者才能过上最美好的、最幸福的生活，马克思主义的全部力量也就在于了解这个真理。

共同富裕，除了意指物质上的富足外，还意味着精神上的丰富与充实，也就是将被剥夺的"基本可行能力"③ 归还给劳动者。恩格斯曾经转引西斯蒙第的话说道："贫穷对精神所起的毁灭性的影响，正如酗酒之于身体一样。"④ 因而，精神生活的富足同样也是消除贫困的内在要求，从精神层面上来看，贫困的消灭同时也意味着人有足够的时间去发展自己的兴趣爱好，任何人都不会被局限在某一个特定的领域或部门。社会生产不再是由资本来支配的，

---

① 王怀超. 中国特色社会主义基本问题［M］. 北京：人民出版社，2019：301.
② 马克思，恩格斯. 马克思恩格斯全集：第46卷：下册［M］. 北京：人民出版社，1980：222.
③ "可行能力剥夺理论"是印度经济学家阿马蒂亚·森提出来的，这种理论以可行能力不足和收入低下两种视角来考察贫困问题。
④ 马克思，恩格斯. 马克思恩格斯全集：第2卷［M］. 北京：人民出版社，1957：400.

而是由社会本身来调节的,律师不会一直是律师,猎人也不会一直是猎人,每个人都可以随着自己的喜好"今天干这事,明天干那事"。也就是说,人可以根据自己的兴趣爱好,自由、自主、自觉、自愿地发展自己各方面的能力与素质,真正从物质和精神上实现"脱贫",发展成自由且全面的人。

结 论

无产阶级贫困是资本主义社会的典型现象，也是古往今来社会主义者致力回答和解决的重大问题，对这一问题的关注和思考是马克思和蒲鲁东的共同点。作为同属一个时代的"社会主义者"，二人都是以现代贫困为起点的，从而打开"社会主义"的大门，但是对现代贫困和摆脱贫困之出路的研究，马克思和蒲鲁东截然不同。

一、蒲鲁东的反贫困理论是虚假的理论

马克思开始与蒲鲁东产生思想交集是在所有权问题上，因为对现代贫困问题的剖析和反思，最核心的问题就是所有权。在资本主义私有财产制度下，贫穷问题触目惊心。出于对社会贫困现实的回答，蒲鲁东将批判的矛头指向了资本主义所有权，得出了著名的"所有权就是盗窃"的结论。蒲鲁东对社会现实的关注引起了正处于"物质利益难题"困扰中的马克思的好感，与沉迷于"思辨哲学"的"青年黑格尔派"相比，马克思对蒲鲁东表现出赞赏和肯定的态度。然而，随着蒲鲁东将对资本主义所有权的批判纳入其形而上学的"系列辩证法"之中，其由普遍理性和观念来理解历史演进的唯心主义历史观明显暴露出来。蒲鲁东之所以对资本主义所有权展开批判，并不是因为他想要消灭私有制，而是因为他想要回归到一切人平等占有的小私有制社会中。由此，他相较于"青年黑格尔派"思辨哲学的最后一点优势也消失了。

在蒲鲁东的理论中，普遍理性永远居于主导地位。他认为，现代语言中的普遍理性在本质上和古人所说的上帝是一个意思。他将理性看作"一切正在寻求认可和依据的政治制度所必需的前提"，也就是说，普遍理性是一切社

会存在的前提。那么，普遍理性决定的社会存在就是一个具有独特智能和活动力，并受规律支配的有机统一体，它并不是以实物的形式表现出来的，而是全体社会成员联合与协调一致，这样一来，社会就是一个"集体的人"，就是一个极具智慧的"天才"，一切都是按照天才的旨意在进行。普遍理性不断创造出了分工、机器、竞争等经济范畴，每个范畴既有好的一面也有坏的一面，都是一种二律背反现象，一种二律背反的矛盾是由另一种新的二律背反来解决的，这个过程永无止境，由此推动着社会以一种能动的形式存在。这就是蒲鲁东所称的"经济进化的系列"。"经济进化的系列"是蒲鲁东模仿黑格尔辩证法的产物，也就是蒲鲁东引以为傲的"系列辩证法"，它只是借用了黑格尔辩证法的外观，而没有吸收其"合理内核"，由此出发对现代贫困的理解，也只能是脱离现实的理性范畴的演绎。

蒲鲁东对古典政治经济学进行了批判，并将他的系列辩证法应用于阐释现代贫困的政治经济学根源中。蒲鲁东说，古典政治经济学并没有对现实的贫困问题做出合理的解释，而是无反思地以资本主义私有制为基础来谈论"国民财富""竞争""自由""平等"等理念，将私有制视为合乎理性的现实。社会现实是，劳动者的贫困以及社会贫富差距的扩大，与资产阶级宣扬的"平等""自由"理念相去甚远。从一定意义上说，蒲鲁东的贡献在于，他指出了资本主义经济关系"合乎人性的外观"与"违反人性的现实"之间的深刻矛盾，使其他学者对古典政治经济学的批判和反思进入了一种自觉的状态。同时，蒲鲁东认为，古典政治经济学并没有正确理解和解决价值的二律背反问题，因此古典政治经济学并不能称之为"一门科学"。他试图以其构成价值理论为核心，重建政治经济学的体系和方法，使政治经济学成为一门"真正的科学"。然而，蒲鲁东拙劣地搬弄黑格尔哲学来阐述政治经济学的基本范畴，从而将现实消解于"无人身的理性"的怀抱之中，不可避免地走入了形而上学和唯心主义的窠臼，由此他虽然否定了私有制但没有任何"新的发现"。

从其小资产阶级立场出发，蒲鲁东认为，不摧毁资本主义社会的基础，和平地建立一个实现普遍人平等占有、以产品交换产品、既不同于资本主义也不同于共产主义的新社会形式，就可以使现代贫困问题得到完美的解决。

新的社会形式，也就是蒲鲁东称作的"自由"，它既具有资本主义社会的独立性与相称性，也具有共产主义社会的平等性与公正性，既能克服资本主义社会的"剥削"，也能克服共产主义社会的"博爱"，是两种社会形式优点的完美结合。这种理想的社会形式不需要任何流血牺牲，能够以大家满意的方式，在不破坏资本主义私有制的基础上和平地构建。同样，这种理想的社会形式也不需要任何权威、国家与政党，只要实现以劳动互助为组织形式的经济联合，就能保证和实现人人相互性的自由。这就是蒲鲁东提出的消除现代贫困的"社会主义"方案。

正如马克思指出的那样，蒲鲁东看到了资本主义生产方式中存在的种种缺陷，尽管蒲鲁东对私有财产制度进行了尖锐且深刻的批判，但这种批判仅仅停留于表面，他的这种批判是无力且软弱的，根本没有触及资本主义生产关系的实质。他不了解经济范畴只有在现实关系存在的时候才是真实的，他也不懂得"一定时代中生产所具有的各种形式的历史的和暂时的性质"，所以他将资本主义经济结构中的诸多范畴假想成天然的、永恒的东西，把资本主义所有制规定为独立的生产关系来谈论"永恒规律"。当然，蒲鲁东并不是直接承认资本主义是一种永恒的存在，他间接地表达了这个意思。他将资本主义生产关系的观念范畴加以神化，并将它们视为"自行产生的、具有自己的生命的、永恒的东西"，把具有历史的经济关系和政治关系"天然化"和"永恒化"，认为要消除资本主义造成的一切恶果——无产阶级贫困，也许只要对资产阶级生产关系进行某些"修改"就可以了。既然抛开了现实的生产关系的历史发展，那么在说明和解决现代贫困的问题上，蒲鲁东就不仅没有超越工业革命之前对贫困的神意解释，且事实上沦为默认现实贫困合理性的"宿命论者"和资本主义制度的"辩护士"，并没有新的建树或建设性贡献。也就是说，蒲鲁东作为"社会主义者"，实际上站到了维护资本主义制度的立场上，这也是他那个时代形形色色社会主义者的通病。

二、马克思的反贫困理论是科学的理论

马克思以历史唯物主义的视角来看待建立在阶级斗争基础之上的现代贫困，全面批判且超越了蒲鲁东的现代贫困理论。同样是吸收黑格尔哲学的思

想资源,与蒲鲁东不一样,马克思对黑格尔的辩证法进行了批判性的吸收、转换和建构,将其头足倒置的状态颠倒过来,使辩证法建立在唯物主义的基础之上,形成了表现真实的人类社会历史的辩证法,从而也使马克思对现代贫困的理解建立在了科学方法论的基础之上。马克思把对现代贫困的理解从理性王国拉回到客观现实,从现实世界本身而不是现实世界之外去看待现代贫困。马克思指出,现代贫困并不是理性发展的结果,也不是抽象道德世界的某种产物,而是生成于具有客观物质内容的经济社会关系中。因此,人们要寻找贫困产生的根源,只能在现实的生产运动中去寻找。这样一来,马克思的现代贫困理论就建立在现实的逻辑基础之上。由此,马克思揭示了社会历史的客观性以及贫困在不同历史阶段的特殊性,从资本主义经济社会关系中去分析现代贫困,将资本主义历史性的秘密揭示了出来。马克思指出,现代贫困作为资本主义经济关系的表现形式不是永恒的,它必然随着生产力和社会实践的发展而变化,也必然随着资本主义社会的最终灭亡而退出历史舞台。

  马克思透过政治经济学这一棱镜来观察现代社会的贫困问题,揭示了隐藏在蒲鲁东经济学中的"形而上学"和"来自神的怀抱的秘密",全面批判了蒲鲁东的价值和货币理论,实现了劳动价值论的科学革命。同样是汲取了古典政治经济学的思想资源,蒲鲁东只是用一种新的术语和表达来重复古典政治经济学家已经说过的内容,对古典政治经济学的价值理论进行"改头换面"。马克思则是对古典政治经济学进行了批判性吸收与改造,从资本主义生产方式特征分析中,科学地揭示了劳动的二重性和商品的二重性,发现了"劳动的剩余"的秘密。马克思对劳动和劳动力进行了严格的区分,将劳动力作为商品来看待,这一点恰恰是以往一切古典政治经济学家没有看到的问题。劳动力作为商品具有创造价值的特殊性,正因为这种特殊性,货币的作用得以真正发挥出来,由此可以理解,雇佣劳动的关系其实就是资本与活劳动的交换关系,剥削的过程其实就是剩余价值的生产过程。马克思发现,贫困是从资本主义雇佣劳动制度的本质中产生出来的,现代贫困产生的政治经济学根源就在于资本家对剩余价值的无限追求。由此,马克思终于对资本主义"赚钱的秘密"、对无产阶级贫困化的秘密做出了科学合理的解释。这与"只听钟声响而不知钟声何处来"的蒲鲁东有根本的不同。由此,现代贫困的"神秘面纱"真正被揭开了。

在对蒲鲁东贫困理论的揭露与批判中,马克思合乎逻辑地引申出了消除贫困的方案。历史唯物主义不仅从资本主义现实经济关系中去探究贫困产生的根源,还在物质实践中去寻找现代贫困问题的破解路径。马克思指出,无产阶级贫困的根本原因是资本主义生产关系。因此,要使劳动者从贫困中摆脱出来,人们必须从根本上消除产生现代贫困的根源,也就是要消灭资本主义私有制。要实现这一点,必须由已经处于"人的完全丧失"状态的无产阶级来完成,无产阶级必须首先推翻资产阶级的统治,消灭资本主义私有制,从而创造摆脱贫困的先决条件,建立由无产阶级掌握的政权,然后过渡到一种无阶级无剥削的社会形态,从而实现"人的完全恢复"。从政治意义上而言,未来理想的社会制度已经是国家自行消亡的社会,国家的"权力"将真正回归社会。从经济意义上而言,未来理想的社会制度就是生产资料完全被全社会共同占有的社会形态,这种新的所有制形式,意味着"人人也都将同等地、愈益丰富地得到生活资料、享受资料、发展和表现一切体力和智力所需的资料"①,从根本上消除现代贫困产生的基础。在此基础上,劳动将成为一种自觉的劳动,生产力的发展潜力将被充分释放出来,物质财富的源泉将充分涌流,每个生产者个人的自由而全面发展的条件被创造出来。可见,马克思消除现代贫困的社会主义方案,停留在使劳动者摆脱贫困,其价值目的是实现共同富裕和人的自由全面发展。

三、马克思反贫困理论的新时代启示

雅克·德里达在《马克思的幽灵》一书中指出:"不能没有马克思,没有马克思,没有对马克思的记忆,没有马克思的遗产,也就没有将来:无论如何得有某个马克思,得有他的才华,至少得有他的某种精神。"② 马克思的反贫困理论就是其中一种,它给后人留下了宝贵的精神财富。马克思的反贫困

---

① 马克思,恩格斯.马克思恩格斯选集:第1卷[M].北京:人民出版社,2012:326.
② 雅克·德里达.马克思的幽灵[M].何一,译.北京:中国人民大学出版社,2016:15.

理论分析的是资本主义制度下的贫困，虽然说，按照马克思的理论，社会主义制度已经摆脱了资本主义制度的贫困问题，贫困的根源已经不存在，但我国仍然存在贫困问题。这与我国处于社会主义初级阶段以及与之相匹配的各项制度有关，因此马克思的反贫困理论对中国的反贫困事业仍具有重要的指导意义。马克思的反贫困理论为正确认识贫困问题确立了基本立场和观点，为人类彻底消除贫困问题提供了根本方法、指明了根本方向。距离马克思逝世已经过去了100多年，但马克思的反贫困理论依然显现出强大的生命力和感召力，为中国全面建成社会主义现代化强国、实现全体人民共同富裕等目标任务提供了科学的理论指引。

毛泽东早就指出，让"人民不断增长的需要能够逐步得到满足"①，尽快消除贫困，是每一个中国人的强烈期盼，也是中国共产党自成立之日起就致力于实现的目标。在马克思主义反贫困理论的指导下，中国的反贫困道路不断向前推进，中国的经济取得了巨大的成就，人民生活水平得到显著提高。十九大报告指出："改革开放之后，我们党对我国社会主义现代化建设做出战略安排，提出'三步走'战略目标。解决人民温饱问题、人民生活总体上达到小康水平这两个目标已提前实现。在这个基础上，我们党提出，到建党一百年时建成经济更加发展、民主更加健全、科教更加进步、文化更加繁荣、社会更加和谐、人民生活更加殷实的小康社会，然后再奋斗三十年，到新中国成立一百年时，基本实现现代化，把我国建成社会主义现代化国家。"② 如今，2020年脱贫攻坚战取得了全面胜利，彻底消除了绝对贫困，开启了我国建设社会主义现代化国家的历史新征程。在新时代新征程上我们要继续以马克思主义反贫困理论为指导，推动共同富裕的实现。

第一，坚持辩证唯物主义和历史唯物主义。辩证唯物主义和历史唯物主义是分析贫困的正确思维方法，是科学的世界观和方法论。中国共产党是用马克思主义武装起来的政党，中国共产党成长壮大的一个重要原因，就是始终重视思想建党、理论强党，坚持用马克思主义世界观和方法论来认识问题、

---

① 毛泽东. 毛泽东文集：第7卷［M］. 北京：人民出版社，1999：214.
② 习近平. 决胜全面建成小康社会 夺取新时代中国特色社会主义伟大胜利［N］. 人民日报，2017-10-19.

分析问题和解决问题。在认识和分析贫困问题时，我们要结合中国的具体实际历史地、全面地、辩证地看待贫困，坚持实践第一，一切从客观实际出发。可以说，马克思主义世界观和方法论是中国共产党克敌制胜、解决贫困的传家宝，为中国解决贫困问题提供了强大的思想武器。习近平总书记强调："新形势下，坚持马克思主义，最重要的是坚持马克思主义基本原理和贯穿其中的立场、观点、方法。"新时代新征程，人们只要坚持辩证唯物主义和历史唯物主义的世界观和方法论，就有了解决贫困问题的正确立场、观点和方法。

第二，坚持走社会主义道路。马克思反贫困理论指出，无产阶级在推翻资本主义制度后，消除了贫困产生的制度性根源，也就是无产阶级掌握政权后，将建立完全不同于资本主义的制度。马克思、恩格斯将未来理想的社会称之为共产主义，并划分了两个阶段：一个是共产主义第一阶段，列宁称之为社会主义阶段；一个是共产主义高级阶段。到这个时候，困扰人类千百年来的贫困将不复存在，人人富裕、人人自由而全面发展的社会得以实现。中国特色社会主义"是科学社会主义理论逻辑和中国社会发展历史逻辑的辩证统一，是根植于中国大地、反映中国人民意愿、适应中国和时代发展进步要求的科学社会主义"[1]。我们坚持中国特色社会主义道路，就是真正坚持社会主义。习近平总书记指出，中国特色社会主义是社会主义而不是其他什么主义，科学社会主义基本原则不能丢，丢了就不是社会主义。一个国家实行什么样的主义，关键要看这个主义怎样解决这个国家面临的历史性课题。在马克思反贫困理论的指导下，全面建成小康社会如期实现，正朝着共同富裕的目标前进，历史和现实告诉我们，只有社会主义才能摆脱贫困，中国特色社会主义道路是当代中国大踏步赶上时代、引领时代发展的康庄大道，必须毫不动摇地坚持下去。

第三，坚持无产阶级政党的核心领导。马克思反贫困理论揭示了无产阶级充当资本主义制度的"掘墓人"，并建设社会主义、共产主义新社会的历史使命。要建设新的社会，无产阶级必须组成一个独立统一的政党来领导，这个政党是按照科学社会主义的革命理论和风格建立起来的无产阶级先锋队，

---

[1] 习近平. 习近平谈治国理政：第一卷[M]. 北京：外文出版社，2014：21.

"在实践方面,共产党人是各国工人政党中最坚决的、始终起推动作用的部分;在理论方面,他们胜过其余无产阶级群众的地方在于他们了解无产阶级运动的条件、进程和一般结果"①。中国共产党是代表无产阶级利益的政党,由本阶级先进分子组成,是整个阶级的强有力的领导力量。列宁丰富了马克思的无产阶级政党理论,提出无产阶级政党是"无产者的阶级联合的最高形式"②。党做的一切事情,都是为了让人民摆脱贫困,过上幸福美好的生活。中国共产党在1920年11月发布的《中国共产党宣言》中提出"按照共产主义的理想创造一个新社会"③,这个新社会没有经济剥削,也没有政治压迫,建立了"每个人的自由发展"的联合体。中国成功进行新民主主义革命、社会主义革命,推进社会主义建设,开创和发展中国特色社会主义的实践证明,中国共产党是带领人民摆脱贫困的最高政治领导力量,百年党史就是一部在党的领导下,团结带领全国人民争取人民解放、人民幸福的领导史,坚持和加强党的领导是中国特色社会主义事业进步的根本保证。

第四,坚持解放和发展生产力。马克思明确指出了人类历史的发展归根结底是生产力不断发展的结果,人人富裕的实现是以生产力的巨大增长和高度发展为前提的。社会主义是共产主义的阶段性过程,解放和发展生产力也是社会主义的本质要求。习近平指出:"消除贫困、改善民生、实现共同富裕,是社会主义的本质要求。"④ 根据唯物辩证法,"一切发展,不管其内容如何,都可以看作一系列不同的发展阶段"⑤。在中国共产党的百年发展历史进程中,在不同时期,解放和发展生产力有不同阶段性的任务。在新民主主义革命时期,主要是破除生产力发展的桎梏,推翻束缚生产力发展的旧的生产关系,为生产力的发展清除障碍、扫清障碍;在社会主义革命和建设时期,虽然已经建立了高级的生产关系形式,但在生产力的发展道路上,仍然处于探索阶段。这一时期,"我们的根本任务已经由解放生产力变为在新的生产关

---

① 马克思,恩格斯.马克思恩格斯选集:第1卷[M].北京:人民出版社,2012:558.
② 列宁.列宁选集:第4卷[M].北京:人民出版社,2012:160.
③ 沙健孙.中国共产党史稿:第1卷[M].北京:中央文献出版社,2006:301.
④ 习近平总书记脱贫攻坚新论断[EB/OL].人民网,2020-04-13.
⑤ 马克思,恩格斯.马克思恩格斯全集:第4卷[M].北京:人民出版社,1958:329.

系下面保护和发展生产力"①。在改革开放和社会主义现代化建设新时期，我国通过不断改革推动生产力的快速发展，进入中国特色社会主义新时代，创新驱动生产力高质量发展成为主要任务，党的十九大报告明确指出，到 21 世纪中叶，全体人民共同富裕基本实现，我国人民将享有更加幸福安康的生活，中华民族将以更加昂扬的姿态屹立于世界民族之林中。不断推动生产力的解放和发展是实现这一目标的根本性前提，我们必须长期坚持。

第五，坚持以人民为中心。"过去的一切运动都是少数人的，或者为少数人谋利益的运动。无产阶级的运动是绝大多数人的，为绝大多数人谋利益的独立运动"②。"人民立场是无产阶级政党的根本政治立场，是马克思主义政党区别于其他政党的显著标志"。人民群众是历史的创造者，是社会主义革命、建设与改革的力量源泉，无产阶级政党只有密切联系群众，一切以人民为中心，才能生存和发展。中国共产党要坚持人民群众主体地位，坚持以人为本、执政为民，倾听人民呼声、回应人民期待，想人民之所想，急人民之所急，解人民之所忧，切实把广大人民利益实现好、维护好、发展好。现阶段，中国能如期全面建成小康社会，解决绝对贫困问题，提前 10 年实现了联合国《2030 年可持续发展议程》减贫目标，最重要的原因之一就是始终坚持以人民为中心，把人民群众对美好生活的向往和追求作为重要目标，坚定不移走共同富裕道路。在向第二个百年奋斗目标奋进的过程中，在向实现全体人民共同富裕目标奋进的过程中，中国共产党必须始终坚持以人民为中心，致力于消除贫困、改善民生，让发展成果惠及广大人民，不断推动全体人民共同富裕，并取得更为明显的实质性进展。

第六，坚持物质扶贫与精神扶贫二者相结合。马克思指出："一切生产力即物质生产力和精神生产力。"③ 可见，生产力是有两个维度的，同样贫困也是有两个维度的，即物质贫困和精神贫困。人们只有同时在物质上和精神上脱贫，才算真正的摆脱贫困，如果精神上没有脱贫，是不可能完成摆脱贫困这

---

① 毛泽东. 毛泽东文集：第 7 卷 [M]. 北京：人民出版社，1999：218.
② 马克思，恩格斯. 马克思恩格斯选集：第 1 卷 [M]. 北京：人民出版社，2012：143.
③ 马克思，恩格斯. 马克思恩格斯全集：第 46 卷：上册 [M]. 北京：人民出版社，1979：173.

个任务的。也就是说,国家"一方面要让人民过上比较富足的生活,另一方面要提高人民的思想道德水平和科学文化水平"①。习近平总书记指出,"扶贫先扶志""扶贫必扶智",这意味着贫困人员不仅要意识到自身的贫困现状,而且要有希望摆脱这种贫困状态的意愿,扶智和扶志是实现扶贫目标的重要方式,也是实现人的自由全面发展的重要手段。人的全面发展就是人"作为一个完整的人,占有自己的全面的本质"②,人的自身个性能够得到自由的发展,要摆脱贫困,首先必须恢复自身的主体间性,从"自在"阶级变成"自为"阶级,也就是实现精神上的健全与丰满,在思想、道德、知识、能力等各方面能够处于一个丰富、充实、积极、饱满的状态,这是人的自由全面发展的题中应有之义,因此从精神上摆脱贫困对实现人的全面发展具有重要价值和意义。中国特色社会主义进入新时代,在马克思反贫困理论的指导下,中国既重物质脱贫,也重精神脱贫,既重物质文明建设,也重精神文明建设,两手都要硬、两手都要抓,向着共同富裕和人的全面自由发展目标前进。

---

① 从《摆脱贫困》看实现伟大中国梦 [EB/OL]. 人民网,2014-10-16.
② 马克思,恩格斯. 马克思恩格斯全集:第42卷 [M]. 北京:人民出版社,1979:123.

参考文献

一、中文文献

(一) 著作类

[1] G.D.H. 柯尔. 社会主义思想史：第1卷 [M]. 何瑞丰, 译. 北京：商务印书馆, 1977.

[2] 阿·伊·马雷什. 马克思主义政治经济学的形成 [M]. 成都：四川人民出版社, 1983.

[3] 阿马蒂亚·森. 以自由看待发展 [M]. 任赜, 于真, 译. 北京：中国人民大学出版社, 2013.

[4] 艾瑞克·霍布斯鲍姆. 革命的年代：1789—1848 [M]. 王章辉, 等译. 北京：中信出版社, 2017.

[5] 艾瑞克·霍布斯鲍姆. 资本的年代：1848—1875 [M]. 张晓华, 等译. 北京：中信出版社, 2014.

[6] 奥古斯特·科尔纽. 马克思恩格斯传：第2卷 [M]. 王以铸, 刘丕坤, 杨静远, 译. 北京：生活·读书·新知三联书店, 1965.

[7] 奥依则尔曼. 马克思主义哲学的形成 [M]. 涌培新, 等译. 北京：生活·读书·新知三联书店, 1964.

[8] 巴赫·戈尔曼. 第一国际：第1卷：1864—1870年 [M]. 北京：生活·读书·新知三联书店, 1980.

[9] 彼·费多谢耶夫. 卡尔·马克思 [M]. 北京：生活·读书·新知三联书店, 1980.

[10] 彼得·沃森. 20 世纪思想史: 上、下册 [M]. 上海: 上海译文出版社, 2008.

[11] 柄谷行人. 跨越性批判: 康德与马克思 [M]. 北京: 中央编译出版社, 2010.

[12] 波梁斯基. 外国经济史: 资本主义时代 [M]. 郭吴新, 等译. 北京: 生活·读书·新知三联书店, 1963.

[13] 不破哲三. 科学社会主义和执政问题: 马克思、恩格斯研究 [M]. 北京: 人民出版社, 1982.

[14] 陈汉楚. 蒲鲁东和蒲鲁东主义 [M]. 南京: 江苏人民出版社, 1981.

[15] 陈先达, 靳辉明. 马克思早期思想研究 [M]. 北京: 北京出版社, 1983.

[16] 城冢登. 青年马克思的思想 [M]. 北京: 求实出版社, 1988.

[17] 大卫·李嘉图. 政治经济学及赋税原理 [M]. 北京: 商务印书馆, 1972.

[18] 戴维·麦克莱伦. 卡尔·马克思传 [M]. 王珍, 译. 北京: 中国人民大学出版社, 2005.

[19] 戴维·麦克莱伦. 青年黑格尔派与马克思 [M]. 北京: 商务印书馆, 1982.

[20] 德拉·沃尔佩. 卢梭和马克思 [M]. 重庆: 重庆出版社, 1993.

[21] 樊勇. 贫富论: 唯物史观视角 [M]. 北京: 人民出版社, 2006.

[22] 弗·梅林. 保卫马克思主义 [M]. 北京: 人民出版社, 1982.

[23] 弗·梅林. 德国社会民主党史: 第 1 卷 [M]. 北京: 生活·读书·新知三联书店, 1963.

[24] 弗·梅林. 马克思传 [M]. 北京: 生活·读书·新知三联书店, 1965.

[25] 弗朗索瓦·魁奈. 魁奈经济著作选集 [M]. 北京: 商务印书馆, 1981.

[26] 弗朗西斯·福山. 历史的终结和最后的人 [M]. 北京: 中国社会科学出版社, 2003.

[27] 弗里德里希·威廉·舒尔茨. 生产的运动: 从历史统计学方面论国

家和社会的一种新科学的基础的建立[M].南京:南京大学出版社,2019.

[28] 复旦大学哲学学院.国外马克思主义研究报告:2012[M].北京:人民出版社,2012.

[29] 傅立叶.傅立叶选集:第3卷[M].北京:商务印书馆,1964.

[30] 高宣扬.法兰西思想评论·2011[M].北京:人民出版社,2011.

[31] 格奥尔格·威廉·弗里德里希·黑格尔.法哲学原理[M].北京:商务印书馆,1961.

[32] 格奥尔格·威廉·弗里德里希·黑格尔.逻辑学:上[M].北京:商务印书馆,1996.

[33] 格扎维埃·格雷夫.经济学与内源发展[M].北京:中国对外翻译出版公司,1988.

[34] 顾海良,张雷声.马克思劳动价值论的历史与现实[M].北京:人民出版社,2002.

[35] 海因里希·格姆科夫.马克思传[M].北京:人民出版社,2000.

[36] 郝立新.马克思主义发展史:第1卷[M].北京:人民出版社,2018.

[37] 何宝骥.世界社会主义思想通鉴[M].北京:人民出版社,1996.

[38] 亨利·列菲弗尔.论国家:从黑格尔到斯大林和毛泽东[M].重庆:重庆出版社,1988.

[39] 洪谦.西方现代资产阶级哲学论著选辑[M].北京:商务印书馆,1964.

[40] 黄楠森.马克思主义哲学史:第1—2卷[M].北京:人民出版社,1991.

[41] 姜海波.青年马克思的生产力概念[M].北京:人民出版社,2014.

[42] 卡尔·兰道尔.欧洲社会主义思想与运动史从产业革命到希特勒攫取政权:第1册[M].北京:商务印书馆,1994.

[43] 凯尔任策夫.巴黎公社史[M].北京:生活·读书·新知三联书店,1961.

[44] 康捷尔.马克思、恩格斯是共产主义者同盟的组织者[M].北京:生活·读书·新知三联书店,1957.

[45] 克鲁泡特金. 蒲鲁东底人生哲学 [M]. 上海：上海自由书店，1929.

[46] 蓝春娣. 马克思正义思想历史轨迹研究 [M]. 北京：人民出版社，2019.

[47] 雷蒙·阿隆. 社会学主要思潮 [M]. 北京：华夏出版社，2000.

[48] 李淑梅. 政治哲学的批判与重建：马克思早期著作研究 [M]. 北京：人民出版社，2014.

[49] 列宁. 列宁全集：第16卷 [M]. 北京：人民出版社，2017.

[50] 列宁. 列宁全集：第1卷 [M]. 北京：人民出版社，2013.

[51] 林雪梅. 马克思的权利思想 [M]. 北京：人民出版社，2014.

[52] 林振淦. 发达资本主义国家工人生活状况 [M]. 长沙：湖南人民出版社，1980.

[53] 刘荣军. 财富、权力与正义 现代社会发展的历史唯物主义研究 [M]. 北京：人民出版社，2019.

[54] 刘荣军. 财富、人与历史：马克思财富理论的哲学意蕴与现实意义 [M]. 北京：人民出版社，2009.

[55] 刘秀萍. 马克思"巴黎手稿"再研究 [M]. 北京：中国人民大学出版社，2013.

[56] 龙格. 我的外曾祖父：卡尔·马克思 [M]. 李渚青，译. 北京：新华出版社，1982.

[57] 卢森贝. 十九世纪四十年代马克思恩格斯经济学说发展概论 [M]. 方钢，杨慧廉，郭从周，译. 北京：生活·读书·新知三联书店，1958.

[58] 卢森贝. 政治经济学史：第3卷 [M]. 北京：生活·读书·新知三联书店，1959.

[59] 路易·勃朗. 劳动组织 [M]. 北京：商务印书馆，1997.

[60] 吕一民. 法国通史 [M]. 上海：上海社会科学院出版社，2003.

[61] 罗莎·卢森堡. 狱中书简 [M]. 广州：花城出版社，2007.

[62] 马丁·洪特.《共产党宣言》是怎样产生的？[M]. 北京：商务印书馆，1979.

[63] 马克思，恩格斯. 马克思恩格斯全集：第148卷 [M]. 北京：人民

出版社，1995.

［64］马克思，恩格斯. 马克思恩格斯文集：第1卷［M］. 北京：人民出版社，2009.

［65］马克思，恩格斯. 马克思恩格斯选集［M］. 北京：人民出版社，2012.

［66］马克斯·比尔. 英国社会主义史：下卷［M］. 北京：商务印书馆，1959.

［67］麦利荪. 蒲鲁东学说［M］. 重庆：重庆学术研究社，1941.

［68］梅格纳德·德赛. 马克思的复仇［M］. 汪澄清，译. 北京：中国人民大学出版社，2006.

［69］米涅. 法国革命史一：从1789到1814［M］. 北京：商务印书馆，1981.

［70］尼·拉宾. 记西方对青年马克思思想的研究［M］. 北京：人民出版社，1981.

［71］尼·拉宾. 马克思的青年时代［M］. 北京：生活·读书·新知三联书店，1982.

［72］欧文. 欧文选集：第2卷［M］. 北京：商务印书馆，1981.

［73］庞晓明. 十九世纪国际共运历史与理论问题［M］. 北京：中国社会科学出版社，2013.

［74］彭梵得. 罗马法教科书［M］. 北京：中国政法大学出版社，2005.

［75］蒲鲁东. 贫困的哲学：上、下卷［M］. 余叔通，王雪华，译. 北京：商务印书馆，2010.

［76］蒲鲁东. 什么是所有权［M］. 孙署冰，译. 北京：商务印书馆，1963.

［77］普列汉诺夫. 论一元论历史观之发展［M］. 北京：生活·读书·新知三联书店，1973.

［78］普列汉诺夫. 无政府主义和社会主义［M］. 王荫庭，译. 北京：生活·读书·新知三联书店，1980.

［79］让-弗朗索瓦·科维纲. 现实与理性：黑格尔与客观精神［M］. 北

京：华夏出版社，2018．

[80] 让-雅克·卢梭．论人类不平等的起源和基础［M］．北京：商务印书馆，1982．

[81] 让-雅克·卢梭．社会契约论［M］．北京：商务印书馆，1980．

[82] 让·巴蒂索特·萨伊．政治经济学概论［M］．北京：商务印书馆，1963．

[83] 沈炼之．法国通史简编［M］．北京：人民出版社，1990．

[84] 圣西门．圣西门选集：第1卷［M］．北京：商务印书馆，1979．

[85] 圣西门．圣西门选集：第2卷［M］．北京：商务印书馆，1982．

[86] 孙伯鍨．探索者道路的探索：青年马克思恩格斯哲学思想研究［M］．南京：南京大学出版社，2002．

[87] 孙代尧，薛汉伟．与时俱进的科学社会主义［M］．合肥：安徽人民出版社，2004．

[88] 孙继红．马克思主义发展史上的论争［M］．北京：知识产权出版社，2011．

[89] 孙宪忠．德国当代物权法［M］．北京：法律出版社，1997．

[90] 汤姆·洛克曼．马克思主义之后的马克思：卡尔·马克思的哲学［M］．杨学功，徐素华，译．北京：东方出版社，2008．

[91] 唐正东．斯密到马克思［M］．南京：南京大学出版社，2002．

[92] 图赫舍雷尔．马克思经济理论的形成与发展：1843—1858［M］．北京：人民出版社，1981．

[93] 王怀超．中国特色社会主义基本问题［M］．北京：人民出版社，2019．

[94] 王伟光．社会主义通史［M］．北京：人民出版社，2011．

[95] 王钰．重读《资本论》：第一卷［M］．北京：人民出版社，1998．

[96] 威廉·魏特林．和谐与自由的保证［M］．北京：商务印书馆，1960．

[97] 维果茨基．《资本论》创作史［M］．福州：福建人民出版社，1983．

[98] 吴晓明，王德峰．马克思的哲学革命及其当代意义［M］．北京：人民出版社，2005．

[99] 西斯蒙第．政治经济学新原理［M］．北京：商务印书馆，1964．

［100］西斯蒙第．政治经济学研究：第 1 卷［M］．北京：商务印书馆，1989．

［101］西耶斯．论特权第三等级是什么？［M］．北京：商务印书馆，1990．

［102］夏尔·阿列克西·德·托克维尔．旧制度与大革命［M］．冯棠，译．北京：商务印书馆，1997．

［103］夏尔·阿列克西·德·托克维尔．论美国的民主：上［M］．董果良，译．北京：商务印书馆，1988．

［104］夏尔·阿列克西·德·托克维尔．政治与友谊：托克维尔书信集［M］．黄艳红，译．上海：上海三联书店，2010．

［105］徐大同．西方政治思想史［M］．天津：天津教育出版社，2002．

［106］徐觉哉．社会主义流派史［M］．上海：上海人民出版社，2007．

［107］许涤新．简明政治经济学辞典［M］．北京：人民出版社，1983．

［108］雅克·德里达．马克思的幽灵［M］．何一，译．北京：中国人民大学出版社，1999．

［109］雅克·敦德．黑格尔和黑格尔主义［M］．栾栋，译．北京：商务印书馆，1995．

［110］亚当·斯密．国民财富的性质和原因的研究：上、下卷［M］．北京：商务印书馆，1983．

［111］叶前．马克思恩格斯反对冒牌社会主义的斗争［M］．北京：人民出版社，1975．

［112］叶庆丰，白平浩．社会主义发展史纲［M］．北京：中共中央党校出版社，2011．

［113］余源培．马克思主义哲学的理论与历史［M］．上海：复旦大学出版社，2000．

［114］约翰·格雷．人类幸福论［M］．北京：商务印书馆，1963．

［115］约翰·洛克．约翰·洛克著作集［M］．北京：商务印书馆，1962．

［116］张盾．黑格尔与马克思政治哲学六论［M］．北京：学习出版社，2014．

［117］张帆．现代性语境中的贫困与反贫困［M］．北京：人民出版

社，2009.

[118] 张雷声．马克思主义发展史：第2卷［M］．北京：人民出版社，2018.

[119] 张一兵．回到马克思：经济学语境中的哲学话语［M］．南京：江苏人民出版社，2009.

[120] 张一兵．马克思哲学的历史原像［M］．北京：人民出版社，2009.

[121] 张云飞．马克思主义发展史：第3卷［M］．北京：人民出版社，2018.

[122] 郑保卫，童兵．马克思恩格斯报刊活动年表［M］．北京：人民出版社，2019.

[123] 中共中央马克思恩格斯列宁斯大林著作编译局．国际共运史研究资料：第1辑［M］．北京：人民出版社，1981.

[124] 中共中央马克思恩格斯列宁斯大林著作编译局．国际共运史研究资料：第2辑［M］．北京：人民出版社，1981.

[125] 中共中央马克思恩格斯列宁斯大林著作编译局．国际共运史研究资料：第4辑［M］．北京：人民出版社，1982.

[126] 中共中央马克思恩格斯列宁斯大林著作编译局．国际共运史研究资料：第5辑［M］．北京：人民出版社，1982.

[127] 中共中央马克思恩格斯列宁斯大林著作编译局．国际共运史研究资料：第7辑［M］．北京：人民出版社，1982.

[128] 中共中央马克思恩格斯列宁斯大林著作编译局．国际共运史研究资料：第9辑［M］．北京：人民出版社，1983.

[129] 中共中央马克思恩格斯列宁斯大林著作编译局．马克思恩格斯著作在中国的传播［M］．北京：人民出版社，1983.

[130] 中共中央马克思恩格斯列宁斯大林著作编译局．马列著作编译资料：第10辑［M］．北京：人民出版社，1980.

[131] 中共中央马克思恩格斯列宁斯大林著作编译局．马列著作编译资料：第11辑［M］．北京：人民出版社，1980.

[132] 中共中央马克思恩格斯列宁斯大林著作编译局．马列著作编译资

料：第 3 辑 [M]．北京：人民出版社，1979．

[133] 中共中央马克思恩格斯列宁斯大林著作编译局．马列著作编译资料：第 8 辑 [M]．北京：人民出版社，1980．

[134] 中共中央马克思恩格斯列宁斯大林著作编译局．马列著作编译资料：第 9 辑 [M]．北京：人民出版社，1980．

[135] 朱进东．马克思和蒲鲁东 [M]．南京：江苏人民出版社，2000．

（二）期刊类

[1] 埃德加·鲍威尔，李彬彬．蒲鲁东 [J]．现代哲学，2016（1）．

[2] 卞慕东．平等是社会地位和"机遇"的平等：蒲鲁东平等观评析 [J]．广西大学学报（哲学社会科学版），1999（1）．

[3] 陈筠淘．马克思对消除贫困的最初关注及早期探索：兼论《莱茵报》时期马克思世界观的转变问题 [J]．广东社会科学，2021（3）．

[4] 陈权．从两次批判看马克思平等观的理论本质 [J]．山东社会科学，2017（12）．

[5] 陈延斌．论《哲学的贫困》在马克思主义发展史上的地位 [J]．南京师大学报（社会科学版），1998（1）．

[6] 承中．法国的蒲鲁东研究概况 [J]．国际共运史研究资料，1984（2）．

[7] 程彪，李慧明．工资平等还是劳动平等——从马克思对蒲鲁东工资平等理论的批判说起 [J]．晋阳学刊，2019（1）．

[8] 冯霞，谭觅．论马克思对"治理的贫困"的批判与超越 [J]．厦门大学学报（哲学社会科学版），2022，72（5）．

[9] 付畅一，余源培．蒲鲁东经济哲学思想研究 [J]．上海财经大学学报，2012，14（1）．

[10] 傅慧芳．马克思《哲学的贫困》中阶级理论的现实张力 [J]．中共福建省委党校学报，2011（2）．

[11] 宫敬才．马克思《政治经济学批判》（第一分册）序言的节点意义 [J]．北京行政学院学报，2019（6）．

[12] 顾昕．无政府主义与中国马克思主义的起源 [J]．开放时代，1999（2）．

[13] 韩文龙, 周文. 马克思的贫困治理理论及其中国化的历程与基本经验 [J]. 政治经济学评论, 2022, 13 (1).

[14] 韩小谦, 张翔. 恩格斯的住宅思想及其当代价值: 读恩格斯的《论住宅问题》[J]. 理论月刊, 2019 (4).

[15] 何海根, 孙代尧. 小康社会建设和贫困治理的中国经验 [J]. 马克思主义与现实, 2020 (4).

[16] 何中华. 论马克思的"历史地思": 重读马克思给安年科夫的一封信 [J]. 学习与探索, 2012 (6).

[17] 贾丽民, 孔扬. 三种资本双重性理论的比较: 马克思、蒲鲁东、西美尔 [J]. 教学与研究, 2017 (10).

[18] 姜喜咏. 论马克思哲学的经济哲学特质 [J]. 西南大学学报 (人文社会科学版), 2006 (3).

[19] 李栋材. 西方若干无政府主义思潮的比较研究 [J]. 求索, 2013 (4).

[20] 李海星. 从《贫困的哲学》到《哲学的贫困》再到《摆脱贫困》: 马克思主义反贫困理论的探索与实践 [J]. 马克思主义与现实, 2018 (2).

[21] 李怀涛, 于瑞瑞. 马克思《哲学的贫困》对蒲鲁东政治经济学方法论的批判 [J]. 学术交流, 2017 (11).

[22] 李慧明, 程彪. 蒲鲁东与马克思在劳动问题上的差异 [J]. 江西社会科学, 2016, 36 (10).

[23] 李林. 论财产权思想史中的蒲鲁东与马克思 [J]. 河北经贸大学学报, 2017, 38 (5).

[24] 李庆钧. "历史的"经济学与历史的"经济解释" [J]. 宁夏社会科学, 1999 (3).

[25] 李淑梅. 马克思《莱茵报》时期的政治哲学思想 [J]. 哲学研究, 2009 (6).

[26] 李淑梅. 探求社会平等及其实现途径:《神圣家族》对蒲鲁东平等思想和埃德加的思辨歪曲的评判 [J]. 南开学报 (哲学社会科学版), 2013 (5).

[27] 李晓光. 马克思恩格斯对巴枯宁无政府主义的分析批判及其当代启示 [J]. 当代世界与社会主义, 2020 (3).

[28] 李征平. 马克思恩格斯反对蒲鲁东主义和巴枯宁主义的斗争: 纪念第一国际成立100周年 [J]. 西北师大学报 (社会科学版), 1964 (2).

[29] 李忠杰. 有关蒲鲁东主义的一个问题 [J]. 浙江学刊, 1983 (1).

[30] 林钊. 马克思对蒲鲁东无政府主义思想的批判 [J]. 山东社会科学, 2018 (3).

[31] 刘冰菁. 重新审视马克思与蒲鲁东的理论交锋 [J]. 理论月刊, 2019 (1).

[32] 刘秀萍. 财产关系为什么会成为理解现代社会的"斯芬克斯之谜"?——重温《神圣家族》对《蒲鲁东》的分析和评判 [J]. 天津社会科学, 2015 (6).

[33] 刘秀萍. 重温《神圣家族》对《蒲鲁东》的分析和评判 [J]. 现代哲学, 2016 (1).

[34] 刘雅. 马克思对蒲鲁东所有权理论的批判 [J]. 马克思主义哲学研究, 2015 (2).

[35] 刘雅. 中国学者眼中的蒲鲁东: 国内蒲鲁东研究述评 [J]. 马克思主义哲学研究, 2014, 14 (0).

[36] 刘雨, 石镇平. 论马克思对蒲鲁东小资产阶级社会主义观的批判 [J]. 江汉大学学报 (社会科学版), 2017, 34 (2).

[37] 马啸原. 蒲鲁东主义对巴黎公社事业的危害 [J]. 新疆大学学报 (哲学社会科学版), 1981 (1).

[38] 任毅. 资本主义悖论性贫困: 马克思的批判与扬弃 [J]. 湖北社会科学, 2020 (1).

[39] 沈尤佳. 《1844年经济学哲学手稿》对国民经济学贫困思想的批判 [J]. 中国高校社会科学, 2022 (1).

[40] 史探径. 世界社会保障立法的起源和发展 [J]. 外国法译评, 1999 (2).

[41] 宋建丽. 马克思对蒲鲁东思想的哲学批判及其当代价值 [J]. 厦门

大学学报（哲学社会科学版），2021（6）.

[42] 唐正东. 对蒲鲁东的批判给马克思带来了什么？——《哲学的贫困》的思想史地位辨析 [J]. 江苏社会科学，2010（2）.

[43] 汪水波. 马克思的劳动价值理论及其与蒲鲁东的论战 [J]. 天津社会科学，1984（1）.

[44] 汪水波. 一部从理论上铲除蒲鲁东主义的光辉文献：《政治经济学批判（1857—1858年）草稿》初探 [J]. 社会科学战线，1984（1）.

[45] 王峰明，王璐源. 蒲鲁东的价值理论：基于马克思劳动价值论的评析 [J]. 当代经济研究，2022（1）.

[46] 王广. 马克思恩格斯对蒲鲁东正义公平思想的批判 [J]. 理论视野，2006（4）.

[47] 王宏吉. 为什么蒲鲁东主义在巴黎公社时期仍有重大影响 [J]. 华中师院学报（哲学社会科学版），1982（4）.

[48] 王加丰. 蒲鲁东主义的过去与现在 [J]. 世界近现代史研究，2014（0）.

[49] 夏少光. 消除现代社会的苦恼与超越黑格尔——对马克思贫困理论的一种解读 [J]. 马克思主义研究，2018（11）.

[50] 徐崇温. 不"同祖"，不"同根"，不是"同义语"：谈谈科学社会主义和民主社会主义的关系 [J]. 高校理论战线，2008（5）.

[51] 许婕."重建个人所有制"的文本解读 [J]. 马克思主义理论学科研究，2019，5（5）.

[52] 杨洪源. 从分工中复归人的自由：马克思对蒲鲁东分工理论的批判 [J]. 马克思主义哲学论丛，2016（2）.

[53] 杨洪源. 共产主义和社会革命的不同审视：重新探究马克思与蒲鲁东主义的思想交锋 [J]. 教学与研究，2021（2）.

[54] 杨洪源. 棱镜中的所有权问题：重新解读马克思对"批判的蒲鲁东"所做的批判 [J]. 贵州师范大学学报（社会科学版），2016（5）.

[55] 杨洪源. 破解所有权之谜的不同方式：马克思对蒲鲁东"自在所有权"理论的批判 [J]. 学习与探索，2016（6）.

[56] 杨洪源.蒲鲁东论政治经济学的形而上学[J].世界哲学,2016(6).

[57] 杨洪源.政治经济学批判的不同哲学方法:马克思对蒲鲁东系列辩证法的批判及其评述[J].哲学研究,2016(5).

[58] 杨洪源.重新审视马克思对蒲鲁东社会历史观的批判[J].马克思主义哲学论丛,2013(2).

[59] 杨淑静.辩证法与政治经济学批判的三个基础:从马克思对蒲鲁东的批判说起[J].福建论坛(人文社会科学版),2019(11).

[60] 杨楹.论多重理论语境中"贫困"之意蕴[J].天府新论,2015(2).

[61] 仰海峰.马克思《哲学的贫困》中的历史性思想[J].哲学研究,2020(5).

[62] 余源培,付畅一.马克思与蒲鲁东关系之历史演变[J].毛泽东邓小平理论研究,2010(7).

[63] 余源培,付畅一.新世界观的第一次公开问世:对《哲学的贫困》的解读[J].江苏社会科学,2010(6).

[64] 约翰·伦纳德,黄育馥.评《蒲鲁东的革命生平、思想和著作》[J].国外社会科学,1980(5).

[65] 张当."哲学的贫困"与"贫困的现实":马克思对贫困问题的双重批判[J].学术论坛,2020,43(5).

[66] 张迪.批判与建构:论马克思《哲学的贫困》中的政治经济学理论[J].当代世界与社会主义,2014(5).

[67] 张盾,褚当阳.从当代财富问题看马克思对蒲鲁东的批判[J].吉林大学社会科学学报,2011,51(5).

[68] 张一兵.历史唯物主义与政治经济学的最初接合:蒲鲁东与马克思的《哲学的贫困》[J].中共福建省委党校学报,1999(1).

[69] 张一兵.资产阶级社会中的资本奴役关系透视[J].浙江社会科学,2022(2).

[70] 赵家祥.《哲学的贫困》在马克思主义发展史上的地位[J].中国延安干部学院学报,2016,9(5).

[71] 赵家祥. 切莫再把黑格尔的思想当作马克思的思想引证: 对《哲学的贫困》中一段话的解读 [J]. 理论视野, 2013 (11).

[72] 郑继承. 批判与建构: 马克思贫困理论的逻辑理路与辩证图景 [J]. 社会主义研究, 2020 (6).

[73] 周嘉昕. 马克思对政治经济学范畴的批判: 兼论历史唯物主义与政治经济学批判的关系问题 [J]. 新视野, 2018 (3).

[74] 朱进东. 解读马克思对蒲鲁东的批判: 从《哲学的贫困》到《1857—1858 年经济学手稿》[J]. 南京航空航天大学学报 (社会科学版), 2008, 10 (4).

[75] 朱进东. 论马克思对蒲鲁东"无息信贷"理论的批判 [J]. 南京社会科学, 1999 (3).

[76] 朱进东. 论马克思对蒲鲁东政治经济学批判 [J]. 江苏社会科学, 1999 (1).

[77] 朱进东. 蒲鲁东对马克思《哲学的贫困》的反应 [J]. 南京社会科学, 2002 (12).

(三) 论文

[1] 付畅一.《哲学的贫困》与《贫困的哲学》: 马克思与蒲鲁东思想比较研究 [D]. 上海: 复旦大学, 2006.

[2] 何元元. 论蒲鲁东小资产阶级社会主义 [D]. 天津: 南开大学, 2012.

[3] 李慧明. 蒲鲁东平等观研究 [D]. 长春: 吉林大学, 2019.

[4] 李鹏. 马克思超越蒲鲁东的思想进程 [D]. 郑州: 河南大学, 2014.

[5] 刘雅. 蒲鲁东所有权理论研究 [D]. 武汉: 武汉大学, 2016.

[6] 杨洪源. "政治经济学的形而上学":《哲学的贫困》与《贫困的哲学》比较研究 [D]. 北京: 北京大学, 2015.

二、外文文献

[1] COHEN G A. Rescuing Justice and Equalit [M]. Cambridge, Mass. London: Harvard University Press, 2008.

［2］ CROWDER G. Classical Anarchism: The Political Thought of Godwin, Proudhon, Bakunin, and Kropotkin ［M］. Oxford: Clarenden Press, New York: Oxford University Press, 1991.

［3］ FOLEY D K. Understanding Capital: Marx's Economic Theory ［M］. Cambridge Mass: Harvard University Press, 1986.

［4］ FOSTER J B. Marxs'Ecology: Materialism and Nature ［M］. New York: Monthly Review Press, 2000.

［5］ HYAMS E. Pierre – Joseph – Proudhon, His Revolutionary Life, Mind, and Works ［M］. NewYork: Taplinger Pub. Co, 1979.

［6］ JACKSON J. Marx, Proudhon, and European Solialism ［M］. London: English University Press, 1962.

［7］ LOWY M. The Theory of Revolution in the Young Marx ［M］. Leiden: Bosten: Brill, 2003.

［8］ LUBAC H. The Un-Marxian Socialist: A Study of Proudhon ［M］. London: Shred&Ward, 1948.

［9］ NEGRI A. Marx Beyond Marx: Lessons on the Grundrisse ［M］. South Hadley: Bergin &Garvey Publishers, 1984.

［10］ NEWMAN S. Anarchism: A Documentary History of Libertarian Ideas ［M］. Ontario: Canadian Committee on Labour History, 2006.

［11］ PROUDHON P J. General Idea of the Revolution in the Nineteenth Century ［M］. London: Pluto Press, 1989.

［12］ PROUDHON P J. Proudhon's Solution of the Social Problem ［M］. New York: Vanguard Press, 1927.

［13］ RAPHAEL M. Proudhon, Marx, Picasso: Three Studies in the Sociology of Art ［M］. Clifton: Humanities Press, 1980.

［14］ RITTER A. The Political Thought of Pierre – Joseph Proudhon ［M］. Princeton: Princeton University Press, 1969.

［15］ ROBERT L. Hoffman. Revolutionary Justice: The Social and Political Theory of P. -J. proundhon ［M］. Cambridge: Cambridge University Press, 1974.

[16] SAUL K. Padover, Karl Marx: An Intimate Biography [M]. New York: McGraw-Hill, 1978.

[17] VINCEN K S. Pierre-Joseph Proudhon and the Rise of French Republican Socialism [M]. Editions l' Atelier on behalf of Association Le Mouvement Social, 1988.

[18] VINCENT K S. Pierre-Joseph Proudhon and the rise of French Republican Socialism [M]. New York, 1984.

[19] WOODCOCK G. Pierre-Joseph-Proudhon: A Biography [M]. London: Routledge &Paul, 1956.

[20] KINGSTON-MAHH E. The Return of Pierre Proudhon: Property Rights, Crime, and the Rules of Law [J]. Focal, 2006 (48).

[21] PRICHARD A. Justice, Order and Anarchy: The International Political Theory of Pierre-Joseph Proudhon (1809—1865) [J]. Millennium Journal of International Studies, 2007, 35 (3).

附录一　马克思与蒲鲁东的生平简介

马克思（1818—1883）	蒲鲁东（1809—1865）
1818年5月5日，马克思出生于德国莱茵省特里尔城一个律师家庭	1809年1月15日，蒲鲁东出生于法国贝桑松，父亲是箍桶匠，母亲是厨娘
	1818年，蒲鲁东在村里当放牛娃
1830年10月，马克思进入特里尔中学学习	1821年，蒲鲁东在贝桑松的一家旅馆当雇工，后在亲友的帮助下进入贝桑松中学接受系统的正规的教育
1835年，马克思以优异的成绩获得了中学毕业证书，毕业考试时写了德语作文《青年在选择职业时的考虑》。1835年10月15日，进入波恩大学法律系学习	1826年，蒲鲁东因家庭生活恶化最终辍学，在一家印刷厂当排字工学徒来维持家用，并在接下来的几年里，在印刷厂当印刷工和校对员
1836年10月22日，马克思转入柏林大学法律系学习	1832年，蒲鲁东失业后随即去法国南方寻找工作
	1836年，蒲鲁东同别人合开了一家小印刷所，然而由于资金不足倒闭
1837年4—8月，马克思钻研黑格尔哲学，并参加青年黑格尔派的活动	1837年，蒲鲁东写了一本《论通用文法》的小册子，因而得到贝桑松大学的一笔助学金。他靠这笔助学金迁居巴黎并开始他的著述活动

续表

马克思（1818—1883）	蒲鲁东（1809—1865）
1839年年初—1841年3月，马克思研究古希腊哲学，特别是唯物主义哲学家伊壁鸠鲁的自然哲学，并撰写博士论文《德谟克利特的自然哲学与伊壁鸠鲁的自然哲学的差别》	1838年，蒲鲁东向贝桑松大学申请该校为帮助经济困难的中学毕业生继续深造而颁发的"苏阿尔奖学金"（每年1500法郎）。为了提出申请，他必须首先有中学毕业文凭。蒲鲁东在29岁那年获得了这一文凭，随后便给大学写了封信，他在信中自称是工人阶级的儿子和保卫者。尽管这封信的有些话过于偏激，蒲鲁东还是获得了"苏阿尔奖学金"
	1839年2月，贝桑松大学以《论星期日举行宗教仪式对于卫生、道德以及家庭和社会关系的好处》为题举行会考，蒲鲁东写的一篇论文成绩只是中平，评卷委员会认为蒲鲁东就《福音书》所说的某些题外话和对工业文明的某些攻击过于狂妄了
1841年3月30日，马克思毕业于柏林大学；4月6日，马克思把博士论文寄给耶拿大学哲学系主任；4月15日，耶拿大学授予马克思哲学博士学位	1840年，蒲鲁东写成《什么是所有权》一书，得出"所有权就是盗窃"的结论
1842年，马克思为《莱茵报》撰稿，10月15日，马克思担任科隆《莱茵报》的编辑。11月下半月，马克思与恩格斯在《莱茵报》编辑部初次见面	1841年发表《就财产问题致布朗基先生书》
	1842年发表《对产业主的警告或就保卫财产的问题致〈法朗吉〉主编孔西得朗先生的一封信》。这部著作被扣押，本人受到审讯。他自己进行辩护，法院最终宣告他无罪
1843年3月，马克思退出报社编辑部，6月19日，马克思和燕妮·冯·威斯特华伦在克罗伊茨纳赫结婚。10月，移居巴黎，创办《德法年鉴》杂志	1843年，蒲鲁东放弃印刷业，进入里昂航海合作社（指在里昂一家内河运输公司担任管理人员）。蒲鲁东发表《论人类秩序的建立》

续表

马克思（1818—1883）	蒲鲁东（1809—1865）
1844年，发表《〈黑格尔法哲学批判〉导言》和《论犹太人问题》，马克思完成从唯心主义向唯物主义、从革命民主主义向共产主义的转变。马克思在巴黎居住期间，曾和蒲鲁东有过交往	1844年，蒲鲁东在巴黎曾与马克思有过交往，两人有过一段持久的、面对面的交谈和辩论
1845年，马克思被法国驱逐出境，迁居比利时布鲁塞尔。秋天，与恩格斯共同撰写《德意志意识形态》	
1846年，马克思和恩格斯在布鲁塞尔建立共产主义通讯委员会。马克思写信邀请蒲鲁东担任法国的通信员。12月28日，马克思写信给俄国著作家帕·瓦·安年科夫，批判蒲鲁东的《贫困的哲学》一书，同时阐明历史唯物主义的重要原理	1846年，蒲鲁东拒绝了马克思和恩格斯的邀请。蒲鲁东的《贫困的哲学》出版
1847年，马克思撰写《哲学的贫困》一书，该著作于7月在巴黎和布鲁塞尔出版。8月5日，在马克思领导下，共产主义者同盟的支部在布鲁塞尔成立	
1848年2月22日，法兰西革命爆发，2月24日，《共产党宣言》在伦敦出版	1848年4月，刊行《人民代表》报并作为主笔。革命期间，蒲鲁东发表了《社会问题的解决》一书。6月，被推举为法国第二共和国制宪议会议员。7月5日与31日，他公开表示同情六月起义工人
1849年，马克思受到法国当局迫害，离开巴黎前往伦敦	

续表

马克思（1818—1883）	蒲鲁东（1809—1865）
1850年9月—1853年8月，马克思写了24本有关政治经济学问题的摘录笔记。笔记摘录了大量著作和报刊资料	1849年年初，蒲鲁东发表了文章如《贫困银行，附卢森堡委员会报告书》《社会问题概要，交换银行》《本金与利息》《社会主义的理论和实践的论据或通过信贷实行的革命》等宣传建设人民银行的设想。他成立"人民银行"，但是只维持了数周之久。3月，他因发表反对总统的文章而被判3年监禁和3000法郎罚款。他逃亡比利时，6月回国服刑至1852年6月。1849年12月，他与女工皮耶加尔结婚，生育4个儿女
1856年6月—1857年3月，马克思为计划撰写的一部关于18世纪英俄关系的著作起草导言。导言以《十八世纪外交史内幕》为题发表。马克思计划用20个印张的篇幅撰写这部著作，但没有完成	
1859年6月11日，马克思的著作《政治经济学批判》在柏林出版。马克思在该书序言中对唯物史观基本原理进行了经典表述	1850年—1853年，蒲鲁东相继写作了《无息信贷》《十九世纪革命的总观念》《从十二月二日政变看社会革命》《交易所投机者手册》《贫困的哲学》等。1853年后，他与拿破仑三世交往
1861年8月—1863年7月，马克思撰写《政治经济学批判（1861-1863年手稿）》，这是《资本论》的第二个稿本	1858年，蒲鲁东写作《论革命中和教会中的公平》一书。同年，蒲鲁东发表《罗马教会与法国大革命的正义问题》，向天主教发起挑战，由此被官方政府判处3年监禁、4000法郎罚金。蒲鲁东逃亡到布鲁塞尔，开始流亡之旅
1864年9月28日，马克思出席在伦敦圣马丁堂举行的国际工人会议。这次会议通过了成立国际工人协会（后通称第一国际）的决议。马克思当选为协会临时委员会委员	1861年在比利时写作《战争与和平》一书
	1862年9月18日，蒲鲁东获得赦免后离开布鲁塞尔回到法国，但是此时他已疾病缠身

续表

马克思（1818—1883）	蒲鲁东（1809—1865）
1865年1月24日，马克思撰写《论蒲鲁东（给约·巴·施韦泽的信）》一文，对蒲鲁东的一生进行了总结	1865年，蒲鲁东写成了最后一部著作《论工人阶级的政治能力》，1月19日，蒲鲁东因病于巴黎逝世
1867年，《资本论》第一卷完成。1867年8月下半月—1883年年初，马克思继续在政治经济学和其他许多领域进行广泛研究，写作和修改《资本论》第二卷和第三卷	
1871年5月23日，马克思在国际工人协会总委员会会议上进行关于巴黎公社的发言	
1875年5月5日，马克思写信给威·白拉客，随信寄去《德国工人党纲领批注》（后来通称《哥达纲领批判》）	
1881年3月8日，马克思给查苏利奇写了复信，此前写了4个复信草稿	
1883年3月14日，卡尔·马克思在伦敦逝世。3月17日，马克思的葬仪在伦敦海格特公墓举行。恩格斯发表墓前讲话	

附录二　蒲鲁东言论录

个人经历

贫　穷

为我写传记的作家一开头这样写道："皮埃尔·约瑟夫……"他故意像对待顽童一样，直呼我的名字。这显然是为虔诚的教徒撰写一篇嘲弄教会的谤文，这是在贬低你的人格：让我们弯下腰来，接受涅墨西斯①的鞭挞吧。

"皮埃尔·约瑟夫是一个穷箍桶匠的儿子……"

关于我的穷出身，传记从头至尾在每一页上都要提到，我不禁注意到作者的这番苦心，考虑了他的目的，发现事情原来是这样的。

人们通常痛恨贫穷，似乎贫穷使造物主的体系沾上了污点，那是不应该的；至于那些家庭贫苦的人却想把贫穷逐出门外，更是大错特错了。以上是现制度下安居乐业的人们内心深处的想法，贫困的呼声使他们深感不安和愤慨万分。

法朗什-孔代②的妇女有一句至理名言：穷人不是恶人，但比恶人更糟！老爷，您听见没有，穷人比恶人更糟？多么革命的思想！这是我有生以来听到的第一堂实践哲学课；而且，我承认，从我开始记事起，再没有别的话比它更能引起我的深思了。

---

① 涅墨西斯，古希腊神话中的复仇女神。
② 法朗什-孔代系法国过去的一个省，面积相当于今天上索恩省、汝拉省和杜省。

我刚进中学就在课文里几乎一字不差地找到了同一句至理名言，为此我感到吃惊：贫穷之苦莫过于遭人耻笑。我已记不得这句话出自何人之口。贫穷和遭人耻笑！这就像一记耳光打在我的脸上。德米古尔先生用嘲笑的口吻叫我皮埃尔·约瑟夫，使我回想起了这一切。

让穷人住嘴！这是拉梅耐①在1848年得出的结论，那时候制宪议会恢复了报刊保证金制度，专门用来对付穷人。在国家的庙堂里，穷人没有发言权，穷人是嫌疑犯。

有些道学家，甚至是一些拥护共和制的道学家，他们的道德就是不能容忍在群众面前讨论财富、工资、所有权、产品分配、福利等问题。如果同群众去讲义务、牺牲、无私、灵魂升天和灵魂不灭的希望，他们一定鼓掌欢迎；至于物质福利，且慢！在一个共和国里，贫穷的出现是不合时宜的：让穷人住嘴！

好吧！老爷，我是穷人，是穷人的儿子，我和穷人一起过了一辈子，而且看来我死的时候还将是穷人。您怎么办？让我发财致富，我当然求之不得；我认为财富本质上是好东西，人人都需要，即使哲学家也不例外。不过我没有条件，想得财富也得不到。何况，只要有穷人存在，我个人发财也无济于事。这里，我要引用凯撒的一句话：不获全功誓不罢休。天下穷人都和我是一家人。我父亲是箍桶匠，母亲是厨娘，他们尽管结婚极晚，但却生下了五个孩子，我是其中的老大。他们劳苦一生以后把贫穷传给了孩子们。我的一生将和我的父母相同：我已劳动了将近五十年，到现在还像一只可怜的小鸟，在狂风暴雨袭击之下，找不到一丛绿枝掩庇我的巢窝。假如不是别人因我不守穷人的本分，胆敢就财富原则和财富分配法则发表议论而归罪于我，我决不会对我的贫苦生涯有半句烦言。啊！哪怕世上唯独我一人贫穷，而所有其他人的问题都得到解决，也该多么好呀！我将甘愿一无所有，决不以粗暴无礼的抗议声而使我的国家和我的时代蒙受羞辱。

《论革命中和教会中的公平》
1860年版第3篇第1—3页

---

① 费里西德·拉梅耐（1782—1854年），法国神父，政论家，基督教社会主义思想家，1848年制宪会议议员。

牧 童

我的传记作者对我有这样一个古怪的指责：

在中学里，以及后来在工厂里，他都不肯和同伴在一起玩。他孤高离群，不要朋友，休息时间就独自散步，等等。

其实，我那时就在思考如何破除家庭和财产。愚蠢的反动派既然在1848年说我是个吃人怪物，当然要证明我在青年时代也是个怪物。如果有人发誓，说见到我生下来就是个小怪物，我也决不会感到吃惊。

的确，在我十二岁到二十岁那段时间里，我可能显得有点桀骜不驯。这不能怪我脾气不好，而要怪一味颠倒是非和压抑本能的基督教，它的一套做法就是要人以伪装面目出现，并用虚假的感情去代替天然的感情。

只要在我青年时代的画像上抹去恶意添加的虚假色彩，我就很自然地以躲避城市腐化生活、静思人类贫困的少年哲学家的姿态，出现在大家的面前！

事实上，我的经历远不是那么顺利。正因为如此，这一经历才更加富有教益，我才决意恢复它的本来面目。直到十二岁，我几乎一直在乡下生活，有时干些零星农活，有时放牛。我当了五年牧童。我不知道有什么能比田野生活更令人神往，又更加实在，这种生活同灌注在宗教教育和教徒生活中的荒谬的唯灵论完全是势不两立的。到了城里，我感到生活很不习惯。工人没有一点乡下人的味道。除开土话不算，他们讲的语言和崇拜的上帝都和我不同，我可以感到工人经过了磨床的加工。工人与兵营和神学院相依为邻，又与科学院和市政厅近在咫尺。当我必须上中学的时候，我简直就像被流放在外一样，我在教室里的唯一生活就是动脑筋。教员除教一点简单的常识以外，居然想通过做复述和做作文来引导我去认识我所离开了的自然界！

农民是最少浪漫气息和最少理想主义的人。农民沉浸在现实之中，他和所谓趣味是格格不入的，因而决不会花三十苏去买一张美丽无比的风景画。他爱自然就像孩子爱自己的乳母一样，尽管他对自然的美并非无动于衷，但他注意的不是自然的迷人景色，而是它的肥沃富饶。面对罗马的乡村，农民决不会为那威严的轮廓和壮丽的远景而出神凝视。像平凡的蒙台涅①一样，农民所看到的将只是荒芜的土地、发臭的水坑和瘴疠的蔓延。当他们触景生情，为饥饿、疾病和死亡担忧的时候，他们不能想象还有诗和美的存在；他们在这方面同古代的田园歌手是一致的，当田园歌手歌颂富饶大地的时候，他们一定不会像现代的干瘪诗人那样认为这里面有什么反诗意的成分。农民热爱自然，因为自然有丰满的乳房，有洋溢的生气。农民不像艺术家那样轻轻地触摸自然，他们像雅歌②中的情人那样热情拥抱自然，啊，大自然的乳房多么迷人，他在大自然的怀抱中痛饮乳汁。请读一读米希勒③讲述的农民怎样在星期日绕着他的地块走一圈的那个故事吧：这是多么亲切的享受，多么细致的观察！我承认，我在花了时间，经过了研究以后，才从他对日出日落、明月之夜和四季变迁的描写中找到了乐趣。当我二十五岁的时候，我还认为《爱弥儿》中的家庭教师（他是家庭教师的标本），就他对自然的感情而言，只是钟表匠的平庸儿子④。那些讲述得如此娓娓动听的人，自己却很少能享受这良辰美景；他们就像美酒的鉴赏家一样注视和品尝着那银杯里的琼浆玉液。

过去，我在繁茂的草丛中打滚，有时真想像我的牛一样，啃上几口青草；我打着赤脚，沿着篱笆在平坦的小路上奔跑；我在绿色的玉米地里培土，双腿深深地陷进新鲜的泥土中，这一切是何等快乐呀！在六月天炎热的早晨，我曾不止一次脱掉衣服在草地上洗露水澡。老爷，您对这种和泥土打交道的生活该说什么呢？我向您保证，这种生活造就不了虔诚的基督教徒。那时我对我和非我分不太清楚。我，就是我能用手摸到、用眼睛看到以及对我有点用的东西；非我，就是一切有害于我或和我作对的东西。在我的思想中，我的人格和我的福利合二而一，我根本不想在这些观念中寻找无边际的、非物质的本质。我整天吃桑葚、豌豆、烤玉米以及各种野生浆果，如野李、山楂、野樱桃、野葡萄等等。我吃的那一堆半生不熟的东西，足以把一个娇生惯养

---

① 米歇尔·蒙台涅（1533—1592年），法国怀疑论哲学家，文艺复兴时代的作家。
② 雅歌是圣经《旧约全书》中的一卷，内容为描写宫闱爱情的诗章。
③ 茹尔·米希勒（1789—1874年），著名的法国小资产阶级历史学家，其最重要的著作为《法国大革命史》。
④ 这里指的是让-雅克·卢梭（1712—1778年），他是钟表匠的儿子，也是《爱弥儿》的作者。

的小资产者撑死，而这一切对我的胃所起的作用，无非是使我晚上有惊人的食欲。自然女神不给她的子民以痛苦。

可惜，我今天再也吃不到这些美味的东西了。当局以防止破坏为借口，砍掉了森林中的所有果树。如果有位隐士要在我们的文明化的树林里生活，他再也找不到维持生存的食物了。禁止穷人拣橡子和楝子；禁止穷人割路上的青草喂羊。滚开！穷人们，滚到非洲和阿拉贡去吧……

……隶农们，滚开吧！

我有多少次挨过阵雨的浇！我有多少次全身湿透，依靠我身体的热量、微风和太阳把衣服晾干！我随时都能洗澡，洗的次数不知多少，夏天在小河里，冬天在泉水边！我爬树、钻洞、抓青蛙、掏虾，偶尔也会碰上一条可怕的蝾螈。然后，我迫不及待地把猎物在火上烤着吃。人对动物、对一切存在物，都有秘密的同情心和恶感，这些感情都被文明所抹掉了。我喜欢牛，但对每头牛爱好的程度却并不一样；我对某只母鸡、某棵树、某块岩石有自己的偏爱。有人曾告诉我蜥蜴是人的朋友，我诚心诚意地相信了他。不过，我总是和蛇、蛤蟆和青虫开战。——它们碍着我了吗？完全没有。我不知道这是什么道理，但是人间的经历却使我越来越讨厌它们。

因此，每当我读到由费尼隆①翻译的索福克勒斯②所写的《斐罗克忒提斯的告别词》时，我不禁感动得流泪：

啊，幸福的日子，温暖的光明，经过多年的等待，您终于来到了！我服从您的命令，我向此地告别后就要出发。再见吧，亲爱的洞窟！再见吧，芳露润湿的草地上的女神们！我将再也听不见这大海低沉的浪涛声。再见吧，海岸峭壁，我在您身边多少次听着风声的诅咒而痛苦！再见吧，海角，您的回音多少次重复了我的悲声！再见吧，清甜的泉水，我尝够了您的苦味！再见吧，莱莫③的土地！既然我将到上帝和我的朋友们召唤我的地方去，请让我平安地出发吧！

有些人从未亲身体验过这些强烈的感受，却责怪乡下人迷信，我有时真

---

① 费尼隆（1651—1715 年），法国作家，教育家，18 世纪启蒙运动先驱之一。
② 索福克勒斯（约前 496—前 406 年），古希腊三大悲剧家之一。
③ 莱莫系爱琴海中的一个小岛。

为他们感到可怜。当我已是一个半大不小的孩子的时候，我还相信有神仙。我不仅不为我的这些信仰感到后悔，而且我有权抱怨别人不应该剥夺我的这些信仰。

我过着这种自由自在的生活，当然也就不去思考财富不平等的起源和信仰的奥秘。没有饥饿，就没有欲望。我们在家里早晨喝玉米粥，中午吃土豆，晚上是面包猪油汤，一星期天天如此。有些经济学家把英国的饮食制度吹得天花乱坠，而我们却靠这种植物性食品长得又胖又壮。您知道是什么道理吗？因为我们呼吸的是我们田野的空气，吃的是我们种植的产品。老百姓懂得这个道理，他们说，乡村的空气可以使农民吃饱，而巴黎所吃的面包却不能顶饿。

尽管我受过洗礼，我不知不觉地奉行的却是一种泛神论。泛神论是孩子和野蛮人的宗教，这是受年龄、教育、语言所限制，过着感性生活，尚未达到抽象和理性的那些人的哲学，在我看来，应该把达到抽象和理性的时间推得越迟越好。

《论革命中和教会中的公平》
第 5 篇第 86-90 页

失业的印刷工人

过去，我对经济平衡、国家问题、双重意识和对徽记的解释，没有今天这样有研究，因为我曾当过工人，我在达到思考阶段以前有过一个本能阶段。记得在一个伟大的日子里，排字版突然成了我获得自由的象征和工具。我对自己说："我有了职业，我可以走遍天下，我不需要任何人的帮助。"这个二十岁青年心中的无限欢乐，你们是无论如何也体会不到的。这种被我们的教会人士和政界人物所不能理解的劳动热情要超过基督教的狂热不知多少倍！劳动使工人能够得到一切，并保证他得到一切：荣誉、友谊、爱情、福利、独立、主权。唯有特权组织才使这一切化为泡影。我在法国和外国的一些城市过了两年这种无比美好的生活。由于热爱这种生活，我曾不止一次拒绝了朋友们的推荐，不去搞写作，而宁愿当工人。为什么我青年时代的这一梦想没有继续下去呢？老爷，请相信，我成为作家，这不完全是因为我喜爱写作。

那是在1832年，正是第一次霍乱流行的时候，就在卡西米尔·贝利埃①和拉马克②将军两次葬礼之间的事情。由于首都九十个印刷厂没有一个能雇我，我就离开了那里。当时印刷业主要为教会书店印书，七月革命停止了宗教书籍的出版，政府又想不到出版哲学和社会书籍去代替它们。为了解决商业萧条问题，议会通过了一笔三千万法郎的拨款！政府以为它已经不惜一切代价去求得太平，但却不知道拨款的数字应该是三十亿，而不是三千万。国家假如把这笔款子用于再生产的部门，就会造成为数可观的就业机会。

由于看到巴黎是个贫富悬殊的地方，我下了决心回到外省去。我在里昂，接着又在马赛逗留了几星期后，还是找不到工作，又去了土伦。我到土伦的时候，口袋里只剩三法郎五十生丁。就在这困难关头，我照样兴致勃勃，信心百倍。那时我还年轻，过日子也不懂得算计。在上伦，一点工作也找不到：我去得太晚了，二十四小时以前还有一点希望，但机会已经错过了。于是，我想出了一个主意，这真是年轻人的心血来潮：既然巴黎的失业工人在向政府进攻，我不妨给当局提出一个强硬的要求。

我到市政府去求见市长先生。在被引进这位官吏的办公室后，我向他出示了我的旅行证。我对他说：

"——先生，这是我花了两个法郎才取得的证件，这个证件是我住地的警察局长当着两名公证人的面对我本人进行审查后才发的。根据这一证件，我有权要求，而且军政当局也有义务给我必要的救济和保护。市长先生，要知道我是印刷排字工人，打从离开巴黎以后，我一直在找工作，但却没有找到。我的积蓄已快用完。偷盗要受惩罚，乞讨是禁止的。剩下的生路只有劳动，我想劳动应该是我的证件给我的唯一保障。因此，市长先生，我来听候您的吩咐。"

---

① 卡西米尔·贝利埃（1777—1832年），法国政治家和银行家，复辟王朝期间自由主义反对派的成员，1831年曾任内阁总理。
② 马克西米利安·拉马克（1770—1832年），法国将军，复辟王朝和七月王朝自由主义反对派的卓越活动家之一。

我当时的脾性，同不久后提出"不能劳动而生，毋宁战斗而死"口号的人，同在1848年让共和国遭受"三个月苦难"的人，与在六月事件中把"面包或者铅弹"写上旗帜的人完全一样！我今天承认，这是我的过错，愿后人把我当作前车之鉴。

同我谈话的那人，身材矮小，圆圆胖胖，自以为是，戴着金边眼镜，他根本没有想到我会提出这种强硬的要求。我记下了他的姓名，凡我喜爱的人，我都喜欢知道他们。他姓吉安，名叫特里贝脱或特里巴脱，当过公证人，是七月王朝提拔上来的新人。他尽管很有钱，但为他的孩子在中学里争一份助学金，决不会有任何含糊。他大概把我当成刚在巴黎借拉马克将军下葬的机会大肆捣乱后出逃的起义者。

"——先生。"他从座椅上跳起来对我说，"你的要求是蛮横无理的，你对你的证件解释得不对。它意味着如果你被袭击或被偷盗，当局将保护你，但仅此而已。"

"——对不起，市长先生，在法国，法律保护所有人，甚至包括法律所镇压的罪犯。除非出于自卫，宪兵不得殴打被他抓住的杀人犯。犯人被关进监狱，典狱长不得攫取他的财物。旅行证和身份证我都带着，它们对一个工人来说应当具有更多的权利，否则它们就没有任何用处了。"

"——先生，我将按每里十五生丁的路费标准遣送你回原籍。这是我所能为你做的一切，我的职权范围就到此为止。"

"——市长先生，这是施舍，我不要施舍。而且，我刚听说在原籍也无事可做，即使我回到原籍，我将会像今天来找您一样去找市长；那样的话，我花了国家十八法郎回去，却对任何人都没有好处。"

"——先生，这不属我的职权范围……"

他到此就没有更多的话了。

既然在法律方面谈不通，我不妨换别的话题试试。他以个人身份说话或许容易谈得拢些。官吏总是板着脸孔，一副十足的基督教徒的神气，就是不搞禁欲罢了，但是讲究吃喝的人也还比不贪口腹的人强些。我又说：

"——先生，既然您的职权不允许您答应我的要求，那就给我个建议吧。如果需要，我不去印刷厂，去别处也可以有用呀，我什么工作也不嫌。您对本地熟悉，您建议我做点什么呢？"

"——先生，我要你离开这里。"

我盯着这个人，气得满腔热血直往上冒。

"——好吧，市长先生。"我咬牙切齿地对他说，"我告诉您，我忘不了这次接见。"接着，我离开了市政府，取道意大利门出了土伦城。

《论革命中和教会中的公平》

第6篇第117-120页

寿终正寝

老爷，您见过一个人如何寿终正寝的吗？请听我讲述以下的故事吧。我讲的既不是一位英雄，也不是一个天才，而是一个穷苦的手艺人。这位纯血统的自由思想者在一次革命的圣餐中结束了自己的生命，这是任何基督教徒在教会的圣餐中从未办到的事情。

我的父亲经过毕生劳累，正如人们所说，刀子磨破了刀鞘，在六十六岁那年，突然感到自己的末日已经来临。我应该说，我从未发现他有一言一行可以证明他信仰宗教或不信宗教。他既不祈祷，也不渎神，他专心致志地经营他的铺子，只求靠自己的劳动为生，决不向上天和别人乞求帮助。有时碰上重大的盛典，我见过他跟着大家去做弥撒。他在那里感到烦闷，就像个聋子那样，对什么也听不进去。当神父登上祭坛的时候，他再也待不住了，他赶紧走掉，既不笑，也不发议论。可以肯定，他没有背上沉重的信仰包袱。

在他去世的那天，他确信自己的末日到了。于是，他要为这次长途旅行做好准备，并亲自布置一切。他把亲友们请来，一起吃顿便饭，边吃边进行愉快的谈话。饭后吃果点时，他向大家告别，他对他的一个儿子十年前不幸夭折表示痛惜。我当时因服役而不在家里。我的小弟弟对我父亲的激动有所误解，他说：

"——父亲，你别想这些伤心的事了。你为什么要失望？你不是个男子汉吗？你还不到时候。"

"——如果你以为我怕死，"老人回答说，"那你是搞错了。跟你说我是完了；我已经感觉到了，我愿意你们都在我跟前的时候死去。得了，端咖啡来吧！"……他喝了几匙咖啡。

"——我一生过得十分艰苦。"他说，"我的事业没有成功，不过我对你们全都疼爱，我死了也对得起你们。对你哥说，我让你们这样穷就撇下你们，我感到内疚，要让他顶得住呀……"

有位多少信仰上帝的亲戚以为应当鼓起病人的勇气，他按照教义问答说，死不等于一切都完了，人死后要去见上帝，上帝的慈悲是无边的……

"——加斯帕尔表兄，"我父亲回答说，"我不知道上帝是怎么回事，我根本不想上帝。我既不害怕也不希望；我死的时候，身边围着我所爱的人，我心里就有我的天堂。"

将近十点钟的时候，他在弥留之际，对着大家低声道最后的晚安，友谊、良心、祝愿全部汇集在他的心里，因而使他在临终时刻十分安详。第二天，我的兄弟激动地对我写道："我们的父亲死得有勇气！……神父们不会把他当作圣人赞美，而我，我了解他，我要宣布他是个勇士，我愿自己将来也能有这样一句悼词。"

请把他和基督教徒做个对比。基督教徒死的时候，四面放着蜡烛、十字架、圣水，忏悔教士对他讲上帝的审判，给他涂圣油，念驱魔经，这种种折磨使他感到在跨进坟墓的时候就开始了堕入地狱的苦难历程！

怎么！有这样一些人，他们才能超群、声誉卓著，受到同辈的尊重和后代的敬仰，他们却为死而感到痛苦不堪，因为他们是基督教徒。

这个默默无闻、劳累一生而死于茅屋的箍桶匠，却以微笑迎接自己生命的最后一息。问心无愧是他最大的安慰，他是幸福的。他不是一个无神论者，老百姓绝不是无神论者，不过他也不是基督教徒。他在临死前为他早年夭折的儿子掉泪，因为儿子的去世使他减少了他存在的价值；他为他的事业没有成功而感到遗憾，因为这使他的努力落空；他既不害怕又不需要尘世以外的生活，因为他心里充满了生活。

他临死不惧，怀着爱心迎接死亡。他把自己的灵魂交托给孩子们，使自己溶化在家庭之中，同时让自己的躯壳作为无用之物而留给土地。这样的人绝不是唯灵论者、神秘主义者或基督教徒，他是社会现实的体现，是正义的体现。

今天，那些既不信基督又不信革命的人们发明了一些卑鄙龌龊的办法对待弥留的病人。他们围着病床，使尽种种阴谋，向病人掩盖真相，他们又哄又骗，让他服科罗方麻醉剂，使病人没有想到死就一命呜呼了。没有临终嘱咐，没有灵魂交托，没有立下遗嘱，死得就像条狗一样。

死神呀，爱神的姐姐，你永远贞洁，永远多产！在我青年时代的第一声叹息中，我已经认识了你，每逢我的公民热情奔放的时候，我感觉到你，我可以将已有三十余年的劳动生活奉献给你。温柔和幸福的死神，你怎能使我害怕？我怀着爱情和友谊崇拜着你，我在永恒的真理中思考着你，我在使我身在贫穷而不知贫穷的大自然中培育着你，我在我的灵魂中建立了你的庙堂，我不断地向你祈求。死神呀！你是至高无上的正义！

如果你今天来到，我已准备就绪：我爱我的家人，家人也都爱我；我一生奋斗，我打了漂亮的一仗；我虽然犯有错误，但我至少没有对道德失望，我跌倒了始终能够重新爬起。我已开始撰写遗嘱，这份遗嘱将由其他人写完。抱必死决心的人决不受奴役。我坚信谁读了这句有力的话，都能懂得它的意思。如果你明天才来，我将准备得更充分，我将做完更多的事情，我将以更高的热情拥抱你。如果你拖延十年才来，我将像参加凯旋仪式一样离开人间。

啊，死神，你长期蒙受污蔑，你对唯独配称为诸神的那些坏人感到可怕，你不就是那个难猜的谜语，而谜底将使宗教的斯芬克斯[①]晕倒，同时将使人类摆脱恐怖？你没有把话对我全部说完，你还留着许多秘密。请你告诉我吧，我将把你的话重新讲给人们。那时候，各国人民都将承认，你是唯一的、有生命的和真正的基督。

《论革命中和教会中的公平》
第 5 篇第 128-132 页

[①] 斯芬克斯，希腊神话中半截狮身、半截美人的怪物，它向过路人提出难猜的谜语，谁猜不出，谁就被它吃掉。后因谜底被俄狄浦斯道破，它就跳崖自杀。

商业实践和贫穷

　　傅立叶说,他青年时代在他父亲的店铺里所目睹的商业欺骗,是促使他担负起改革者使命的第一个启示。对我说来,决定性的启示来自一个完全相反的事实。我父亲是个平凡的人,从没有想到在他所生活的充满着对抗的社会里,任何一个实业主所力求取得的利益既是劳动所得又是战争虏获,因此商品的售价和成本不成比例,实业家在公众需求、购买力、竞争状况等允许的范围内尽可能地巧取豪夺。我父亲把生产费用计算一下,再加上他的劳动所得,说:"这就是我的价格。"他不听别人的任何劝告,因而破产了。那时,我还不满十二岁,一边在当学徒,一边思考着我父亲的经营方法和朋友们的劝告,我不知不觉地研究起供求关系和纯产值这些问题来了,就像巴斯噶①画着圆和直线就研究起几何问题来一样。我完全意识到我父亲的办法是诚实的和正当的,但是我也看到他的办法所冒的风险。诚实的良心和对生活的担忧使我左右为难。我觉得这是向基督教教义提出的一个谜语,如果我能找到它的谜底,就有把我的宗教信仰全部葬送的危险。

　　我出了中学的校门就进了工厂。我已经十九岁了。自从我成为独立谋生的生产者和交换者以来,我每天从事着劳动,由于我受过教育,我的思考能力也更强了,我就能够比以往更加深入地探讨这个问题了。可是,我的努力徒劳无功:问题越搞越糊涂。

　　每天,我一面排字一面在想,如果通过某个办法能够使生产者一致同意按他们花费在生产和服务上的开支,即按照生产和服务的价值来确定产品的售价,那么发财的人肯定会减少,但破产的人也会同时减少,这样东西都便宜了,穷人也会少得多。

　　失望吧!教会立即大声地对我说,为了达到意志和利益的和谐一致,必须在人类社会中实现神的统治和正义的统治,而这是行不通的。《福音书》对此十分清楚,它告诫我们说,贫穷和罪恶一样破除不了。恶人和穷人总是多

---

① 布莱士·巴斯噶(1623—1662年),法国著名的数学家和哲学家。

数，好人是少数。正是为了制止我们的本质所固有的罪恶大肆泛滥并造成不可避免的后果，基督才降临人间，宣扬无为、忍耐和谦逊，基督才受了十字架的苦难，作为他答应我们在死后得到幸福的报偿。

这番话不能使我信服。

我回答说：没有一条实证经验可以证明，不能通过意志和利益的协调而导致永久的和平和普遍的富裕。人们历来把罪和恶当作贫穷和对抗的起因，天主教的教义把贫穷和对抗作为对罪和恶的惩罚，但是没有任何根据足以证明罪和恶的原因恰恰不是贫穷和对抗。全部问题在于要找到一项协调、节制和平衡的原则。

假如这项原则确实存在，力量和利益的平衡得以建立，那么人们将普遍享受到福利，罪和恶将随着贫困而相应减少，基督教的教义就不称其为真理了！为了使基督教的教义成为真理，就必须使不平衡以及由此产生的罪和恶成为永恒。我说哪里去了？我把教会的整个体系贬低成了什么样子？……照这么说，基督教竟然对维护贫穷和投机倒把感兴趣；照这么说，它不但不是穷人的朋友、安慰者和庇护者，而且是他们的敌人；它不但不真心诚意地要根除罪恶，反而它需要罪恶，保护和喜爱罪恶。

老爷，您看，贫穷问题使人们对基督教义的真理和道德发生了怀疑，而且只要怀疑没有得到解决，在人们看来，教会的立场是何等虚假！教会不能真心诚意地希望结束贫穷和罪恶，它不希望它的子民在人间得到幸福。基督教义使教会必定要担负起这一丑恶的使命，即把废除贫困的任何尝试作为叛教行为而加以打击，结果使教会在装模作样地保护穷人和斥责富人自私的同时，实际上只是不顾穷人的失望而维护富人的特权。

《论革命中和教会中的公平》
第3篇第5—9页

圣母像章和人类信念

在1848年，来自法国四面八方的请愿书像雪片一样飞到国民议会中，要求把我作为无神论者从议会中赶出去，就在那时我收到外审寄来的一封信。

字体优美，语句通顺，修辞相当讲究，没有署名，也没留地址。寄信人是个妇女，而且据说，还年轻，颇好交际，有舞会时就去跳舞。自从成立了共和国，她就只关心上帝的事。信里夹着一个系有丝织绶带的圣母像章。

她对我说："不幸的人呀！您居然不要上帝，那您要什么呢？……您没有见过我，而且大概您永远也不会见到我；可您却害得我好苦……我请求您的宽恕，先生，请带上我这个十分珍贵的小像章，让我们善良的圣母不顾您的意愿而拯救您。我瞒着我的丈夫把这枚像章寄给您，他即使知道也会赞成的。先生，他像您一样是个聪明人，不同的是他信仰上帝并热爱上帝。"

我当即解下外衣和领带，把像章挂在我的衬衣里面……那是很久以前的事情了，但我今天回想起来，还为我的鲁莽而战栗。谁能想象无神论者戴一件圣物？假如有个晚上我受伤或死在街头，当地的医生在我身上发现这件圣物，这将引起多大的轰动！各种流言蜚语将会不胫而走！我是个不可救药的人，是个顽固脑袋，或正如基督所说，是没有灵魂的躯壳。我虽然丧失了对上帝的信仰，却赢得了对人类的信念，这种信念就是正义和宽容。这位多少有点迷信的虔诚妇女同我有什么关系？她对圣物和文学的追求对我无足轻重。我既不相信她的奇迹也不相信她的才华，我相信她的勇气，她的忠诚，她的超人的温柔，这种温柔使她不顾自己的信仰，发自内心地把无神论打入地狱。我从她这种自我牺牲的品德中看到一切还有希望，我崇敬在她身上体现出来的人类良心。这根绶带，这枚像章，不过是可笑的玩意儿，但它们寄托着这位悲戚而热情的妇女的灵魂，从此它们成了我的一个护身法宝，使我永远对人不暴跳如雷，对妇女不刻薄嘲讽。这位赠送像章的虔诚妇女所期望的奇迹固然没有实现，但她如果读到本文，至少可以相信，我没有辜负她的愿望，而且我在最高审判者的法庭上可以自诩，在我的一生中曾经有过一刻钟的善意。

《论革命中和教会中的公平》

第5篇第23-24页

等级制与宗教礼仪

教会竭力通过所谓教育向人们灌输的思想，也是教会通过宗教仪式和宗教形象使人们领会的思想。

假如有朝一日人们把旧世界彻底打翻，那么按照基督教的精神，首先要做的第一件大事就是恢复权威原则和等级原则，然后才能把旧世界扶持起来，并保持其原有地位。

布朗·圣布内说：

"社会上的贵族垮了台，一切也跟着垮台。"

一个民族如果产生不出贵族阶级，这个民族就到了山穷水尽的地步，人们嫉妒自己的贵族，这是崩溃的征兆。

为了挽救自己，我们必须让资产者成为贵族：因为贵族是民族的根本（《论法兰西复辟》第三卷）。

要使资产阶级成为新的封建阶级，我们知道应该采取什么途径（参见《交易所投机者手册》），现在就只缺司铎的批准了。司铎是一定会批准的。

什么是总结的礼拜？宗教礼拜是一次社会的演出。

当人根据使徒的规定，抛开自己的自然良心而穿上神学信仰的盔甲的时候，这个人只是在其偶像前跳着舞蹈的一个木偶而已，就像在约柜面前舞蹈而受到其妻子米甲轻视的大卫①一样。

让我们选一个盛大的节日到正在做礼拜的教堂里去吧。各人位置都是按资格分配的：教理会执事、经理会执事、教友会会长和军政当局坐的是荣誉席和靠椅；中产阶级按天或按年租有座椅；群众则站在或蹲在柱子的后面，在教堂的最后，见不到祭坛和讲坛。

在训谕的时候，如果有贵族、主教、亲王在场，布教士指名向他们单独训谕，而他的训谕本来是应该对着大家的。

在供奉的时候，头面人物每人都能单独有一次焚香祝愿，而所有老百姓

---

① 根据圣经传说，以色列王大卫迎接上帝的约柜进大卫城，他的妻子米甲从窗户里看见大卫在上帝面前踊跃跳舞，心里就轻视他。参考《旧约全书》《撒母耳记下》第六章。

只能在三次供香中分到最后的一次。

1830年，就在七月革命的前几天，昂古列姆公爵夫人路过贝桑松，红衣主教得洛昂大人在大教堂的门洞下摆开香烛仪仗迎接她，我亲眼见到我们的葡萄种植者对此表示的极大愤懑：他们认为这样一种荣誉只能给上帝。几个星期以后，正如我们所看到的，这些人在革命思想的毒化下，捣毁了教会的十字架。

我们一定都注意到宗教游行的队列次序吧！平民按年龄、性别和行业分队在前面开道，接着是教士们，最后是簇拥着帏盖的圣职团，外层围着军政官吏，他们作为保镖，也还是按照地位和等级排列次序。一些油头粉面的上等青年人，穿着耀眼的执事礼服，身围镶嵌着金银的腰带，在圣体前抬着香烟缭绕的香炉，而从烧炭工人和铁匠中挑出的几个穷小子则背着木炭和火钳。我记得有一天，孩子们都不肯干这个差事，我就和一个同伴挺身而出，自愿担当这个角色，因为在游行中香炉和圣体同样是不可缺少的。我记得有位古人曾接受同胞们的委托而清理过阴沟，我这次正是以他为榜样。所有的人，包括教士在内，全都嘲笑我。我一直以为基督徒在圣体面前人人平等，现在我该作何感想呢？我自己选择了在天主的门下充当遭人鄙视的角色，我因此而遭人鄙视，这是公平的。

关于圣体节的游行，沙多勃里昂曾写过极尽夸大其词的篇章。我二十岁那时曾怀着满腔怒火读过这个没有良心、没有哲学气味、废话连篇的空谈家的作品。我对自己说，现在竟靠这伙人来管理国家！亲眼见过封建专制和教会腐化的1789年时代的人决不会上这个华而不实的人的当。自从一个雅各宾党的士兵在1804年自封皇帝以后，人的感情和思想都改变了。被哲理解放了的人们又被文学的词藻所迷惑。这就是基督教的真谛！这就是封建世界的诗歌！钟乐、木铎、圣诞节的大蛋糕、上王节的蚕豆糕、斋戒节的灰，统统成了好东西！古典主义的可怜虫们在三个世纪的时间里竟没有想到过这些，今天的浪漫主义将靠这些东西生活十五年。啊！僧侣们的圣地，请重新站立起来吧！父辈们在疯狂中给你们套上了枷锁，儿辈们将在悔恨中给你们解除。

等级制的侮辱甚至跟着人一起进入墓地。下葬和结婚一样，也分成好几个等级。在毕卡第①的一个小村子，本堂神父为了区分不同的地位，设法使灵车沿两条道路行进，一条笔直的窄道给穷人，另一条宽阔而呈漂亮曲线的路给富人。市长是个自由派，这个故事就是他告诉我的，他想反对这种等级划分的滥用，他命令所有的灵车都走大路。本堂神父向省长密告市长，省长向市长提出了质问，市长做了解释。神父的诉讼取胜，市长被怀疑为革命派，于是被迫辞职。

《论革命中和教会中的公平》
第5篇第58-61页

报考信
——致贝桑松大学的先生们——

先生们：

我是印刷厂的排字工兼校对员，是一个贫穷的手工工匠的儿子。我父亲生有三个男孩，他无论如何负担不起三份学费。我早年就经历了穷苦和困难，用句俗语来说，我在青年时代曾过了好几道筛。苏阿尔②、马孟代尔③以及一大群作家和学者都是这样和命运斗争过来的。先生们，当你们读到这份报告的时候，你们能否设想，这些以聪明才智闻名于世的人同今天向你们争取赞成票的这个人，他们的相似之处也许不限于共同的不幸命运。

我原先准备当个机械工人，后来在我父亲的一位朋友的建议下，进了贝桑松中学当免费走读生。对一个吃穿都成问题的家庭来说，减免的一百二十法郎是一笔多大的数目啊！我经常缺少最起码的书本；我学拉丁文连一本辞典也没有；我把凭脑子记住的字译成了拉丁文，然后把不认识的字留作空白，等出了学校后，再把空白填满。我因为忘记带书而受了成百次的处分，其实我根本就没有这些书。每个假日我都忙于农活或家务，以便省下小雇工的工

---

① 毕卡第系法国过去的一个省，相当于今天巴黎盆地的北部地区。
② 让·巴蒂斯特·苏阿尔（1733—1817年），法国著名记者和批评家。
③ 让·弗朗斯瓦·马孟代尔（1723—1799年），法国著名剧作家和短篇小说家。

钱。我父亲的职业是箍桶匠，我在寒暑假里自己去取铺子里所要用的桶箍。这样的学法，我能学些什么？我又能学到多少？

四年级年终，我得了费尼隆的《论上帝之存在》一书，它是奖品。读了这部书，我好像突然思想开了窍，头脑明白起来了。我以前曾听人说过唯物主义和无神论，我迫切地想了解人们是怎样否定上帝的。

然而，我要承认：对装饰着费尼隆雄辩辞藻的笛卡尔哲学，我并不全部满意。我感觉到上帝的存在，上帝浸透了我的灵魂；我从童年时代起就牢固地树立了这个伟大的观念，它贯穿我的全身，支配着我的全部官能。而在一本用以证实上帝存在的书里，我只找到了牵强附会的形而上学，它的推理更像是一种较为简便的假设，而不是确切可靠的科学理论。先生们，请允许我举一个例子。笛卡尔主义认为，灵魂不死，因为灵魂是非物质性的和单一性的。为什么事物一旦存在就不能停止存在呢？一方面，灵魂在时间上是无限的和永恒的，但另一方面，它怎么又是有限的呢？这是不可思议的！笛卡尔主义又说，物质绝不是必要的存在，因为它显然是可有可无的、附属的和被动的。因此，它是被创造的。可是，怎么理解一定是精神创造物质，而不是物质产生精神呢？这和前一个问题同样是不可思议的。因此，我照旧信仰上帝和相信灵魂不死，不过我请哲学家原谅，这不是因为他们的逻辑推论不够明了，而是由于互相矛盾的论据软弱无力。从那时起，我觉得应该采取另一条途径，应该把哲学变成一门科学。我至今没有放弃我儿童时代的这个观点。

尽管家庭经济十分困难，我碰到了一个十分敏感和自尊心极强的年轻人所能碰到的种种不愉快的事情，我继续在学校求学。那时，我父亲疾病缠身，营业萧条，又正打着官司，最后因官司打输而破产，宣判的那天正是我名列前茅而获奖的日子。我怀着悲痛的心情去参加这个处处迎来笑容的庄严仪式，父母亲们拥抱着自己得奖的儿子，祝贺他们的成功，而我的家长却正在法院，等候判决。

这个场面我永远不能忘怀。校长先生问我是否有家长或朋友在场看他亲自给我颁奖。

我回答说："校长先生，我没有任何人。"

他接着说："好吧，我给你奖，让我拥抱你吧！"

先生们，我从来没有这样激动过。回家后，我见全家垂头丧气，母亲正在哭泣："我们的官司打输了。"那天晚餐，我们全家只有面包就着水吃。

我就这样一直拖到修辞班①，这是我中学的最后一年。这以后我就得自食其力了。

我父亲对我说："现在你该学门手艺了。我十八岁时早就挣钱了，我没有上过那么多时间的学。"

我觉得他说得有理，于是进了一家印刷厂。

我希望当了校对员以后将能继续在我更需要发奋用功的时候被迫中断的学业。我一本一本地读了博胥埃②、贝吉埃③等人的作品。我向这些大师学习了思维和修辞的法则。不久，我以基督教的卫道者自居，开始阅读基督教的拥护者和反对者的作品。先生们，这一切需要告诉你们吗？在火热的思想斗争的熔炉里，我往往让想象力自由地奔驰，同时又运用我的良知进行判断，我所珍爱的信仰终于逐渐烟消云散了。我逐个宣扬过在蒲吕盖④神父的辞典里得到详细记述的被教会所谴责的各种异教邪说，摆脱了一种又陷入另一种中，直到最后我由于厌倦而认定最后一种，也许也是最不合理的一种异教：我成了索森⑤派。我十分灰心丧志。

然而，政治动荡和生活贫困使我不能再停留于一个人的苦思冥想之中了，我越来越被卷入了现实生活的漩涡中。为了谋生，我不得不离乡背井，以帮工的身份⑥周游法国，在各地的印刷厂里争取排几行字和读一点校样。有一天，我把仅有的几本书卖掉了，这些书是我中学时得的奖品。我母亲为此失声痛哭，我留下了读书时摘录的笔记。这些笔记不能出卖，一直留在我的身

---

① 按照法国当时的学制，修辞班也是中学的毕业班。
② 雅克·伯尼涅·博胥埃（1627—1704年），法国天主教神学作家、思想家。
③ 尼古拉·贝吉埃（1718—1790年），法国18世纪著名神学家。
④ 弗朗西斯·安德烈·阿德里安·蒲吕盖（1716—1790年），法国宗教学家，著有《异端辞典》（1818年版）。
⑤ 索森，原名雷里奥·索志尼（1525—1562年），意大利新教徒，他创立了反对三位一体的学说，其信仰者通称索森派。
⑥ 帮工制是法国中世纪时代同行间的互助组织。按照规定，从事某项手艺的手工业者必须周游法国，以取得"帮工"资格；在周游期间，他的吃、住和工作均由当地帮工照料。这项制度流传到19世纪初，虽然有所改变，但并未完全消失。

边并始终安慰着我。我就这样游历了法国的一部分地区。由于我敢当着老板的面说真话,老板往往粗暴地把我赶走,有几次我几乎因找不到工作而挨饿。就在这一年,我在巴黎当校对员,差一点又因为我是外省人的傲气而倒霉,如果没有我的同事们的支持,保护我不受一个心怀成见的工厂主的迫害,我很可能为饥饿所迫而去充当某位记者的仆役。我尽管经历过各种艰难困苦,如果落到这种地步,可真是最可怕也没有了。

一个人在生活里只要有时还能得到安慰,就不算走投无路和孤苦伶仃。我从前有个朋友,这个青年人同我一样由于愤世嫉俗和极度贫穷而备受命运的折磨。他叫古斯塔夫·法罗①。有一天,我正在车间做工,突然收到我朋友的一封信,要我丢开一切,到他那里去。……他对我说:"你真不幸,你所过的生活对你不合适。蒲鲁东,我们是兄弟:只要我有面包和住房,我们就同享。来这儿吧,我们或者胜利在一起,或者就死在一起。"先生们,他当时刚向你们报考苏阿尔奖学金。他打算,如果他被录取,就把这笔奖学金先给我,自己只保留光荣的名声以及其他附属的好处。对这个计划,他对我只字未提,他只简单地对我说:"如果我被录取,我们在八月份就有出路了。"我飞快赶去找他,当我见到他的时候,他已得了霍乱,却耗尽了最后的一点精力,他已濒于死亡,而我却没有可能继续照顾他。由于没有钱,我们不能再住在一起了,我们不得不分开,我最后一次拥抱了他。今年1月25日,我上他的墓地默哀了一小时。

我带着铺盖和我的哲学笔记动身去南方,口袋里只剩五十法郎……先生们,我这样详细地按时间顺序向你们叙述我的肉体和内心所受到的痛苦,岂不是滥用了你们的耐心。归根结底,我受不受命运的折磨,这与你们有何关系?仅仅诉说贫苦并不足以赢得你们的赞成票,何况你们绝不是要挑选一个流浪汉。然而,我如果不摆出我的贫困经历,那我又有什么可以引起你们的注意呢?有谁能为我说情呢?我常年以工厂为家,目睹人间的善恶,每日流汗劳动仅得一饱,低微的薪金还必须添补家用和维持弟兄们的血液,就在这样的环境下,我不断思考、细心琢磨、汇集千虑之一得:这是我过去的生活,

---

① 古斯塔夫·法罗(1809—1839年),法国语言学家。

也还是我现在的生活。

我一度对依靠做工过着朝不保夕的贫寒生活感到了厌倦，曾想和我的一个同伙接办一家小印刷厂。两位朋友把一点微薄的积蓄凑在一起，把他们家里的全部产业也都孤注一掷。偏偏由于生意清淡，我们的希望落了空，精明、勤快、节省都无济于事。两位合股人，一个由于走投无路和灰心失望而在一个树林里自杀了，另一个只能后悔不该动用了父亲留下的最后一点产业。

先生们，请原谅我向你们诉说了我的不幸，却没有出示真实的学业文凭。你们大多数人都不认识我，我觉得我应该告诉你们我的过去和现在。当我决心向你们诉说我生平的某些片段，向你们揭示我的思想和性格的基本方面的时候，我毕竟感到有点局促。我认为只有在地位相同的人和朋友之间，这样的交心才是适宜的。一个我所敬爱的人曾劝我说："你愿意得到大学的先生们的好感吗？你就像朋友那样对他们说说吧。"他的想法会不会是错的呢？我的信任是否会不得好的结果呢？

在1836—1837年间，长期患病迫使我中断了在工厂的劳动，我又开始从事写作。由于写了几篇还算满意的评论文章和有关神圣哲学的文章，我又提起了对写作的兴趣，并决定了今后要进一步研究哲学。我利用发烧的失眠之夜和养病的空闲期间对法语进行了一些研究，我以为这些研究成果相当重要，值得送请你们审阅。我的作品已一式两份寄给你们，可是你们至今没有做出评判，恕我冒昧猜测，这也许是贵学府工作繁忙的缘故。

如果已经呈现给你们的拙作尚堪寓目，如果我的管窥之见尚属正确，如果先生们希望看到我完成这一崭新的和前程远大的研究工作，那么能否允许我这个等待你们的评判已经一年之久的人指望得到诸位更多的宽容，不要让我对自己的才能空怀希望，也不要让别人因我的极度贫苦而给予照顾。

为心理学开辟新的领域，为哲学寻找新的法则，通过人的最明显、最可捉摸的官能，即说话来研究人的精神的本质和结构，根据语言的起源和方式确定人类信仰的源泉和支脉。一句话，把语法运用于形而上学和伦理学，并实现智慧深邃的天才们为之感到苦恼的、法罗曾专心研究过的和波蒂埃[1]正继

---

[1] 让·比埃尔·吉约姆·波蒂埃（1801—1873年），法国东方语言学家。

续研究的思想：先生们，如果你们给我书和时间，这些就是我赋予自己的任务。特别是要书！时间我从来没有缺少过。

我的思想经历了种种曲折变化，我的灵魂经过了长期的孕育，我应该有个结果了，我终于创造了一个具有内在联系的宗教信仰和哲学信仰的完整体系，这个体系可以简单地归纳为以下公式。

早在人类出现前，就存在着一种哲学或原始宗教，这种哲学或原始宗教虽然在所有历史时代以前已经被歪曲，但在各民族的宗教信仰中，却全都保存着这种哲学或原始宗教的真正的、相同的遗迹。基督教的大多数教义就是这些可以被证明的命题的简单表述。通过对各种宗教体系的比较，通过对语言形成的仔细研究，丝毫不求助任何其他启示，人们就能看到天主教徒所必须信仰的，虽然自身是不可解释的，但却能够为悟性所接受的真理的现实性。在这一基础上，通过一系列严格的逻辑推理，就可以得出完全成为一门实证科学的传统哲学。

先生们，以上是我信念的概要。我生在工人阶级之中，长在工人阶级之中，共同的思想和感情、共同的痛苦和愿望使我依然是工人阶级的一员，因此如果我能得到先生们的抬举，我最大的愉快无疑将是坚持不懈地和全心全意地通过科学和哲学为那些我乐意称作我的兄弟和伙伴的人谋求道德和精神上的进步，并在他们中间播撒我认为是道德世界规律的理论种子。在尚未求得诸位先生的指导而取得成功以前，我觉得我已经是他们向你们推举的代表。

先生们，不论你们做何选择，我事先就服从你们的决定，并且欢迎你们的决定。我将以一位古人为榜样，高兴地看到你们选中一位比我更有才能的人。蒲鲁东从小就习惯磨砺自己对付厄运的勇气，他决不会傲慢地自认为是一个被埋没的天才。

《皮·约·蒲鲁东通信集》
第1卷第24-33页